Die endneolithische Besiedlung des Atzelberges bei Ilvesheim (Rhein-Neckar-Kreis)

Dirk Hecht

Die Endneolithische Besiedlung des Atzelberges bei Ilvesheim (Rhein-Neckar-Kreis)

Ein Beitrag zum endneolithischen Siedlungswesen am nördlichen Oberrhein.

Text und Katalog

Heidelberg 2003

Vorwort

Die vorliegende Arbeit stellt eine ungekürzte, leicht modifizierte Fassung meiner Magisterarbeit dar, die im März 1999 an der Fakultät für Orientalistik und Altertumswissenschaften der Ruprecht-Karls-Universität Heidelberg eingereicht wurde. Mein Interesse am Endneolithikum im allgemeinen und der Schnurkeramik im besonderen wurde im wesentlichen durch ein Hauptseminar über die Kulturen mit Schnurverzierung geweckt, das Prof. J. Maran am Institut für Ur- und Frühgeschichte an der Universität Heidelberg durchgeführt hat. Bei der Suche nach einem geeigneten Thema für die Magisterarbeit, schlug mir Prof. Maran vor, das Siedlungsmaterial des Atzelberges zu bearbeiten. Für diesen Vorschlag bin ich ihm sehr dankbar. Ebenso möchte ich ihm für die Betreuung und die vielen wertvollen Hinweise meinen herzlichen Dank aussprechen. Ebenfalls bin ich Prof. Dr. C. Eibner dankbar, daß er sich als Zweitkorrektor zur Verfügung stellte. Für die Genehmigung, das Material bearbeiten zu dürfen, bin ich dem Leiter der Außenstelle Karlsruhe des Landesdenkmalamtes Baden-Württemberg, R.-H. Behrends, Dank schuldig.

Die Materialaufnahme wurde im Reiss-Museum Mannheim durchgeführt, in dem das Material auch aufbewahrt wird. Ohne die rührende Hilfsbereitschaft und Freundlichkeit der dortigen Mitarbeiter wäre diese Arbeit niemals zustande gekommen. Dafür möchte ich mich ganz besonders bei Dr. I. Jensen, Dr. K.-W. Beinhauer und Dr. M. Hein, sowie H. Geil, G. Moessinger, B. Hoffmann und G. Straß bedanken. Besonders genossen habe ich die anregenden Diskussionen mit Dr. Beinhauer. Vielen Dank ebenfalls für die Druckgenehmigung.

Einen ganz herzlichen Dank verdienen meine Kommilitonen am Institut für Ur- und Frühgeschichte in Heidelberg. Besonders hervorheben möchte ich Chr. Heitz M.A., U. Himmelmann M.A., A. Kucharek M.A., M. Morsch M.A., Dr. U. Müller, A. Nagel M.A., Dr. A. Reingruber, Priv.-Doz. Dr. K. Schmidt und A. Sturm. Ferner bedanke ich mich bei F. Gelhausen, der an der Universität Köln das mesolithische Material vom Atzelberg bearbeitete, für die interessanten Diskussionen.

Zu großem Dank bin ich Dr. M. Löscher verpflichtet, der mich in die Geologie und Entstehung des Neckarschwemmfächers eingeführt hat.

Zu guter Letzt möchte ich mich noch sehr herzlich bei Dipl. Biol. A. Wörner und U. Wörner für die redaktionelle Durchsicht und die vielfältige moralische Unterstützung bedanken.

Impressum

Heidelberg 2003
© Dirk Hecht
Herstellung: Books-on-Demand GmbH, Norderstedt
ISBN 3-8330-0778-8

Inhaltsverzeichnis

I. TEIL: TEXT

H. Anhang

TEIL 2: KATALOG UND TAFELN

B.) Tafeln

I. Teil: Text

A. Einführung

1.0. Allgemeines

70 Jahre nach der Entdeckung einer schnurkeramischen Siedlungsschicht auf dem Atzelberg bei Ilvesheim kann erstmals das Siedlungsmaterial vollständig vorgelegt werden. Die Einordnung und Interpretation dieses Materials hat in den vergangenen Jahrzehnten zu einigen Kontroversen geführt, so daß die vorliegende Untersuchung über die reine Materialvorlage hinausgeht.

Die Arbeit ist in sechs Kapitel gegliedert. Im ersten soll anhand der Forschungsgeschichte und Quellenkritik der derzeitige Forschungsstand und Quellenlage reflektiert werden, um das Material dementsprechend behandeln zu können. Das zweite Kapitel gibt einen Überblick über die Siedlungsbefunde und deren Aussagefähigkeit. Des weiteren wird der Versuch unternommen, die Lage der schnurkeramischen und der restlichen neolithischen Besiedlung zu ermitteln. Die Vorstellung und Analyse des Fundmaterials ist Bestandteil des dritten Abschnitts. Das vierte Kapitel beschäftigt sich mit den endneolithischen und frühbronzezeitlichen Gräbern des Atzelberges und des Neckarmündungsgebietes. Was auf den ersten Blick wenig mit der schnurkeramischen Siedlung zu tun hat, ist von besonderer Bedeutung für die chronologische Einordnung der Siedlung und das kulturelle Verhältnis der Schnurkeramik (SK) und der Glockenbecherkultur (GBK)[1] im Neckarmündungsgebiet. Ferner ist es von Nutzen, die schnurkeramische „Gräberkultur" in Beziehung zur „Siedlungskultur" des Atzelberges zu setzen. Um die überregionale Einordnung und die Stellung des Atzelberges am nördlichen Oberrhein geht es in den Kapiteln fünf und sechs. Die überregionale Einordnung wird durch den Vergleich mit anderen endneolithischen Siedlungsplätzen erreicht, während das letzte Kapitel eine Übersicht von schnurkeramischen Lokalgruppen bzw. Siedlungstypen beinhaltet, die kritisch überarbeitet wurde.

Ziel soll es sein mit der Vorlage und Analyse des Atzelberger Materials, das Bild der Schnurkeramik und ihrer Siedlungskultur am nördlichen Oberrhein zu reflektieren und zu aktualisieren.

2.0. Arbeitsgebiet

Gegenstand dieser Untersuchung ist der Atzelberg[2] bei Ilvesheim, Rhein-Neckar-Kreis. Der Atzelberg liegt im Neckarmündungsgebiet, einem Teil des nördlichen Oberrheingrabens. Das Neckarmündungsgebiet gehört zum größten Teil zum heutigen Stadtgebiet von Mannheim und zu den östlich angrenzenden Gemarkungen. Da die Besiedlung des Atzelberges nicht isoliert gesehen werden kann, ist es notwendig, die endneolithischen Fundorte des Neckarmündungsgebietes einzubeziehen. Die Eingrenzung des Neckarmündungsgebietes in bezug auf die endneolithische Besiedlung ist in nördlicher, westlicher und südlicher Richtung willkürlich und richtet sich im wesentlichen nach der Verbreitung der bekannten endneolithischen Fundpunkte. Eine natürliche Grenze im Westen bildet der Rhein, während im Norden die Stadtgrenze Mannheims als künstlicher Abschluß betrachtet werden kann.

---

[1] Der Begriff „Glockenbecherkultur" wird in diesem Rahmen neutral angewendet. Es soll im folgenden nicht auf die Problematik der „Glockenbecherleute", „Glockenbecherphänomen" o.ä. eingegangen werden.

[2] An dieser Stelle muß erwähnt werden, daß die korrekte Gewannbezeichnung des Atzelberges „Atzelbuckel" lautet. Da der Fundort unter dem Namen „Atzelberg" Eingang in die Forschung fand, soll er, um keineVerwirrung zu stiften, beibehalten werden.

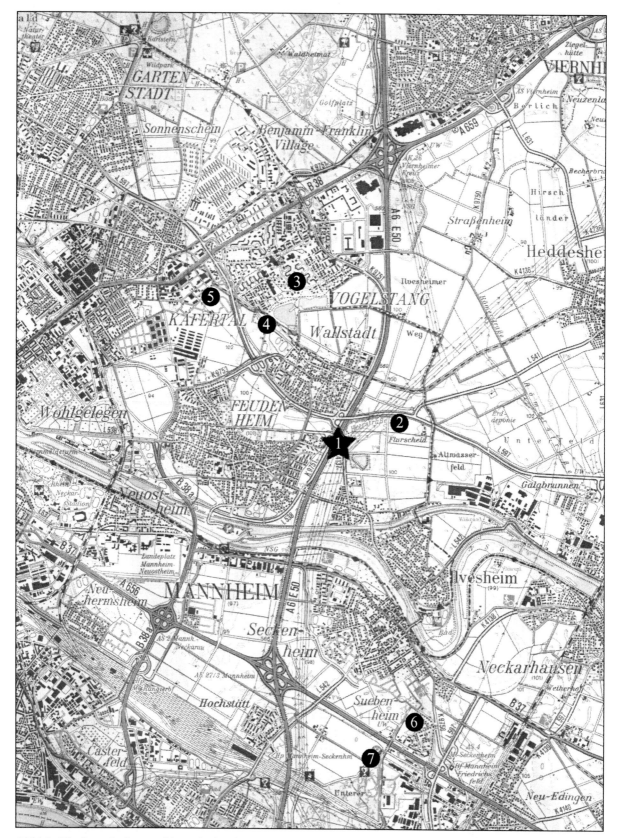

Abb. 1: Neckarmündungsgebiet mit den im Text behandelten endneolithischen Siedlungsstellen. 1 Ilvesheim-Atzelberg; 2 Ilvesheim-Kiesgrube Back; 3 Mannheim-Wallstadt „Schultheißenbuckel"; 4 Mannheim Wallstadt „Rechts der Käfertaler Straße"; 5 Mannheim-Wallstadt „Im Rott"; 6 Mannheim-Suebenheim „An der Waldspitze"; 7 Mannheim-Seckenheim „Unterer Dossenwald". „Grundlage: Topographische Karte 1:50000 Baden-Württemberg © Landesvermessungsamt Baden-Württemberg (www.lv-bw.de), vom 19.05.03, Az.: 2851.2-A/538."

Fundstellen in Heddesheim und Ladenburg markieren die östlichsten Ausläufer der endneolithischen Ausbreitung, eine natürliche Barriere im Osten ist der Odenwald. Im Süden verläuft die Grenze nördlich von Schwetzingen an der Stadtgrenze Mannheims.

Der Atzelberg (101,90 m NN) gehört zur Gemeinde Ilvesheim an der östlichen Stadtgrenze Mannheims bei Feudenheim und Wallstatt (Abb. 1; 2). Durch den Westhang des Atzelberges zieht sich in nord-südlicher Richtung die Trasse der A6. Über einen Teil der Düne verläuft die K 4137, die von Ilvesheim kommend über die Autobahn nach Feudenheim führt. Der Lauf des Neckar befindet sich heute rund 1,5 km südlich der ehemaligen Düne.

3.0. FORSCHUNGSGESCHICHTE

3.1. Zur lokalen Forschungsgeschichte des Neckarmündungsgebiets

Vor dem 19. Jahrhundert, als es noch keine Altertumsvereine bzw. staatliche Denkmalpflege gab, wurde die Urgeschichtsforschung von interessierten und wohlhabenden Laien betrieben und glich eher einem Sammeln von Kuriositäten als einer systematischen Erforschung der Prähistorie. Anders als in anderen Gebieten Deutschlands ist im Raum Mannheim schon im 18. Jahrhundert die Ur- und Frühgeschichtsforschung etabliert worden. Initiator war der damalige Kurfürst Carl Theodor von der Pfalz (1724-1799), der mit der Gründung der „Kurpfälzischen Akademie der Wissenschaften" 1763 auch der Erforschung der vorrömischen Epochen einen großen Stellenwert einräumte. Er ließ nicht nur Ausgrabungen durchführen,

Abb. 2: Luftbildaufnahme aus dem Jahr 1934 vom Atzelberg (schräg links über dem Wasserloch) und Umgebung (mittig vom rechten Bildrand liegt die Kiesgrube Back).

3

wie z.B. 1765 im Schwetzinger Schloßpark, wo ein römisches Bad und ein Gräberfeld der Neckarsweben freigelegt wurden, sondern er betätigte sich auch als Denkmalpfleger, indem er beispielsweise ein römisches Bad, welches im Rosenhof bei Ladenburg ausgegraben wurde, überdachen ließ. Zur Aufbewahrung der Funde gründete Carl Theodor das Großherzogliche Hofantiquarium.

Der Beginn mehr oder weniger systematischer Grabungen in Mannheim und Umgebung ist mit der Gründung des Mannheimer Altertumsvereins im Jahre 1859 anzusetzen[3]. Sehr schön ist die Bemerkung von Erich Gropengießer, daß der Verein „am runden Tisch des Gasthofs „Zum silbernen Anker" ins Leben gerufen wurde"[4], denn sie zeigt, daß die Erforschung der Vergangenheit nicht mehr allein das Privileg des Adels war, sondern daß jetzt das Bürgertum die Trägerschaft übernommen hatte. Der Mannheimer Altertumsverein war in der Folgezeit die Institution, die sich der archäologischen Denkmalpflege annahm. 1879/80 wurde das Großherzogliche Hofantiquarium mit der Altertümersammlung des Mannheimer Altertumsvereins, unter der Schirmherrschaft des Großherzogs von Baden vereint. Daraus entstand 1925 das Schloßmuseum, aus dem wiederum, nach dem Zweiten Weltkrieg, das heutige Reiss-Museum hervorging. Durch die enge Verknüpfung des Vereins mit den Sammlungen entwickelte sich ein sehr effizientes System der archäologischen Denkmalpflege. Eine in unserem Zusammenhang sehr wichtige Persönlichkeit war der langjährige Leiter der archäologischen Sammlungen und des Schloßmuseums: Hermann Gropengießer. In seine Amtszeit fällt die Verstaatlichung der Denkmalpflege, die in Mannheim durch das Schloßmuseum übernommen wurde. Unter seiner Oberaufsicht wurden u.a. auch die Ausgrabungen auf dem Atzelberg durchgeführt.

Die Publikationsorgane des Mannheimer Altertumsvereins waren die „Mannheimer Geschichtsblätter" und die „Westdeutsche Zeitschrift für Geschichte und Kunst, nebst Korrespondenzblatt und Museographie". Ab 1914 wurden auch in den vom Verein Badische Heimat neugegründeten Zeitschriften „Badische Heimat" (ab 1939 „Oberrheinische Heimat") und „Mein Heimatland" Artikel und Meldungen veröffentlicht[5]. Sie bestanden bis 1939 bzw. 1941[6]. Im Jahre 1925 wurden die Badischen Fundberichte von Ernst Wahle als offizielles Organ der Denkmalpflege Badens ins Leben gerufen und waren bis 1972 die Publikationsplattform auch des Neckarmündungsgebietes. 1972 erfolgte die Zusammenlegung mit den Fundberichten aus Schwaben zu den Fundberichten aus Baden-Württemberg.

Der erste Fund auf dem Atzelberg konnte 1882 aus der dort betriebenen Sandgrube geborgen werden[7]. Das hatte zur Folge, daß von 1889 bis 1890 vom Altertumsverein auf dem Atzelberg ein Gräberfeld mit ungefähr 60 Gräbern freigelegt wurde (Abb. 8). Die Bestattungen datieren von der Älteren Bronzezeit über die Jüngere Bronzezeit und Latènezeit bis in die römische Epoche[8]. Weitere Ausgrabungen des Altertumsvereins auf dem Atzelberg fanden 1891 und 1894 statt[9], bei denen weitere Gräber der jüngeren Bronzezeit und der römischen Zeit geborgen wurden.

Als Hofrat Prof. Karl Baumann vom Mannheimer Altertumsverein 1907 eine archäologische Karte des Mannheimer Raumes erstellte, waren auch die Funde vom Atzelberg dort

---

[3] Der Grund für diese Gründung waren Keramik-, Knochen- und Münzfunde im Quadrat S1: Gropengießer 1986, 8.

[4] Gropengießer 1965, 13.

[5] Barthel 1912, 126.

[6] Filip 1966, 77.

[7] Wagner 1911, 210.

[8] Baumann 1907, 179; siehe auch Westdeutsche Zeitschrift für Geschichte und Kunst, nebst Korrespondenzblatt und Museographie IX, 287; X, 389; XI, 233; XIV, 367; XIX, 367.

[9] Wagner 1911, 210.

verzeichnet[10]. Es dauerte allerdings bis 1910, bis dort der erste endneolithische Fund (Glockenbecher; Grab I) gemacht werden konnte. Die Funde kamen so sporadisch zutage, da der Sandgrubenbetrieb auf der Düne privat und nur nach Bedarf betrieben wurde.

Ab 1919 wurde der Atzelberg mit seiner Sandgrube regelmäßig begangen, zuerst von Karl Hormuth und kurze Zeit später auch von Franz Gember[11]. Besonders dem Hauptlehrer Franz Gember (1892-1983; Abb. 3) gebührt das Verdienst, daß viele Funde und Befunde auf dem Atzelberg, die durch den Sandgrubenbetrieb und Baumaßnahmen bedroht waren, gerettet werden konnten. Er war es auch, der 1929 die schnurkeramische Siedlungsschicht entdeckte. Die Entdeckung der Siedlungsschicht machte die Düne erstmals überregional bekannt, denn diese Kulturschicht markierte den ersten Siedlungsplatz der Schnurkeramik in Südwestdeutschland[12] (Ausnahme: Seeufersiedlungen). Zuvor wies Hormuth in den Jahren von 1919 bis 1928 eine mesolithische Besiedlung auf dem Atzelberg nach[13]. Ein von ihm aufgesammeltes Gerät schien seiner Meinung nach altpaläolithischen Ursprungs zu sein[14].

Abb. 3: Franz Gember (rechts) und Fritz Rupp (links) in der Sandgrube auf dem Atzelberg.

---

[10] Baumann 1907, 179; Karte.

[11] Jensen/ Beinhauer 1985, 723-724.

[12] Gropengießer 1931, 631.

[13] Hormuth 1928, 385-387. Das mesolithische Fundmaterial vom Atzelberg und Schultheißenbuckel wurde in einer Magisterarbeit von F. Gelhausen (Universität Köln) aufgearbeitet: Gelhausen 2001.

[14] Hormuth 1928, 385. Wahrscheinlicher scheint eine Datierung ins späte Paläolithikum zu sein.

5

Ein Bauboom in den 20er und 30er Jahren führte zu einer Intensivierung der Sandgrubentätigkeit, was auch seinen Niederschlag im Fundaufkommen fand. In diesem Zusammenhang kam auch die schnurkeramische Siedlungsschicht zum Vorschein, die je nach Erweiterung der Sandgrube weiterverfolgt wurde (Abb. 3-5). Ein Großprojekt besonderer Art war der Bau eines Teilstücks der Reichsautobahn bei Feudenheim in den Jahren 1934/35[15]. Unglücklicherweise verlief die Trasse direkt durch die westliche Flanke des Atzelberges. Um die archäologischen Verluste so klein wie möglich zu halten, wurden die Bauarbeiten rund um die Uhr betreut. Da auch in der Nacht gearbeitet wurde, mußten die Ausgrabungen teilweise unter Scheinwerferlicht erfolgen, was die Erkennung von Erdverfärbungen sehr erschwerte. Um die Bauarbeiten besser beobachten zu können, wurde Gember für ein Jahr vom Schulbetrieb freigestellt. Nachdem die Autobahn in diesem Abschnitt fertiggestellt war, wurde der Sandabbau weiter vorangetrieben, so daß Gember immer wieder die Möglichkeit bekam, kleinere Notgrabungen durchzuführen (detailliert siehe unter Siedlungsbefunden). Durch die Grabungen beim Autobahnbau und den nachfolgenden Untersuchungen ließ sich auch eine Besiedlung während der Linearbandkeramik (LBK) und der Rössener-Kultur nachweisen.

Am 17. Januar 1938 war der Atzelberg durch den Sandgrubenbetrieb und den Autobahnbau eingeebnet[16]. Im Umfeld der alten Sanddüne kamen gelegentlich noch endneolithische Streufunde zum Vorschein, die aber nicht genauer lokalisiert werden können.

1944 vernichtete ein Brand im Mannheimer Schloß eine Vielzahl der dort aufbewahrten Funde und Museumsakten[17]. Auch Funde vom Atzelberg waren davon betroffen. Nach dem Brand begannen die Bergungsarbeiten. Die geborgenen Materialien wurden in einem besonderen Magazin deponiert, wo sie nach und nach wieder „ausgegraben" und identifiziert werden[18]. Viele der Atzelberger Funde wurden so im Laufe der Zeit der archäologischen Forschung wieder zugänglich.

Im Jahre 1966 wurde auf dem Atzelberg ein Urnengrab der Latènezeit entdeckt und vom 19.-23. August 1966 ausgegraben. Bei der Entdeckung des Grabes im Zuge der Verlegung der Straße nach Feudenheim (K 4137) wurde die Steinpackung vom Bagger teilweise gestört. Da dieses Grab in die Düne eingetieft war, konnte aus der Verfüllung der Grabgrube auch endneolithisches Material geborgen werden.

Südlich der Kreisstraße hat bis heute ein kleiner Zipfel der Düne überdauert. 2002 zwang der geplante Ausbau der Autobahn A6 zu weiteren Ausgrabungen. In einem aufgedeckten Streifen parallel zur Autobahn konnte die schnurkeramische Siedlungsschicht zwar nicht verfolgt werden, aber in drei flachen Befunden wurden schnurkeramische Scherben geborgen, die auf eine Nutzung auch in diesem Teil der Düne hinweisen[19].

3.2. Forschungsgeschichte der Schnurkeramik

Die Erforschung der Schnurkeramik begann in Mitteldeutschland. Dort wurde 1883 von Klopfleisch die Bezeichnung „Schnurkeramik" geprägt[20], die auch von der weiteren Forschung übernommen wurde. Er trennte die Schnurkeramik von der Bandkeramik, setzte

---

[15] Gropengießer 1936a, 308-309.

[16] Tagebuch Gember 16, 22.

[17] Köster 1963, 11.

[18] Von den Atzelberger Funden existieren einige Photographien, die vor dem Krieg aufgenommen wurden. Das erleichterte die Identifizierung der Funde, die somit ohne jeden Zweifel dem Atzelberg zugeordnet werden konnten.

[19] Freundliche Mitteilung von Prof. Dr. J. Maran; Unispiegel 3/2002, 2; Maran 2003.

[20] Klopfleisch 1883/84.

sie chronologisch aber vor die Bandkeramik. Auch Alfred Götze, der die erste Monographie über die Schnurkeramik verfaßte[21], versuchte in einer Arbeit über die Gliederung und Chronologie der jüngeren Steinzeit die Kulturen und Gruppen des Neolithikums systematisch zu ordnen, dabei beschränkte er sich im Kern auf Thüringen[22]. Die großen und mittelgroßen Gruppen dieses Zeitabschnittes faßte er in zwei Hauptabschnitte zusammen. In den ersten und somit älteren Hauptabschnitt stellte er die Schnurkeramik, Zonenbecher (Glockenbecher) und Zonenschnurbecher, die er als gleichzeitig erachtete. Die jüngere Phase bildete nach Götze die Nordwestdeutsche Gruppe, Kugelamphoren und der Bernburger Typus sowie die Bandkeramik. Auch diese sah er als gleichzeitig an.

Die heute ungewöhnlich scheinende chronologische Abfolge, daß die Bandkeramik jünger als die Schnurkeramik sei, begründete Götze u.a. mit den einfachen und „degenerierten" Verzierungen der Bandkeramik und schloß auf eine typologische Verarmung[23]. Diese chronologische Gliederung läßt die Schwierigkeiten und die Komplexität des archäologischen Materials des Neolithikums in Mitteldeutschland erahnen.

In Südwestdeutschland und der Schweiz waren die Bedingungen für die Aufstellung einer Chronologie ungleich günstiger. Zwar ist der Bestand an schnurkeramischen Funden weitaus geringer als in Mitteldeutschland, aber durch die Seeufersiedlungen in den schweizerischen und oberschwäbischen Seen stehen hier stratigraphische Überlagerungen von verschiedenen Kulturen zur Verfügung. Chronologische Untersuchungen von Schuhmacher und Heierli stellten die Schnurkeramik ans Ende des Neolithikums[24].

Schuhmacher 1898

Schuhmacher unterschied 1898 drei Perioden[25]. In diesen Perioden korrelierte er Schichten aus den Pfahlbausiedlungen (Vinelz, Sutz, Robenhausen) mit Mineralbodenfundplätzen. Mit der Unterteilung der Pfahlbauschichten in eine untere Schicht und eine obere Schicht konnte er eine abgesicherte Relativchronologie erstellen. In der oberen Schicht unterscheidet er nochmals eine ältere und jüngere Phase, die er dem Jung- und Endneolithikum zuordnete:

III. Periode: Jüngere Phase der oberen Pfahlbauschicht, gleichzusetzen mit der Schnurkeramik.   II. Periode: Ältere Phase der oberen Pfahlbauschicht, zeitgleich mit Michelsberg.   I. Periode: Unterste Pfahlbauschicht und Bandkeramik.

So war schon am Anfang des 20. Jahrhunderts die chronologische Stellung der Schnurkeramik in Südwestdeutschland und der Schweiz am Ende des Neolithikums gesichert. Die relativchronologische Einteilung des Endneolithikums, im besonderen die innere Chronologie der schnurkeramischen Kultur, ist aber bis auf den heutigen Tage stark umstritten. Die unterschiedlichen Ansichten, wie das Material zu interpretieren sei und das Verhältnis der endneolithischen Kulturen zueinander, zieht sich wie ein roter Faden durch die Forschungsgeschichte und führte zu zwei Interpretationsmodellen für die Einordnung des endneolithischen Fundgutes:

---

[21] Götze 1891.
[22] Götze 1900, 269.
[23] Götze 1891, 64.
[24] Heierli 1899; Schumacher 1898, 19.
[25] Schuhmacher 1898, 16-22.

a.) chronologisch (also eine zeitliche Entwicklung; hintereinander anzuordnen)
b.) chorologisch (funktionsbedingte Entwicklung; nebeneinander anzuordnen, d.h.,
zeitgleiche Regionalgruppen).

Um die endneolithische Besiedlung des Atzelberges datieren und in das Endneolithikum einordnen zu können, sollen hier verschiedene Chronologiemodelle angesprochen und vorgestellt werden. Für die meisten regionalen Chronologiesysteme stellte die im Mittelelbe-Saale-Gebiet aufgestellte Relativchronologie den wichtigsten Bezugspunkt dar. Das lag vor allem an der großen Funddichte in diesem Gebiet, dem vergleichsweise breiten Spektrum an Formen und Verzierungen der Keramik, sowie des Bestattungswesens und dem Vorhandensein von Grabhügelstratigraphien, die im nachhinein nicht wesentlich zur Klärung des chronologischen Problems beitrugen[26]. So behalf man sich auch in Südwestdeutschland bei der Erstellung einer inneren Gliederung der Schnurkeramik mit den in Mitteldeutschland gewonnenen Ergebnissen.

Sangmeister 1951

Die von Sangmeister 1951 erstellte Gliederung der Glockenbecherkultur und der Becherkulturen spiegelt im wesentlichen den Forschungsstand vor dem Zweiten Weltkrieg wider[27]. Er unterschied bei den Becherkulturen zwei Stufen. Die ältere Phase zeichnete sich durch Becher mit schraffierten Dreiecken aus, während für die jüngere Stufe Becher mit schnurverziertem Hals, Strichbündelamphoren, Tupfenleisten und -reihen charakteristisch waren[28]. Dabei stützte auch er sich auf die mitteldeutsche Chronologie, die nicht zuletzt 1923 von Reinerth mitentwickelt worden war, um die Gliederung der Schnurkeramik in Süddeutschland verfeinern zu können[29].

Das Endneolithikum konnte Sangmeister grob in Glockenbecher- und Becherkulturen unterteilen[30]. Das zeitliche Verhältnis zueinander war aber aufgrund von mangelnden Stratigraphien oder naturwissenschaftlichen Datierungsmethoden sehr schwer zu ermitteln. Er sah beide Phänomene über weite Strecken als gleichzeitig an, nur die frühe Phase der Schnurkeramik stellte er der Glockenbecherkultur voran[31]. Am Übergang vom Endneolithikum zur Frühen Bronzezeit überschnitt sich die Glockenbecherkultur mit der am nördlichen Oberrhein heimischen Adlerbergkultur[32].

| II. Becher mit schnurverziertem Hals, Tupfenleiste, Tupfenreihe, Strichbündelamphore |
| I. Becher mit schraffierten Dreiecken = 2. Stufe der mitteldeutschen Chronologie |

Durch Arbeiten von U. Fischer[33] und Chr. Fischer[34] in den 1950er Jahren über die mitteldeutsche Schnurkeramik bzw. über die Mansfelder Gruppe wurde die chronologische Abfolge, wie sie bis dahin bestanden hatte, auf den Kopf gestellt. Dabei spielte die unterschiedliche Interpretation von Grabhügelstratigraphien eine entscheidende Rolle. Ein

---

[26] So hängt die Abfolge der schnurkeramischen Stufen ganz entscheidend von der Interpretation der Stratigraphien (Peißen, Braunsbedra, Forst Leina, Werben) ab.

[27] Sangmeister 1951.

[28] Sangmeister 1951, 54-55.

[29] Reinerth 1923, 9.

[30] Sangmeister 1951, 11-28; 29-67.

[31] Sangmeister 1951, 70.

[32] Sangmeister 1951, 70.

[33] Fischer 1951; Fischer 1956; Fischer 1958.

[34] Fischer 1959.

weiterer Punkt war die Postulierung eines gemeineuropäischen Einheitshorizont durch Struve[35], der als früheste Stufe der Schnurkeramik angesehen wurde.

<u>Sangmeister 1965</u>[36]

1965 unterzog Sangmeister seine südwestdeutsche Chronologie von 1951 einer grundsätzlichen Korrektur. Sie ist im wesentlichen auf die oben genannten Veränderungen in Mitteldeutschland zurückzuführen. Während er 1951 die Becher mit schraffierten Dreiecken noch der älteren Schnurkeramik zuordnete, wurde sie nun als charakteristisch für die jüngere Schnurkeramik angesehen[37]. In seiner erste Stufe stellte er die Elemente des gemeineuropäischen Einheitshorizonts (Becher mit Trichterhals, horizontaler Schnurverzierung und Zwischenzier, Strichbündelamphoren und A-Axt), den er kurz als „Einheitshorizont" bezeichnete[38]. Sangmeister erklärte die Entwicklung der Schnurkeramik im Neckarmündungsgebiet so, daß nach der Etablierung des Einheitshorizontes eine Regionalisierung einsetzte, die zu vielen kleinen lokalen Gruppen führte[39].

Das Verhältnis der Schnurkeramik zur Glockenbecherkultur und zur frühbronzezeitlichen Adlerbergkultur ist aufgrund einer unbefriedigenden Fundlage nur schwer zu beurteilen. Sangmeister bringt den AOC (<u>A</u>ll-<u>O</u>ver-<u>C</u>orded) Becher mit dem Einheitshorizont in Zusammenhang. Er glaubte, daß die horizontale Schnurverzierung des Einheitshorizonts den AOC-Becher beeinflußt habe, was bedeutet, daß der Einheitshorizont schon vor der Glockenbecherkultur bestanden haben mußte[40]. Weiter läßt sich daraus schließen, daß die Schnurkeramik in ihrer jüngeren Phase neben der Glockenbecherkultur bestanden habe. Interessant ist Sangmeisters Sichtweise in Bezug auf die Adlerberg Gruppe. Er ist der Meinung, daß die Adlerberg Gruppe stark von der Glockenbecherkultur beeinflußt wurde, verneint aber, daß die Schnurkeramik und die Glockenbecherkultur vollständig in ihr aufgegangen sind[41]. Die Schnurkeramik soll sogar noch neben der Adlerberg Gruppe bestanden haben[42].

II. Regionalgruppen (Becher mit Schnurdreiecken)
I. Gemeineuropäischer Einheitshorizont (Becher mit Trichterhals, horizontaler Schnurverzierung und "Zwischenzier", Strichbündelamphoren und A-Axt)

<u>Köster 1965/66</u>

Kurz nach Sangmeisters modifizierter Gliederung wurde 1965/66, die 1963 fertiggestellte Magisterarbeit von Köster[43] veröffentlicht. Insgesamt kommt sie zum selben Ergebnis wie Sangmeister. Die Basis ihrer Gliederung sind Grabfunde. Sie unterschied im Endneolithikum drei typologische Gruppen. In ihre erste Stufe stellte sie Becher mit waagerechten Schnureindrücken am Hals, die sie als Grabhügelbecher bezeichnete[44]. Die zweite Stufe wird durch Becher des Typs Groß-Gerau/Esch charakterisiert, die sich durch ineinandergreifende

---

[35] Glob 1945; Struve 1955, 98-117, bes. 98; Kilian 1955; Becker 1954, 114-116.

[36] Sangmeister/ Gerhardt 1965.

[37] Sangmeister/ Gerhardt 1965, 18.

[38] Sangmeister/ Gerhardt 1965, 12 Anm. 3.

[39] Sangmeister/ Gerhardt 1965, 17.

[40] Sangmeister/ Gerhardt 1965, 23.

[41] Sangmeister/ Gerhardt 1965, 23.

[42] Sangmeister/ Gerhardt 1965, 23.

[43] Köster 1965/66.

[44] Köster 1965/66, 37.

Schnurdreiecke und ausgesparte Winkelbänder auszeichnen[45]. Weitere Elemente dieser Stufe sind Rippenbecher, „Riesenbecher" und Becher mit flächendeckenden Verzierungen[46]. Typisch für die dritte Stufe sind die maritimen Glockenbecher vom Typ Ilvesheim[47]. Gleichzeitig mit dem Typ Ilvesheim sind die metopenverzierten Becher vom Typ Ober-Olm[48] und vom Typ Monsheim (stempelverzierter, grober Becher mit Trichterhals)[49].

Köster sieht die keramische Entwicklung mehr chorologisch als chronologisch, was bedeutet, daß sich die einzelnen Stufen mehr oder weniger überlappen, so daß zwischen Schnurkeramik und Glockenbecher auf der einen Seite und Glockenbecher und Adlerberg Gruppe auf der anderen eine annähernde Zeitgleichheit besteht[50].

III. „Maritime" Becher (Typ Ilvesheim)
- gleichzeitig mit metopenverzierten Becher (Typ Ober-Olm); Überlappung mit Stufe II

II. Ineinandergreifende Schnurdreiecke und ausgesparte Winkelbänder (Typ Groß-Gerau/Esch)
- „Rippenbecher", „Riesenbecher", Becher mit flächendeckender Verzierung

I. Becher mit waagerechten Schnureindrücken am Hals („Grabhügelbecher")

Gebers 1984[51]

Gebers analysierte das endneolithische Fundmaterial des Mittelrheins, zu welchem er auch den nördlichen Oberrhein zählte, anhand der Kombinationsstatistik. Der Mangel an Stratigraphien in diesem Gebiet macht es schwierig, die Ergebnisse zu verifizieren. Er interpretierte das bearbeitete Material nicht nach Ergebnissen anderer Gebiete und Chronologiesysteme, sondern deutete das Material aus sich heraus[52], anders als Bantelmann, der sich in seiner Arbeit über das rheinisch-westfälische Endneolithikum auf niederländische und dänische Forschungsergebnisse stützte[53].

Gebers konnte das Fundmaterial in zwei große Gruppen (Gruppe A und B) unterteilen. Die Gruppe A (A1-A3) umfaßt die Schnurkeramik, während die Gruppe B (B4-B6) der Glockenbecherkultur zuzuweisen ist. Die Untersuchung ergab, daß die Glockenbecherkultur auf die Schnurkeramik folgt. Die Glockenbecherkultur löst die Schnurkeramik nicht übergangslos ab, sondern beide Kulturerscheinungen laufen eine zeitlang nebeneinander her (A3 überlappt mit B4). Das Ergebnis der inneren Gliederung der Schnurkeramik ist besonders bemerkenswert. Sie stellt die bis dahin etablierte Schnurkeramikchronologie U. Fischers und anderer ebenfalls wieder auf den Kopf. Zu einem ähnlichen Ergebnis kam fast zur gleichen Zeit M. Hein bei der Analyse der mitteldeutschen Schnurkeramik[54]. Damit war das Dilemma der Schnurkeramik-Chronologie perfekt. Es existierten somit zwei Chronologiemodelle, die sich konträr gegenüberstanden. Erst die systematische Einbeziehung von C-14 Daten von J. Müller[55] scheint Klarheit in die verworrene Situation zu bringen (siehe unten).

---

[45] Köster 1965/66, 37.

[46] Köster 1965/66, 63.

[47] Köster 1965/66, 37; 40.

[48] Köster 1965/66, 40.

[49] Köster 1965/66, 40.

[50] Köster 1965/66, 67.

[51] Gebers 1984.

[52] Kritik an Gebers: Hock 1989, 73-74.

[53] Hock 1989, 73.

[54] Hein 1987.

[55] Müller 1999.

> B6 = Metopenverzierte Becher
> B4 = "Maritime" Becher; ganz verziert in Kammstich- und Schnurtechnik
>
> --
>
> A3 = Strichbündelamphoren, Becher mit schnurverziertem und durch Leisten gegliedertem Trichterrand
> A2 = Hängende und stehende Schnurdreiecke, Sparrenmuster und Flechtbänder in Schnurtechnik
> A1 = Becher mit ausgesparten Winkelbändern (hängende und stehende Schnurdreiecke)

Eine ganz wichtige Rolle bei der Betrachtung der Chronologie spielt der Gemeineuropäische Horizont (A-Horizont). Es fällt auf, daß die Vertreter des „traditionellen" Chronologiemodells nach Fischer den Gemeineuropäischen Horizont sehr stark betonen: Zuerst gab es eine flächendeckende, einheitliche Ausbreitung der Schnurkeramik (Einheitshorizont), die sich dann später in kleinere Regionalgruppen aufspaltete (Stufe der Regionalgruppen). Bei Gebers und Hein dagegen findet der Einheitshorizont kaum noch Beachtung[56].

Maran 1989/90

Die jüngste Arbeit, die sich umfassend mit dem Endneolithikum am nördlichen Oberrhein befaßte, war der 1989/90 erschienene Aufsatz von Maran über die Besiedlung des Griesheimer Moores während des Neolithikums[57]. Im Mittelpunkt der Untersuchung stand die endneolithische Besiedlung im südhessischen Nördlichen Neckarried. Mit der Veröffentlichung des Siedlungsmaterials dieser Region schloß sich eine Fundlücke zwischen dem Neckar- und dem Mainmündungsgebiet. Maran gelang es, ein Schlaglicht auf das Siedlungsverhalten des Endneolithikums zu werfen und den Bestand der schnurkeramischen Siedlungskeramik zu erweitern. Im Hinblick auf die „Siedlungskultur" des Atzelberges sind die Funde vom Griesheimer Moor von herausragender Bedeutung (siehe unten). Bei seinen Vergleichen fiel Maran die Ähnlichkeit der Inventare vom Griesheimer Moor und dem Atzelberg auf[58]. Maran betont die komplexe Frage der Schnurkeramikchronologie[59] und verweist zu Recht, auf die derzeit unbefriedigende Fund- und Befundlage, die es nicht erlaubt, dieses schwerwiegende Problem widerspruchslos zu lösen[60].

Ansätze zur chronologischen Gliederung der Siedlungskeramik sind bisher in Dänemark[61] und im Magdeburger Raum[62] unternommen worden.

Liversage 1988 (Einzelgrabkultur in Jütland)[63]

In Jütland[64] konnte Liversage anhand von zwölf Fundplätzen der Einzelgrabkultur vier chronologische Stufen herausarbeiten[65]. Die Stufen benannte er nach den charakteristischsten Fundorten: Lustrup, Glattrup, Vindum und Myrhöj. Er betont aber ausdrücklich, daß es sich

---

[56] Siehe dazu die Rezension von Heins Arbeit: Behrens 1989, 41-42.
[57] Maran 1989/90, 27-243.
[58] Maran 1989/90, 185.
[59] Maran 1989/90, 190.
[60] Maran 1989/90, 191.
[61] Liversage 1988, 101-124.
[62] Beran 1990; Beran 1995, 84-84.
[63] Liversage 1988, 101-124.
[64] Weitere Literatur zu den jütländischen Siedlungsplätzen: Liversage 1988, 120.
[65] Liversage 1988, 120-121.

11

bei diesem System um ein Arbeitsmodell handelt, welches durch spätere Entdeckungen noch bestätigt werden muß[66]. Liversage setzte fest definierte Gefäßformen und -verzierungen[67] in Beziehung zu den verschiedenen Fundorten und erhielt mit Hilfe einer Korrelationstabelle eine chronologische Gliederung[68]. Die älteste Phase wird demnach durch den Fundort Lustrup repräsentiert, in dessen Fundgut Schnurbecher, große Kerbleistenbecher und Töpfe mit Wellenleisten vorkommen[69]. Es folgen die Gruppen Glattrup und Vindum, die durch Becher mit schnurverziertem Hals, Vorratsgefäße mit vergleichsweise geraden Wänden und Gefäßen mit kugelförmigen Unterteil bzw. Kammstichverzierung und Bechern mit geraden Wandungen gekennzeichnet sind[70]. Die letzte Phase, Myrhöj, gehört aufgrund der dort gefundenen Keramik und Steingeräte in eine späte Phase der Glockenbecherzeit[71]. Silexdolche, Blumentopfbecher und Glockenbechermotive datieren den Fundort in den Übergang von der Obergrabzeit zur Dolchzeit[72].

IV: Myrhöj: späte GB-Keramik, Blumentopfbecher
III: Vindum
II: Glattrup
I: Lustrup: -> Ältere Untergrabzeit

Beran 1990 und 1995 (Schnurkeramik in Mitteldeutschland (Magdeburg))

In Anlehnung an Liversage unternahm Beran den Versuch, das mitteldeutsche Siedlungsmaterial chronologisch zu gliedern[73]. Er unterschied in der ältesten Schnurkeramik zwei Horizonte, die er nach den Fundorten Gerwisch, Kr. Burg und Biederitz, Kr. Burg benannte. Beran sieht im Gerwischer Material sehr viele Parallelen zum dänischen Fundort Lustrup[74]. Die in Gerwisch gefundenen Schnur- und Rillenbecher mit kurzem Hals und gestochenem Abschlußmuster, die z.T. eine Zwischenzier in Form einer gekerbten Leiste oder Stichreihe aufweisen, sowie Strichbündelamphoren und Töpfe mit Wellenleisten sind Elemente des Gemeineuropäischen Einheitshorizonts und somit der Älteren Untergrabzeit gleichzustellen[75].

Der durch den Fundort Biederitz vertretene Horizont wird von Beran etwas später angesetzt. Es kommen jetzt Töpfe mit Tupfen- und Kerbleiste anstatt mit Wellenleiste vor. Amphoren mit Stich- und Ritzverzierung und Becher mit längerer Schnurzone sind weitere Elemente dieses Horizonts[76]. Auf die darauffolgenden Stufen, die er als Mittlere Schnurkeramik und Späte Saaleschnurkeramik bezeichnet, geht er kaum ein. Eine Leitform der mittleren Schnurkeramik ist seiner Meinung nach der Fischgrätenbecher[77], während für die späte Saaleschnurkeramik Verzierungen des Mansfelder Stil typisch sein sollen[78].

---

[66] Liversage 1988, 121.

[67] Liversage 1988, 120.

[68] Liversage 1988, 121 Tab.III.

[69] Liversage 1988, 120.

[70] Liversage 1988, 120-121.

[71] Liversage 1988, 120.

[72] Liversage 1988, 120.

[73] Beran 1990, 20-25; 48-49; Beran 1995, 83-96.

[74] Beran 1995, 84.

[75] Beran 1995, 84; Abb. 1; 2,1-3.5-7.11-15.

[76] Beran 1995, 84; Abb. 2,4.8-10.

[77] Beran 1995, 85; Abb. 3,3-17;4;5.

[78] Beran 1995, 85.

III.:	Späte Saaleschnurkeramik (Mansfeld)
II.:	Mittlere Schnurkeramik
Ib:	**"Biederitzer Horizont"**
Ia:	**"Gerwischer Horizont"**
-> A-Horizont, ältere Untergrabzeit. Fundplätze mit Kugelamphorenkeramik.	

Müller 1999 (Schnurkeramik in Mitteldeutschland (Mittelelbe-Saale-Gebietes))

In einer 1999 publizierten Arbeit untersuchte Müller die zeitliche Entwicklung des mitteldeutschen Neolithikums von 4100-1500 v. Chr.[79] Diese Untersuchung basiert im wesentlichen auf Radiokarbondaten, die in Verbindung mit geeigneten Fundinventaren neue Erkenntnisse über die chronologische Abfolge von Kulturstufen geliefert haben. Für die Schnurkeramik ist besonders die Zeit von ungefähr 2900 bis 1900 v. Chr. von Bedeutung. Die neu gewonnenen C-14 Daten stellen eine bedeutende Erweiterung zu den bis dahin vorhandenen dar. So konnte für die Schnurkeramik, einschließlich Einzelgrab- und Schönfelder-Kultur die Zahl der Daten von 1 auf 38, für die Glockenbecherkultur von 4 auf 12 und für die Aunjetitz-Kultur von 10 auf 14 gesteigert werden[80]). Mit einer solchen Datenbasis lassen sich verläßlichere Aussagen treffen, als mit einer rein typologischen Vorgehensweise. Das Ergebnis der Untersuchung ist, daß sich die Schnurkeramik im Mittelelbe-Saalegebiet in drei Stufen unterteilen läßt[81]: Dieses Ergebnis an sich ist nichts Neues[82], aber wie die Stufen absolutchronologisch einzuordnen sind und wie sich ihre Leitformen verhalten und datieren, widerspricht so manchem typologisch aufgebauten Modell.

Zum Beispiel war festzustellen, daß Frühformen, wie Strichbündelamphoren, s-förmig profilierte Becher mit kurzer, verzierter Halszone und Facettenäxte, nicht an die frühe Schnurkeramik gebunden sind, sondern bis zum Ende durchlaufen[83]. Des weiteren konnte eine chronologische Relevanz von Bechertypologien nicht nachgewiesen werden[84]:

Ab ungefähr 2500/2400 v. Chr. kommen in der Mittleren Schnurkeramik mit der sehr auffälligen Keramik der „Mansfelder Gruppe" neue Elemente hinzu. Ebenfalls in der Mitte des Jahrtausends fällt der Beginn der eigenständigen Schönfelder Kultur und die „Ankunft" der Glockenbecher.

Im letzten Drittel des dritten Jahrtausends ist eine Zeitgleichheit sowohl mit der „Glockenbecherkultur" als auch mit der frühbronzezeitlichen Aunjetitz-Kultur zu konstatieren, was mit Radiokarbondaten und mit Fundvergesellschaftungen zu belegen ist. Allerdings ist in diesem Zeitraum die Anzahl der schnurkeramischen Fundstellen stark rückläufig und ab 2000 v. Chr. so gut wie gar nicht mehr vorhanden.

Ca. 2200-2000	Späte Schnurkeramik (Anteil der gehenkelten Gefäße nimmt zu; schon in der mittleren Phase vorhanden)
Ca. 2500-2200	Mittlere Schnurkeramik (Mansfelderverzierungen, ca.2400-1900 Glockenbecher, Schönfeld)
Ca. 2750-2500	Frühe Schnurkeramik (Frühe Formen wie Strichbündelamphoren und Becher mit kurzer Halszone)

---

[79] Müller 1999.

[80] Müller 1999, 32.

[81] Müller 1999, 65-67.

[82] Z. B. U. Fischer 1958; M. Hein 1987.

[83] Müller 1999, 67.

[84] Müller 1999, 67.

Die Basis der endneolithischen Kulturen bilden immer noch die Grabfunde. Das hat zur Folge, daß nicht alle Aspekte des Lebens erfaßt werden, und somit das Gesamtbild der Kulturen verzerrt wird. In den letzten Jahrzehnten hat sich jedoch der Bestand an Siedlungsplätzen sprunghaft vergrößert, ohne allerdings Siedlungsstrukturen oder gar Hausgrundrisse geliefert zu haben[85]. Dieser Anstieg an Siedlungsplätzen hat seine Ursache darin, daß das vorher fast vollkommen unbekannte Siedlungsmaterial immer konkretere Formen annimmt, was die Identifizierung erleichtert oder gar erst ermöglicht.

Das zutage getretene Siedlungsmaterial erweitert unser Bild der endneolithischen Menschen und ihrer Hinterlassenschaften ganz beträchtlich. Denn im Siedlungsmaterial sind nicht nur ausgewählte Stücke enthalten, die zu einem bestimmten Zweck in die Erde gekommen sind, sondern man kann mit allen Gegenständen des täglichen und kultischen Lebens rechnen.

Zu Funden aus einem Siedlungskontext muß bemerkt werden, daß es sich bei solchen Befunden keinesfalls um geschlossene Funde nach Montelius[86] handelt, die gleichzeitig niedergelegt worden sind. Sie stammen vielmehr aus Siedlungsgruben, kompakten Siedlungsschichten oder aus Streufunden. Man hat folglich zu untersuchen, inwieweit die gefundenen Inventare zusammengehören. Die meisten bekannten Siedlungsplätze sind lediglich durch Begehungen bekannt geworden, ohne daß dort Grabungen durchgeführt wurden. Die wenigen systematisch ergrabenen Siedlungsplätze sind mehr oder weniger zufällig bei Baumaßnahmen, Sand-/Kiesgewinnung oder als „Abfallprodukt" bei Ausgrabungen anderer Objekte entdeckt worden[87].

Auf das große Problem des geringen Bestandes an Siedlungen hat neben Schlette[88], auch Köster hingewiesen, wofür sie die flache Lage der Siedlungsstrukturen im Boden verantwortlich machte[89]. Daß viele Siedlungen in geringer Tiefe anzutreffen sind, hat sich bei Grabungen im Luckaer Forst, Kr. Altenburg bestätigt[90]. Dort sind neben zahlreichen Hügelgräbern der Schnurkeramik einige Siedlungsplätze aufgedeckt worden. Die Fußböden dieser Siedlungsplätze befanden sich lediglich 25 cm unter der heutigen Erdoberfläche[91] und wären schon bei geringen Bodeneingriffen, wie Pflügen, zerstört worden. Denselben Befund zeigten auch die Ausgrabungen bei Wiesbaden-Hebenkies, wo unter einem Grabhügel der „jüngeren" Schnurkeramik eine Siedlungsschicht freigelegt wurde[92], die um den Hügel allerdings schon zerstört war und nur unterhalb des Grabhügels erhalten geblieben war (siehe unter Wiesbaden-Hebenkies). Die geringe Fundtiefe der Siedlungsplätze ist sicherlich auf die Bauweise der „Schnurkeramiker" zurückzuführen, die ihre Häuser so konstruierten, daß sie kaum Spuren hinterließen (Blockbauweise, Schwellenbauten etc.), sowie auf die Art ihrer Vorratshaltung (Verzicht auf tiefe Kellergruben[93]).

Es besteht aber auch die Möglichkeit, daß sich Siedlungsreste durch Überlagerungen von Flußsedimenten oder durch Überwehungen von Dünen erhalten haben[94]. Beim Atzelberg ist

---

[85] Ausnahme: Schweizer Schnurkeramik, Haffküstenkultur und Luckaer Forst: Höckner 1956.

[86] Montelius 1903, 3.

[87] Auch die schnurkeramische Besiedlung des Atzelberges ist im Zuge der Sandgewinnung sowie des Autobahnbaus erkannt und ausgegraben worden.

[88] Schlette 1969, 160; 162.

[89] Köster 1965/66, 2.

[90] Höckner 1956; Höckner 1957.

[91] Höckner 1957, 176.

[92] Die Siedlungsschicht ist zwar der Wartberg-Kultur zuzuweisen, aber die Problematik des Siedlungswesens scheint sich nicht grundsätzlich von dem der Schnurkeramik zu unterscheiden.

[93] Der Mangel an Gruben ist z.T. auf den ungünstigen sandigen Untergrund zurückzuführen.

[94] Köster 1965/66, 2; Gripp 1967, 228.

letzteres passiert. Die schnurkeramische Kulturschicht war von einer 1-1,5 m dicken Sandschicht überdeckt, die sich erst nach der Auflassung der Siedlung gebildet hat (Abb. 3-4; 9-10). Solch eine Verlagerung von Flugsand ist dann möglich, wenn, beispielsweise bei intensiver landwirtschaftlicher Nutzung von Flugsandflächen die schon durch die geringere Fruchtbarkeit des Sandbodens bedingte spärliche Vegetationsdecke zerstört wird. Das hat zur Folge, daß der lockere Sand nicht mehr durch das Wurzelwerk der Pflanzen zusammengehalten wird und durch Winde in Bewegung gerät. Dabei können entweder Siedlungen überdeckt, also geschützt werden, oder aber chronologisch getrennte Siedlungsschichten fallen zusammen, wenn die lockere Erde weggeweht wird und die schwereren Artefakte liegenbleiben[95].

Die flache Lage bzw. die große Tiefe der Siedlungsplätze sind ein Grund für den geringen Bestand an Fundplätzen. Wie oben angedeutet, ist das Erkennen solcher Fundstellen durch das unscheinbare und teilweise unbekannte Siedlungsmaterial sehr schwierig. Je mehr über die Zusammensetzung der Siedlungskultur bekannt ist, desto mehr Siedlungsstellen können erkannt werden. Es ist hier von einer Forschungslücke zu sprechen, die es zu schließen gilt. Die Beurteilung des vorliegenden Materials als Siedlungsmaterial erfordert die Erfüllung bestimmter Kriterien. Die Merkmale können von Autor zu Autor differieren.

Abb. 4: Grabung in der schnurkeramischen Schicht auf dem Atzelberg.

---

[95] Behrens 1991, 111. Behrens verweist auf eine Grabung im Dünensand, bei der mesolithische und neolithische Funde in einer Schicht zusammenlagen. Der Ausgräber F.K. Bicker vermutete mit Vorsicht eine Kulturverbindung zwischen dem Mesolithikum und dem Spätneolithikum: Bicker 1933, 249-268; Gripp 1967, 228-229.

Petrasch beispielsweise sieht einen hohen Anteil von Scherben, starke Verwitterung und die Tatsache, daß nur wenige Scherben zueinander passen als Indizien für Siedlungsmaterial an[96]. Müller geht sogar noch einen Schritt weiter. Seine Kriterien basieren nicht nur auf der Analyse von Keramik (kulturspezifisch, verschiedene Gefäßformen, die Keramik sollte auch aus Gefäßen bestehen, die nur selten im Grabkontext vorkommen), entscheidend ist auch das Spektrum von Fels- und Silexgeräten sowie die Lage des Fundplatzes und, falls vorhanden, das Verhältnis zu den Gräberfeldern[97]. Das Ilvesheimer Material wird allen Anforderungen gerecht, als Siedlungsmaterial zu gelten. Die Keramik erfüllt sowohl die Kriterien Petraschs als auch Müllers. Auch die Lage auf einer Düne widerspricht nicht der Zuordnung des gefundenen Material zu einer Siedlung, im Gegenteil, da sehr viele endneolithische Siedlungen bisher auf Sanddünen lokalisiert worden sind.

Grabfunde bilden das Rückgrat bei der Erstellung einer Chronologie. Eine Schwierigkeit dabei ist, daß in endneolithischen Gräbern nur wenige Gegenstände miteinander vergesellschaftet sind. Erschwerend kommt der Mangel an aussagefähigen Stratigraphien zur Absicherung der Chronologie hinzu. Im Neckarmündungsgebiet sieht das nicht anders aus. Die Erhaltungsbedingungen für Gräber sind hier bei weitem nicht optimal. Große Teile der Landschaft sind von Flugsand bedeckt. Wenn die Gräber in Schichten mit entkalktem Sand lagern, lösen sich die Skelette auf. Eine weitere Gefahr für die Bestattungen bilden Umlagerungen von Dünen und Flugsand sowie Flußbettverlagerungen des Neckars, die oft dafür verantwortlich sind, daß ein gewisser Bestand an Gräbern verloren gegangen ist oder gestört wurde. Der Raum Mannheim ist ein Ballungsgebiet, in dem viele Menschen wohnen und arbeiten, daher sind in der Vergangenheit große Erdeingriffe vorgenommen worden. Bei diesen Eingriffen in die Bodensubstanz, wie Baumaßnahmen, Kies-/ Sandabbau und landwirtschaftliche Tätigkeit, wurden auch immer wieder durch Zufall Gräber gefunden. Daß die dabei geborgenen Gräber oft gestört waren, versteht sich von selbst. Wie hoch die Dunkelziffer der zerstörten Bestattungen ist, kann nur vermutet werden.

Der größte Teil der Düne ist dem Sandabbau und dem Reichsautobahnbau[98] zum Opfer gefallen. Die Grabungen, die von Gember in den 20er und 30er Jahren dort durchgeführt wurden, hatten den Charakter von Rettungsgrabungen. Die Grabungen konnten nur im Böschungsbereich der Sandgrube durchgeführt werden, was zur Folge hatte, daß jeweils nur kleine Streifen untersucht wurden (Abb. 3;5). So ist die freigelegte Fläche eher gering zu nennen (50-100 qm)[99]. Da keine Siedlungsstrukturen beobachtet werden konnten, scheint die Siedlungsschicht einfach abgegraben worden zu sein (Abb. 5). Auch die Dokumentation der Grabungen läßt zu wünschen übrig. Außer einigen Fundskizzen und kurzen Fundbeschreibungen ist wenig überliefert, so daß nicht nur die Lokalisierung der Funde und Befunde, sondern auch die Zuordnung der Funde zu Befunden schwierig, teilweise sogar unmöglich ist.

Erschwerend bei der Materialaufnahme war die verstreute Aufbewahrung der Funde. Ein Teil des Materials befand sich in der Sammlung Gember, die noch ungeordnet in den von Gember

---

[96] Petrasch 1983, 46.

[97] Müller 1979/80, 251.

[98] Die Betreuung der Autobahnbaustellen ab Februar 1934 wurde durch Gropengießer, Gember, Wolber (Abschnitt Seckenheim) und dem Zeichner Rupp durchgeführt. Die Schwierigkeit die Erdbewegungen zu überwachen lag darin, daß nicht abschnittsweise, sondern oft gleichzeitig auf der ganzen Strecke gearbeitet wurde.

[99] Bis zum 30. Juli 1936 scheinen ca. 30 qm der Siedlungsstelle ausgegraben worden zu sein: Gember 1937, 6. Da der Atzelberg aber 1938 abgetragen war, ist die erforschte Gesamtfläche schätzungsweise nicht größer als 50-100qm.

verpackten Behältnissen im Reiss-Museum lagert. In den weit über hundert Kisten und Schachteln sind nicht nur endneolithische Funde vom Atzelberg aufbewahrt, sondern Artefakte aus fast allen Perioden aus dem gesamten Neckarmündungsgebiet. Ein anderer Teil ist Bestandteil der neolithischen Schausammlung des Reiss-Museums, die z.Z. ausgelagert ist. Der größte Prozentsatz lag über Jahrzehnte im E4-Magazin[100], wo die „Kriegsschäden" aufbewahrt wurden. Dort wurden sie zum zweiten Male wieder ausgegraben und stehen nun der Forschung zur Verfügung. Die Funde der Grabung 1966, bei der auf dem Atzelberg das Urnengrab ausgegraben wurde, sind noch nicht bearbeitet. Sie liegen verpackt in einem Magazin, welches sich im Quadrat F6 befindet. Die dezentrale Lage der Funde war dafür verantwortlich, daß die Artefakte nur schrittweise zum Vorschein kamen[101].

Forschungsstand und Zufälligkeit der Funde und Fundstätten spiegeln besonders gut die Verbreitungskarten aus verschiedenen Jahrzehnten wider. Ein Beispiel: Die Fundstellenverteilung der Schnurkeramik bei Reinerth 1923 zeigt das Neckarmündungsgebiet nahezu fundleer[102]. Über vierzig Jahre später publizierten Sangmeister und Köster Fundkarten, in denen der Mannheimer Raum eine Konzentration von schnurkeramischen Fundstellen aufweist[103]. Lokale Fundhäufungen entstehen bei großflächigen Baumaßnahmen,

Abb. 5: Grabung in der schnurkeramischen Siedlung auf dem Atzelberg.

---

[100] Die Innenstadt von Mannheim ist in Quadrate aufgeteilt. E4 bezeichnet das Quadrat, in welchem das Magazin liegt.

[101] Daß das Atzelberger Material hier vollständig vorgelegt werden kann, ist den Herren H. Geil und G. Mössinger zu verdanken, denen ich an dieser Stelle nochmals sehr herzlich danken möchte.

[102] Reinerth 1923, Taf. XXXV.

[103] Sangmeister/ Gerhardt 1965, Karte 1-10; Köster 1965/66, Karte 2-5, 8.

wie Bau von neuen Wohngebieten, Straßen (Autobahnen) und Kies- und Sandgruben[104]. In Mannheim und der näheren Umgebung führten in den 1920er und 1930er Jahren große Baumaßnahmen zu einem immensen Bedarf an Baustoffen, was eine gesteigerte Ausbeutung der lokalen Sand- und Kiesgruben bedeutete. Dafür eigneten sich besonders die großen Sanddünen, die in prähistorischen Zeiten bevorzugte Siedlungsobjekte waren. So verwundert es nicht, daß gerade beim Betrieb solcher Gruben zahlreiche Funde und Befunde ans Tageslicht kamen[105]. Viele dieser Sand- und Kiesgruben wurden privat betrieben. Dies brachte den Eigentümern mehr ein als die Bestellung der ohnehin nicht besonders fruchtbaren sandigen Äcker. Als sich der Kies- und Sandabbau nach dem auf den 2. Weltkrieg folgenden Wiederaufbau nicht mehr lohnte, wurden die Gruben rekultiviert, d.h., sie wurden zugeschüttet.

Anders als die schnurkeramischen Gräber sind viele Fundorte von Siedlungen lediglich in Fundberichten veröffentlicht. Vielfach fällt auf, daß endneolithische Siedlungsstellen nicht als solche erkannt werden und somit eine falsche Datierung erhalten. Es kommt gelegentlich auch vor, daß endneolithisches Siedlungsmaterial mit anderen Kulturen vergesellschaftet ist. Wertvoller dagegen sind Publikationen von Einzelbefunden wie Gruben oder/und besonderer Phänomene und Probleme, die sich mit dem Siedlungswesen beschäftigen[106]. Derzeit noch selten, sind regionale Aufarbeitungen von Surveys bzw. Oberflächenaufsammlungen[107]. Erst in jüngster Zeit wurde ernsthaft versucht, eine chronologische Gliederung der schnurkeramischen Siedlungsware zu entwickeln[108] (siehe Forschungsgeschichte). Dieses Vorhaben steckt zwar noch in den Anfängen, wird aber in Zukunft durch Diskussionen und neue Ansätze der Forschung einen gewaltigen Schub nach vorne geben. Ein Vorbild könnten die Kollegen in Dänemark geben. In den letzten zwanzig Jahren erforschten sie systematisch ganze Landstriche, und die übergreifende Analyse des Siedlungsmaterials und -verhaltens gibt uns die Möglichkeit, die Menschen der Einzelgrab- bzw. schnurkeramischen Kultur besser zu verstehen [109].

5.0 GEOLOGIE

5.1. Geomorphologie des Neckarmündungsgebiets

Das Neckarmündungsgebiet ist ein Teil des nördlichen Oberrheingrabens. Wenn man den Oberrheingraben bei Mannheim im Querschnitt betrachtet (Abb. 6), fällt auf, daß sich das Bodenrelief rechts und links des Rheins kaum unterscheidet. Unmittelbar neben dem Rhein erstreckt sich die Flußniederung, welche bei Hochwasser überschwemmt wird. Daran anschließend erhebt sich das Gelände um einige Meter und bildet eine Stufe. Diese Ebene, die über der Niederung liegt, wird als Hochgestade bezeichnet. Dann steigt die Landschaft langsam an und geht dann schließlich über die Hochterrasse zum Odenwald oder Pfälzerwald über. Der Odenwald an der Bergstraße besteht aus dem Grund- und dem Deckgebirge[110]. Das

---

[104] Dauber et al. 1967, 12.

[105] Dasselbe passierte auch nach dem 2. Weltkrieg, als im Zuge des Wiederaufbaus große Mengen an Baumaterial gebraucht wurden (z.B. Kiesgrube Back, Ladenburg etc.). Da der Atzelberg zu der Zeit schon eingeebnet war, wurde auf dem eigentlichen Dünengelände kein Sand mehr gewonnen.

[106] Beispiel: Bantelmann 1986.

[107] Menke 1974, Menke 1975, Müller 1979/80, Maran 1989/90.

[108] Beran 1990, Beran 1995, Liversage 1987.

[109] Simonsen 1987.

[110] Strigel 1927, 14.

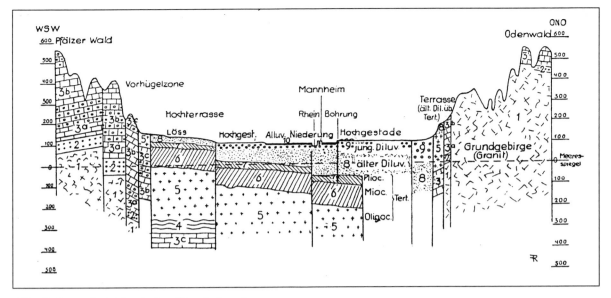

Abb. 6: Querschnitt durch den Oberrheingraben.

Deckgebirge ist aber nur noch im südöstlichen Odenwald erhalten und setzt sich aus Rotliegendem mit Porphyren, Zechstein und Buntsandstein zusammen. Das Grundgebirge hingegen ist vulkanischen Ursprungs und besteht aus Granit, Diorit und metamorphen Schiefern.

Die Rheinebene war am Ende der letzten Eiszeit von Schotterflächen bedeckt, die von den Flüssen und Bächen in der Ebene abgelagert wurden. Im Laufe der Zeit wurden diese Schotterflächen von Schwemmlehmen der Flüsse und Bäche überdeckt. Da zu dieser Zeit, dem Würm-Glazial, die Vegetation sehr spärlich war und starke West- und Südwestwinde wehten, wurden große Mengen Sand ausgeblasen. Während die schwereren Sande schon früh niederfielen und die großen Flugsandflächen[111] bei Schwetzingen, Mannheim-Käfertal, Viernheim etc. bildeten, wurde der sehr feine Löß noch weiter getragen und am Fuße des Odenwaldes abgelagert. Die Flugsandflächen und -dünen südlich von Heidelberg sind anhand von C-14 Daten (Schnecken) in das jüngere Spätglazial bzw. ins jüngere Dryas (11.400 ±100, 10.800 ±100 bp) zu datieren[112].

Die stetig wehenden Winde waren dafür verantwortlich, daß sich auch im Neckarmündungsgebiet mehrfach gestaffelte Dünenzüge bilden konnten. Eine der größten Dünen in diesem Gebiet war der Atzelberg bei Ilvesheim, der an einer Neckarschleife auf dem Hochgestade der Niederterrasse lag[113]. Die 200 x 400 m große hohe Flugsanddüne[114] war mit dem Schultheißenbuckel bei Mannheim-Wallstadt der einzige überschwemmungssichere Ort im ganzen Umkreis, so daß er als Siedlungsplatz prädestiniert war.

Wenn man über das Neckarmündungsgebiet spricht, muß angemerkt werden, daß es sich bei diesem nicht um den eiszeitlichen-prähistorischen Mündungsbereich des Neckar handelt, sondern um den heutigen Eintritt des Neckars in den Rhein. Die Mündung des Neckars in den Rhein lag nicht immer im heutigen Stadtgebiet von Mannheim. Im frühen Holozän floß der Neckar nach dem Austritt aus dem Odenwald nicht wie heute in Richtung Westen dem Rhein zu, sondern bog zwischen Ilvesheim und Wallstadt nach Norden ab und zog sich in Windungen am westlichen Odenwaldrand entlang, bis er in der Nähe des heutigen Trebur in den Rhein mündete[115]. Erst später durchbrach er bei Feudenheim den trennenden

---

[111] Definition von Flugsandflächen und Sanddünen: Gripp 1967, 230.

[112] Löscher/ Haag 1989, 101.

[113] siehe Karte bei: Gropengießer 1927, 37.

[114] Dauber et al. 1967, 28.

[115] Thürach 1905/1985, 8.

Dünengürtel, um sich dann in den Rhein zu ergießen. Dadurch verschob sich auch der Lauf des Rheins, da die Wassermassen des Neckar den Rhein nach Westen drückten. Neckar und Rhein, verlagerten später noch häufig ihr Flußbett. Spätere Flußregulierungen des Menschen haben die Geomorphologie des Neckarmündungsgebiet stark verändert.

Eingriffe des Menschen führten und führen zur Veränderung der Landschaft und der Vegetation. Besonders Flugsand- und Dünengebiet sind davon betroffen. Nach Verlust der Vegetationsdecke wird der Sand sehr anfällig für Umlagerungsprozesse. Solche äolischen Erosionsvorgänge sind für das Ende der Bandkeramik, aber auch für das Ende der Schnurkeramik nachgewiesen. Beim Atzelberg wurde die schnurkeramische Siedlungsschicht von einer ca. 1-1,5 m starken Sandschicht überweht[116].

5.2. Entstehung und Aufbau des Atzelberges

Im Herbst 1897 wurden in der Sandgrube auf dem Atzelberg zwei Profile aufgenommen, welche die Entstehung und den Aufbau der Düne veranschaulichen (Abb. 7). Im Profil läßt sich nachweisen, daß im wesentlichen West- und Ostwinde für die Dünenbildung verantwortlich waren, andere Windrichtungen sind von untergeordneter Bedeutung. Der Sand wurde nicht nur an der dem Wind zugewandten Seite horizontal angelagert, sondern es läßt sich eine sogenannte Übergußschichtung beobachten. Die Übergußschichtung kommt dadurch zustande, daß der Sand an der Leeseite, d.h., an der Wind abgewandten Seite, angelagert wird. Im Profil macht sich das durch eine Neigung der Sandschichten von 30°-40° bemerkbar.

Der Aufbau der Düne spiegelt die Entwicklungsgeschichte des Neckarmündungsgebiets wider (Abb. 10-11). Ganz unten liegen die in der Eiszeit durch den Rhein angeschwemmten Kiese und Sande; darüber befindet sich eine kalkhaltige Lehmschicht, die Reste einer jungdiluvialen Konchylienfauna enthält[117]. Die Lehm- und Schwemmschichten am Atzelberg bestehen aus braungrauem, meist kalkreichem sandigem Mergel[118]. Es handelt sich dabei um Decklehme des Neckars. Dies ist allerdings am Südrand nicht immer klar zu unterscheiden, da dort sowohl Rhein- als auch Neckarlehme vorhanden sein können. Über der Lehmschicht türmt

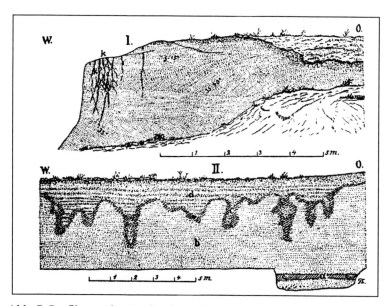

Abb. 7: Profile aus der Sandgrube auf dem Atzelberg aus dem Jahr 1897.

---

[116] Tagebuch Gember; Sielmann 1971a, 74.
[117] Thürach 1905/1985, 23.
[118] Thürach 1905/1985, 24.

sich eine mehrere Meter hohe Sandschicht auf. Im unteren Teil ist der kalkhaltige Sand regelmäßig geschichtet, während der Sand 0,5 bis 1,5 m unter der Erdoberfläche ausgewaschen, also entkalkt, und in Bändern angeordnet ist. Die Schicht mit dem entkalkten Sand bildet in der darunterliegenden Schicht unregelmäßige schlauchförmigen Taschen aus. Diese Taschen können sich mit verfestigtem, entkalktem Sand füllen. Über dem Flugsand erstreckt sich noch der mehr oder weniger mächtige Humushorizont.

B. Siedlungsbefunde

1.0. Allgemeines

Bei Siedlungsbefunden lassen sich mehrere Wertigkeitskategorien unterscheiden. Funde aus Gruben ermöglichen die sichersten Aussagen über das tägliche Leben der damaligen Menschen und sind daher am höchsten zu bewerten. Artefakte, die in kompakten Siedlungsschichten eingelagert waren, sind dagegen nicht ohne weiteres einer bestimmten Zeit oder Siedlung zuzuweisen, so daß sie eingehend analysiert werden müssen. Den geringsten Aussagewert haben Streufunde. Bei ihnen können nur bekannte Formen und Motive eine Kulturzuweisung erwirken. Der ursprüngliche Siedlungs- oder Grabkontext ist aber durch verschiedenste Umstände verlorengegangen. Besonders wertvoll sind Befunde, die Bezug auf den Alltag der „Schnurkeramiker" nehmen. Solche Befunde, wie Wohnstellen (Häuser), Werkplätze, Feuerstellen o.ä. bilden im Endneolithikum die Ausnahme und nehmen somit eine Sonderstellung ein. Per definitionem stellen Bestattungen eine eigene Fundgattung dar[119], welche sich grundsätzlich von Siedlungen unterscheidet[120]. In Ausnahmefällen aber fallen beide Fundgattungen zusammen, dann spricht man von Siedlungsbestattungen. Wenn also Gräber in einer Siedlung gefunden werden, muß untersucht werden, in welchem zeitlichen Verhältnis sie zu der Siedlung stehen.

2.0. Siedlungsbefunde auf dem Atzelberg[121]

Die Siedlung auf dem Atzelberg ist durch eine 0,2-0,6 m dicke Schicht nachgewiesen (Abb. 9-10), die eindeutiges Siedlungsmaterial enthalten hat (siehe Quellenkritik). Beim Freilegen dieser Schicht hat man trotz großer Aufmerksamkeit keine Überreste von Häusern gefunden, so daß die Wohnbebauung dieser Siedlung unbekannt ist. Bei dieser Siedlungsschicht handelt es sich vermutlich um den prähistorischen Humushorizont, der mit Scherben, Knochen, Steinartefakte, Holzkohle etc. durchsetzt war.

Die bei anderen Kulturen übliche Sitte, Vorrats- oder Materialentnahmegruben anzulegen, scheint bei der schnurkeramischen Bevölkerung des Atzelberges nur rudimentär ausgeprägt gewesen zu sein[122]. Nach den Fundnotizen und -berichten von Gember sind zwei Gruben belegt. Die eine wurde am 02. November 1933 ergraben, während bei der anderen das sichere Funddatum unbekannt ist. Die vollständigen Grubeninventare zu rekonstruieren ist nicht mehr möglich, da durch die getrennte Aufbewahrung und die Kriegsereignisse 1944 die Zusammengehörigkeit einzelner Scherben und Kleinfunde nicht mehr nachvollziehbar ist.

Neben den erwähnten beiden Gruben wurde noch ein endneolithisch-frühbronzezeitliches Gräberfeld mit dreizehn Gräbern freigelegt. Diesen Gräbern kommt eine besondere Bedeutung zu. Sie machen es durch ihre stratigraphische Lage möglich, die endneolithische Besiedlung zeitlich einzugrenzen. Da die Gräber entweder die Siedlungsschicht durchschlagen oder aber im Dünensand über der Schicht gelegen haben, können sie nur nach Aufgabe der Siedlung angelegt worden sein. Um den „terminus ante quem" festzulegen und kulturell zuzuweisen, ist eine genauere Betrachtung der Bestattungen unerläßlich (siehe Gräber).

---

[119] Montelius 1903, 5-8.

[120] Montelius 1903, 4.

[121] Die hier behandelten Siedlungsbefunde beziehen sich ausschließlich auf die von Gember in den 1920er und 1930er freigelegten Strukturen.

[122] Schlette 1969, 160; 162.

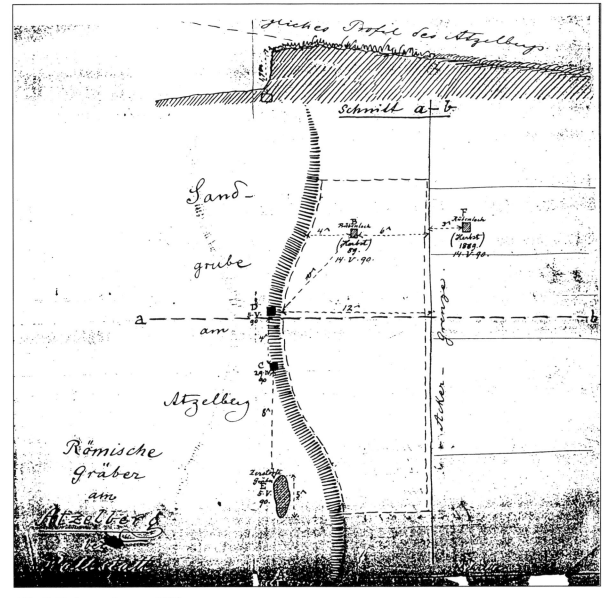

Abb. 8: Grabungsplan von 1890.

Einige Befunde sind nur durch Tagebuchaufzeichnungen von Gember überliefert, in welchen er sie kurz beschreibt. Diese Befunde, die er der Schnurkeramik zuweist, sind aufgrund von fehlenden Zeichnungen und Einmessungen nicht mehr zu lokalisieren. Auch können den Befunden keine Funde mehr zugeordnet werden, so daß ihre Datierung nicht mehr nachvollziehbar ist. Um sie dennoch vorzulegen, sollen sie im Anhang in tabellarischer Form unkommentiert aufgeführt werden (siehe Anhang B).

3.0. Lage und Ausdehnung der Siedlung

Da es keine Übersichtspläne der schnurkeramischen Siedlung gibt, muß aus den Fundnotizen und anderen Informationen die Lage und Ausdehnung erschlossen werden. Dies ist zum Teil nur in einem Ausschlußverfahren zu erreichen. Wie in der Forschungsgeschichte schon erwähnt, wurde auf der Kuppe des Atzelbergs spätestens seit Mitte des 19. Jh. eine Sandgrube betrieben. Da die ersten archäologischen Funde erst 1882 gemacht wurden, sind bis dahin alle anderen Funde und Befunde unerkannt oder unbeobachtet zerstört worden. Diese Sandgrube befand sich auf dem höchsten Punkt der Düne, wo wahrscheinlich der

Besiedlungsschwerpunkt gelegen hat[123]. Bei den Ausgrabungen des Mannheimer Altertumsvereins von 1889 bis 1894 ist keine Rede davon, daß es im untersuchten Gebiet Spuren einer prähistorischen Siedlungsschicht gegeben hat[124], obwohl eine Tiefe von 1,70 m erreicht wurde und die Sohle der Sandgrube in der Mitte sogar noch tiefer lag (Abb. 8). Das ist deshalb bedeutsam, da bei den späteren Ausgrabungen von Gember, die Siedlungsschicht bei ihrer Entdeckung 1,0-1,5 m unter der Oberfläche lag[125]. Das auf der Kuppe keine Funde gemacht wurden, läßt sich auch dadurch erklären, daß besonders die höchsten Punkte von Hügeln, Dünen oder auch Grabhügeln stark der Erosion ausgesetzt sind. Das trifft speziell für Sanddünen zu, die sich unter gewissen Umständen recht schnell umlagern können. So könnte sich auch die 1,0-1,5 m hohe Überdeckung der Kulturschicht mit Dünensand erklären, der sich von der Kuppe auf die Hänge verlagert hat. Tatsache aber ist, daß die Reste der prähistorischen Besiedlung auf der Kuppe, sofern es dort eine gegeben hat, für die Forschung verloren sind.

1934/35 ergab sich die Möglichkeit, den Westhang des Atzelberges archäologisch zu untersuchen, da dort die Trasse der neuzubauenden Reichsautobahn verlaufen sollte. Bei den dortigen Ausgrabungen fanden sich im Norden und Nordwesten Reste einer Rössener Siedlung[126], zwei Urnenbestattungen (Urnenfelderkultur/Ältere Hallstattzeit?) sowie ein römischer Brunnen und Dachziegelbruchstücke[127]. Eine Bergung von endneolithischen Funden aus der Siedlungsschicht läßt sich aus der Literatur oder den Tagebuchaufzeichnungen nicht entnehmen. Lediglich eine glockenbecherzeitliche Bestattung mit zwei Glockenbechern und vier endneolithischen Scherben (Grab IX), deren Lage und Fundkontext nicht mehr bekannt sind, kamen dort heraus[128]. Das läßt darauf schließen, daß dieser Teil der Düne nicht oder nur sehr spärlich von der schnurkeramischen Bevölkerung bewohnt gewesen war.

Vom 21./24.-26. Juni 1935 fand im nördlichen Teil der Sandgrube eine Grabung statt, welche die schnurkeramische Siedlungsschicht weiterverfolgte[129]. Die aufgedeckte Fläche betrug 10 qm. Im Nordprofil ist die Stratigraphie sichtbar (Abb. 9)[130]. Von der heutigen Oberfläche zur schnurkeramischen Siedlungsschicht erstreckte sich eine 0,60-1,0 m dicke Lage Dünensandes, die keine Funde enthielt. Die Siedlungsschicht fiel nach Osten ab. Darunter befand sich eine sandige, lehmige Schicht, die einige bandkeramische Scherben erbrachte, welche laut Gember, zu einem Gefäß gehören könnten, das vielleicht einem gestörten Grab zugeordnet werden kann. Eine Lehmbank ohne Einschlüsse bildet den unteren Abschluß des Profils. In der schnurkeramischen Schicht, die Gember als verkohlt bezeichnete, fanden sich „schnurkeramische" Knochen, Sandsteinbruchstücke und einige Scherben. Unter den dort geborgenen Scherben befanden sich auch einige mit „breiten Riefen" (herausgearbeitete, glatte Mehrfachleisten), allerdings keine mit der charakteristischen Schnurverzierung. Aber aufgrund der Vergesellschaftung von schnurverzierter Ware mit Mehrfachleisten und der für

---

[123] Hormuth 1928, 387.

[124] Siehe Fundmeldungen in den Mannheimer Geschichtsblättern und der Westdeutsche Zeitschrift für Geschichte und Kunst IX, 287; X, 389; XI, 233; XIV, 367; XIX, 367. Zu dieser Zeit war die Materialgrundlage noch nicht gegeben, um eine schurkeramische Siedlungsschicht erkennen zu können, da die schnurkeramische Kultur gerade erst definiert worden war und sich ausschließlich aus Grabinventaren zusammensetzte.

[125] Tagebuch Gember 2a, 31; Tagebuch Gember 15, 20; Tagebuch Gember 15, 26; Tagebuch Gember 15, 29; Gropengießer 1931, 361.

[126] Die Rössener Siedlung konnte 1938 weiter verfolgt werden: Gropengießer 1939a, 11.

[127] Gropengießer 1936a, 310; 313; 314.

[128] Gebers 1978, 121.

[129] Gropengießer 1936b, 354.

[130] Das bedeutet, daß die Grabung im nordöstlichen Bereich der Sandgrube stattgefunden haben muß, da sonst das Profil nicht west-östlich ausgerichtet wäre.

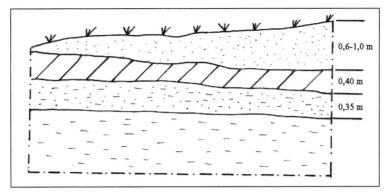

Abb. 9: Profilskizze der Grabung vom 21./24.-26. Juni 1935. Punktiert (Sand); Schraffiert (schnurkeram. Schicht); Strich-Punkt (verlehmter Sand); Gestrichelt (Lehmbank). Ohne Maßstab.

das Endneolithikum typischen Machart lassen sich die Funde eindeutig an das Ende des Neolithikums stellen (siehe Keramik).

Nach dem Bau der Reichsautobahn konzentrierten sich die Grabungen auf den nördlichen und östlichen Bereich der Düne. Am 22. Juli 1936 begann eine Grabung, die mit Unterbrechungen bis zum 30. Juli dauerte[131]. Bei dieser Grabung kamen Scherben und Tierknochen von Wildschwein, Hausrind etc. zum Vorschein. Wichtiger ist, daß hier eine stratigraphische Trennung von Mesolithikum und Schnurkeramik festzustellen war (Abb. 10). Die Stärke der trennenden Schicht betrug ca. 15 cm. Im Profil war der Verlauf der schnurkeramischen Schicht recht gut zu beobachten. Auch hier fiel die Schicht von Westen nach Osten ab. Je weiter man sich von dem Brandplatz in Richtung Osten entfernte, desto weniger Werkzeuge wurden gefunden.

Die bei der Grabung vom 21./24.-26. Juni 1935 erstmals gefundenen bandkeramischen Scherben legen auch eine Belegung der Düne während der Linearbandkeramik nahe. Diese Vermutung bestätigte sich 1938 und besonders durch die Grabung vom 28. August 1953 am südlichen Hang des Atzelbergs auf dem Acker Söhner in der Nähe des Gewanns „Wasserloch", wo Keramik und ein Bruchstück eines Schuhleistenkeils der Linearbandkeramik ausgegraben wurden[132]. Der Schwerpunkt der bandkeramischen Besiedlung scheint auf dem südlichen Teil des Atzelberges zu liegen.

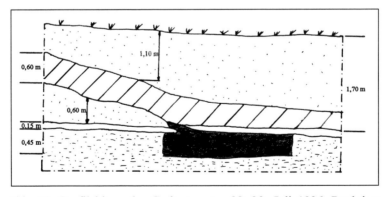

Abb. 10: Profilskizze der Grabung vom 22.-30. Juli 1936. Punktiert (Sand); Schraffiert (schnurkeram. Schicht); Ohne Kennung (Mischhorizont); Schattierung (mesol. Feuerstelle); Strich-Punkt (verlehmter Sand). Ohne Maßstab.

---

[131] Tagebuch Gember 15, 20; Gember 1937, 6-7.
[132] Tagebuch Gember 36, 48.

Die schnurkeramische Siedlung wurde entlang der Nord- und Ostseite der Sandgrube nachgewiesen. Wegen des Sandgrubenbetriebes konnte nur eine kleine Fläche ausgegraben werden, die wenige Einzelbefunde erbrachte. Die ursprüngliche Ausdehnung der Siedlung bleibt unklar. Anhand der Profile und der Funddichte läßt sich sagen, daß die Besiedlungsintensität in Richtung Osten abnimmt und schließlich aufhört. Die schnurkeramische Siedlungsschicht überlagerte eine mesolithische Besiedlung. Überlagerungen mit anderen Kulturschichten sind nicht beobachtet worden. Gräber späterer Kulturen stören zuweilen die schnurkeramische Schicht, was einen Fixpunkt für das Ende der Siedlung markiert. Die spätere Sandaufwehung mit den darin befindlichen glockenbecherzeitlichen Gräbern ist ein weiteres Indiz dafür, daß die Siedlung noch während des Endneolithikums aufgegeben wurde. Die Sandschicht verhinderte die Vermischung mit kulturellem „Fremdmaterial"; lediglich durch Störungen, wie Gräber und Gruben, können geringe Fundmengen anderer Zeitstufen in die Siedlungsschicht gekommen sein. Die Siedlungsplätze des Alt- und Mittelneolithikums befinden sich an anderer Stelle des Atzelberges (Abb. 11). Während sich eine LBK-Siedlung am südlichen Fuß des Atzelberges befand, sind Reste einer rössenzeitlichen Besiedlung im Norden und Nordwesten gefunden worden. Jungneolithische Überreste sind auf dem Atzelberg und seiner Umgebung bisher nicht gemacht worden.

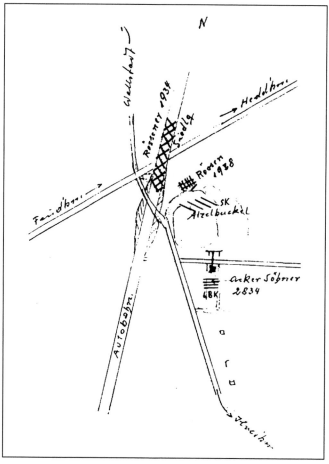

Abb. 11: Skizze vom Atzelberg und Umgebung. Lage der Siedlungen der Linearbandkeramik (LBK), Rössener-Kultur und Schnurkeramik (SK). Ohne Maßstab

C. Materialanalyse

1.0. Keramik

1.1 Vorgehensweise

Material aus Siedlungsschichten, besonders aus Sanddünen, ist nicht unproblematisch (siehe Quellenkritik und Mannheim-Seckenheim). Man kann nicht von vornherein davon ausgehen, daß die dort vergesellschafteten Artefakte gleichzeitig sind. Um die Keramik beurteilen zu können, soll das Material typologisch nach Verzierungen aufgegliedert werden. Diese typologischen Gruppen sind als Hilfskonstruktion gedacht, um eine chronologische Einordnung des Fundmaterials zu ermöglichen, d.h., herauszufinden, ob das Material chronologisch homogen ist oder ob es ein Sammelsurium aus vielen verschiedenen Zeitstufen darstellt. Für diese Untersuchung wurden nur diagnostische Stücke zeichnerisch aufgenommen[133]. Bei der statistischen Auswertung sind dagegen alle Keramikfragmente berücksichtigt worden.

Nach der Beschreibung der in den Gruppen zusammengefaßten Scherben soll kurz auf die Datierung, Laufzeit und Herkunft eingegangen werden. Bei einigen chronologisch bedeutsamen und charakteristischen Verzierungsarten und -mustern wird die Frage der Herkunft und Laufzeit ausführlicher besprochen.

Zu den Statistiken ist noch anzumerken, daß Scherben mit gleichartigen Verzierungen durchaus zu einem Gefäß gehören können. Dem Verfasser ist dieses Problem durchaus bewußt Da die Zugehörigkeit nicht ohne weiteres nachzuweisen ist, haben die Statistiken eine Unsicherheit.

1.2. Bestand

Vom Atzelberg liegen 181 Keramikfragmente vor. Davon sind 30,9 % (n=56) Randscherben, 64,6 % (n=117), Wandscherben und 4,4 % (n=8) sonstige Keramikreste (2 Henkel, 1 Boden, 4 Füßchen und 1 Öse).

Von den 181 Scherben, die hier zur Untersuchung vorliegen, sind 71,8 % verziert, das sind fast drei Viertel des Gesamtbestandes (Tab. 2). Nur 28,2 % tragen keine Verzierung. Dieses Verhältnis ist meiner Meinung nach nicht forschungsgeschichtlich zu erklären, da Gember ein akribischer Sammler war, der alles aufgehoben hat. Natürlich kann es durch die Kriegseinwirkungen einen gewissen Schwund gegeben haben, der aber unbekannt ist. Der Erhaltungszustand variiert sehr stark. Er reicht von stark verwittert über gut erhalten bis zu

Scherbenart	n	%
Randscherben	56	30,9
Wandscherben	117	64,7
Sonstige (Füße, Böden, Ösen	8	4,4
Summe	181	100,0

Tab.1: Verhältnis verschiedener Scherbenarten.

---

[133] Randstücke, verzierte Wand- und Randscherben, Böden und Applikationen (Henkel, Ösen, Füßchen und Leisten).

Verzierung	n	%
Verzierte Keramik	130	71,8
Unverzierte Keramik	51	28,2
Summe	181	100,0

Tab. 2: Verhältnis von verzierter zu unverzierter Keramik.

stark versintert. Es sind auch häufig sekundäre Brandspuren auszumachen, die sowohl rezent als auch antik sein können.

1.3. Herstellungstechnik

Die Keramik vom Atzelberg wurde ausschließlich handgemacht. Nachweise für den Einsatz der Töpferscheibe fehlen völlig. Beim Aufbau des Gefäßkörpers hat man sich der Wulsttechnik[134] bedient. Trotzdem viele Scherben verwittert oder versintert sind, können an einigen Gefäßen geglättete Oberflächen oder feintonige Überzüge beobachtet werden. In wenigen Fällen kommt auch eine Schlickrauhung vor, die hauptsächlich auf die Unterteile der Gefäße aufgebracht war. Aber weder bei den schnurverzierten noch bei Glockenbecherscherben konnten Inkrustationen oder Bemalungen beobachtet werden. Die Verzierungen wurden mit Werkzeugen (Stempeln, Spitzen), Fingern und Schnüren auf dem Gefäß angebracht. Das konnte direkt nach der Formgebung in den noch weichen Ton geschehen (Einstiche, Fingertupfen/ -nagel, Knubben etc.) oder manchmal auch nach dem Trocknen (Herausarbeitung der Leisten, vielleicht Schnur und Kammstich, Ritzung).
Das Brennen der Keramik erfolgte im offenen Feldbrand. Das macht die Konsistenz und Farbe der Keramik wahrscheinlich. Für eine geringe Brenntemperatur spricht der zumeist dunkle bis schwarze Kern bei 88,4% aller Scherben. Auch, daß über die Hälfte der Keramik weich ist und der Härtegrad von weich (55,8%) über mittelhart (18,2%) bis hart (24,3%) variiert, ist ein Indiz, daß die Brenntemperatur nicht gut kontrolliert wurde.
Dabei gibt es keine Zusammenhänge zwischen Härte, Farbe und Verzierungsart.
Die Farbgebung ist vom Brandvorgang abhängig. Eine rötliche Farbe entsteht, wenn beim Brennen ein Sauerstoffüberschuß vorliegt. Man spricht dann von einem oxidierenden Brand. Für die Entstehung von dunkler oder schwarzer Keramik ist hingegen ein Sauerstoffmangel verantwortlich. Der Entzug des im Ton enthaltenen Sauerstoffs (Reduktion) führt zu dunklen Farben. Bei der Keramik vom Atzelberg überwiegen dunkle Farben (79,6%), die sowohl auf der Außen- als auch auf der Innenseite zu finden sind. Diese Farben reichen von Braun, rötlichem Braun, verschiedenen Grautönen zu Schwarz. Demgegenüber steht eine Gruppe von Scherben, bei welcher Gelb- und Rottöne vorherrschen. Die Scherben können hellrot, gelblichrot, rot oder hellbraun sein, wobei die hellbraune Farbe von einem Überzug herrührt. Obwohl man die Keramik der Farbe nach unterteilen könnte, gibt es keine sonstigen Unterscheidungen zwischen reduziert und oxidiert gebrannter Keramik. Es sind alle Verzierungsarten (Schnur-, Leisten-, plastische Verzierungen, Kammstich sowie andere Stich- und Ritzverzierungen) auf beiden Warengruppen zu finden, so daß die unterschiedliche Färbung nicht auf kulturelle Differenzierungen hinweist.
Ein wichtiges Kriterium bei der Keramikanalyse ist die Magerung[135]. Man unterscheidet in der Keramikproduktion grundsätzlich zwischen mineralischer und organischer Magerung. Als

---

[134] Maran 1989/90, 175.
[135] Löffler 1987, 166-173.

Magerungmittel kommen die verschiedensten Materialien in Frage wie Sand, Kalk, Quarzbruch, zerstoßene Gesteine und Keramik, gehäckselte Pflanzenreste, Spreu, Muschelfragmente und viele mehr. Allerdings ist es in manchen Fällen sehr schwierig die natürlichen Beimengungen von der absichtlich zugeschlagenen Magerung zu unterscheiden, das gilt ganz besonders für die mineralische Magerung[136], da der Ton von Natur aus schon mit „Verunreinigungen" durchsetzt ist.

Es gibt vielerlei Gründe, die einen Zusatz von organischen und/oder mineralischen Beimengungen vorteilhaft machen[137]. Magerungen können a.) die Verarbeitbarkeit des Tones verbessern, b.) die Magerungspartikel stützen beim Aufbau des Gefäßes die Gefäßwandung (Stützfunktion), c.) beim Trocknen der Keramik sorgt die Magerung dafür, daß bei der Schrumpfung die Rißbildung reduziert bzw. vermieden wird, d.) daß beim Brand die Temperaturwechselbeständigkeit erhöht wird und das Gefäß gleichmäßiger durchgebrannt und e.) die Eigenschaften des fertigen Produktes bestimmen (Feuerfestigkeit, Porosität etc.).

Ausschlaggebend für das Erreichen der erwünschten Eigenschaften sind neben den gewählten Magerungsmitteln, die Korngröße und die Magerungsmenge der verwendeten Stoffe. Sie müssen sich an der Größe und der Wandstärke des herzustellenden Gefäßes orientieren, um den optimalen Effekt zu erzielen[138].

Die Keramik des Atzelberges ist fast ausschließlich mineralisch gemagert. Lediglich 5% der Scherben (n=9) haben organische Beimengungen. Bei einem so geringen Anteil der organischen Magerung wäre es durchaus möglich, daß es sich hierbei um zufällige Verunreinigungen handelt. Als Magerungsmittel kommen beim keramischen Material vom Atzelberg Sand, Kalk, Quarzbruch, Glimmer, zerstoßene Keramik und Flußgerölle, sowie Gesteinsgrus zur Anwendung. Die wichtigsten Magerungsmittel waren Sand und Kalk, die in der Umgebung des Atzelberges natürlich vorkommen. Der Anteil von Glimmer und von zerstoßener Keramik von 32% und 42% von allen Scherben ist verhältnismäßig hoch und ebenfalls direkt vor Ort vorhanden. Um eine grobe Magerung zu erreichen, verwendete man Quarzbruch sowie zerstoßene Flußgerölle oder sonstige Gesteine (z.B. Sandstein). Die Körnung der Magerungsbestandteile reicht von mittel bis äußerst grob. Feine Körnung kommt nicht vor, aber auch die äußerst grobe Fraktion ist sehr selten. Die Übergänge zu den verschiedenen Körnungsbereichen ist fließend. Bei der Einteilung war die überwiegende Korngröße ausschlaggebend. Einzelne Steinchen oder Quarzbruchstücke konnten eine Größe bis zu 8 mm erreichen. Den größten Anteil nimmt die grob gemagerte Keramik (35,9%) ein, gefolgt von der mittel (27,6%) und grob bis sehr grob (19,9%) gemagerten Ware. Alle anderen Gruppen haben eine untergeordnete Bedeutung (mittel bis grob: 5,0%; sehr grob: 8,8%; äußerst grob: 0,6%[139]). Die Körnung der Keramik und die Stärke der Magerung sind voneinander abhängig. Schwach gemagerte Scherben haben ausschließlich eine mittlere Kornfraktion. Bei mittelstarker Magerung überwiegen ebenfalls mittlere Korngrößen, obwohl in geringem Maße auch grobe Magerungen vorhanden sind. Ein wenig undifferenzierter sieht es bei der stark gemagerten Keramik aus. Dort variiert die Körnung von mittel bis sehr grob. Dabei herrschen grobe und grobe-sehr grobe Magerungen vor. Grobe bis sehr grobe Korngrößen dominieren auch die Gruppe der sehr stark gemagerten Scherben.

Trotz einiger Unterscheidungen und Abhängigkeiten lassen sich aufgrund der Machart keine Warengruppen definieren, dazu ist das Material von der Zusammensetzung her zu homogen. Vergleicht man die Machart mit den dort angebrachten Verzierungen, fällt auf, daß die Scherben mit Schnurverzierung eine mittlere bis grobe Magerung haben. Bei grob-sehr grob bis äußerst grober Korngröße kommt sie nicht mehr vor. Auch Scherben mit Ritzungen,

---

[136] Löffler 1987, 168.
[137] Löffler 1987, 168.
[138] Löffler 1987, 168.
[139] Die Differenz zu 100% sind Stücke von unbekannter Machart.

Kammstichverzierung und Zierzonen, wie sie für die Glockenbecherzeit üblich sind, weisen eine mittlere Magerung auf. Gefäßbruchstücke mit plastischen Verzierungen, insbesondere Leisten, sind in allen Körnungsgruppen vertreten. Dabei fällt aber auf, daß sie im Verhältnis zu anderen Verzierungsarten erst ab der groben Waren am häufigsten sind, und schließlich bei der Kategorie grob-sehr grob und sehr grob den größten Anteil haben. Bei der unverzierten Keramik ist eine ähnliche Verteilung wie bei der plastischen Verzierung zu sehen. Auch hier sind die meisten Stücke grob bis sehr grob gemagert.

1.4. Randgestaltung

Die Randgestaltung und Orientierung der Scherben kann helfen, die ursprüngliche Gefäßform wiederherzustellen. Im folgenden sollen die Form und Orientierung der Ränder mit den Verzierungen in Beziehung gesetzt werden. Bei der Form wurde sich nach dem Vorschlag von Hachmann gerichtet[140] (Abb. 12).

1.4.1. Gerundeter Rand

Die meisten Ränder sind gerundet; darunter alle schnurverzierten Randstücke (Taf. 1,1-8; 2,1-2.5-6.10; 3,12). Fast alle davon sind ausladend, zwei davon (Taf. 1,1.3) eher trichterförmig gestaltet, obwohl kein ausgeprägter Halsknick vorliegt. Bei einer Randscherbe (Taf. 2,10) zieht der Hals nach innen ein, um dann nach außen auszubiegen.
Gerundete Randformen kommen auch bei Randstücken mit plastischen Verzierungen vor. Bei Knubben (Taf. 8,12.16), Fingerkniffen (Taf. 8,5-6.8.10-11), senkrechte Leisten/Wülsten (Taf. 7,8), waagerechte Leisten mit Einstichen (Taf. 5,8), Arkadenrand (Taf. 8,4), Fingerstrichriefen unter dem Rand (Taf. 7,12-13) sowie bei drei Randscherben mit einer Leiste unter dem Rand (Taf. 5,1-3). Die überwiegende Mehrheit der Stücke gehört zu Gefäßen, deren Rand mehr oder weniger ausladend ist. Da bei einigen Scherben nur kleine Teile des Randes erhalten sind, ist in diesen Fällen die Orientierung unsicher. Eine Scherbe mit einem eingestochenem Zickzackband (Taf. 4,11), welche einen gerundeten Rand hat, gehörte zu einem Gefäß mit einem ausladenden Rand.
Es gibt sechs unverzierte Randscherben mit gerundetem Rand (Taf. 10,2.4.12-13.15-16), von denen alle orientierbaren Stücke ausladende Ränder haben.

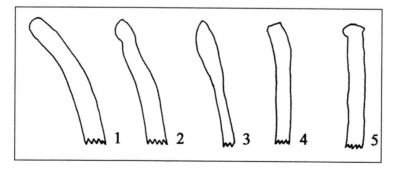

Abb. 12: Randformen. 1 gerundet; 2 verdickt; 3 zugespitzt-gerundet; 4 horizontal abgestrichen; 5 Randleiste.

---

[140] Hachmann 1969, 141-142.

1.4.2. Verdickter Rand

Bei vier Randscherben ist der Rand durch eine Einziehung vom Hals abgesetzt. Da dieser Übergang fließend gestaltet ist, kann man nicht von einer Randleiste sprechen. Drei Exemplare sind unverziert (Taf. 10,5-7), während die vierte Scherbe (Taf. 8,17) eine Knubbe am Rand aufweist. Der Rand der verzierten Scherbe ist stärker ausladend als die beiden unverzierten Scherben.

1.4.3. Zugespitzt-gerundeter Rand

Vier Scherben (Taf. 5,7; 8,1; 10,10.14) weisen einen zugespitzt-gerundeten Rand auf, wobei bei einem unverzierten Stück (Taf. 10,14) und einer Scherbe mit Fingertupfenleiste (Taf. 8,1) ein Übergang von rund zu zugespitzt-gerundet vorliegt. Der Rand einer anderen Scherbe (Taf. 5,7), die mit einer stichverzierten Leiste versehen ist, ist dagegen eindeutig zugespitzt-gerundet. Letztere ist leicht ausladend, während eine unverzierte Randscherbe (Taf. 10,10) steilwandig zu nennen ist.

1.4.4. Horizontal abgestrichener Rand

Zwei unverzierte Randscherben (Taf. 10,3, ohne Abb.), ein Stück mit Fingerkniffen (Taf. 8,7) und eines mit einer Knubbe (Taf. 8,15), haben einen mehr oder weniger ausgeprägten horizontal abgestrichenen Rand. Während eine Scherbe (ohne Abb.) eine Hohlkehle am Rand aufweist, ist ein anderer Rand (Taf. 10,3) an den Seiten ein wenig gerundet. Alle drei Stücke können nicht ohne weiteres orientiert werden.

1.4.5. Randleiste

An sechs Randstücken (Taf. 5,6; 8,9; 10,1.8-9.11) ist eine Randleiste zu beobachten. Sechs Randleisten wurden herausgearbeitet und eine (Taf. 5,6) aufgesetzt. Die herausgearbeiteten Leisten setzen sich außen rechtwinklig von dem Gefäßhals ab, ziehen dann leicht gerundet nach oben, um dort in einer horizontal abgestrichenen Lippe zu enden. Die aufgesetzte Leiste wurde in Wulsttechnik hergestellt. Sie hatte ursprünglich wahrscheinlich einen gerundeten Abschluß, aber leider ist die Rand so stark in Mitleidenschaft gezogen worden, so daß die Orientierung aber auch der obere Teil des Randes nicht einwandfrei zu rekonstruieren ist. Die übrigen Gefäße hatten, sofern sie orientierbar sind, einen ausladenden (Taf. 10,1) oder trichterförmigen Rand (Taf. 8,9; 10.8-9.11).

1.5. Gefäßformen

Neben der Verzierung spielt die Gefäßform eine entscheidende Rolle bei der Analyse der Keramik. Die Bestimmung der konkreten Form und die Orientierung ist aber beim vorhandenen Material aufgrund der Fragmentierung der Gefäße hypothetisch, so daß oft mit ungenauen Begriffen wie topfartig oder becherförmig bzw. mit Mehrfachnennungen gearbeitet werden muß. Vollständige Profile liegen vom Atzelberg nicht vor. Hauptkriterium für die Rekonstruktion der Gefäßformen ist die Randgestaltung und Orientierung. Bei

Wandscherben fallen diese Merkmale weg, so daß nur das Profil der Scherbe und gegebenenfalls Wandstärke und Verzierung Hinweise auf die Art des Gefäßes geben können.

1.5.1. Becher

Die bedeutendste Gefäßform des mitteleuropäischen Endneolithikums ist der Becher. Er hat einen so hohen Stellenwert, daß der Zeithorizont der Schnurbecher und des Glockenbechers nach dieser Gefäßform benannt wurde (=> Becherkulturen)[141].

Nach Hachmann ist ein Becher in der Regel höher als breit, u.U. kann die Höhe und Breite gleich sein[142]. Die äußere Form ist dreigliedrig. Sie besteht aus dem Unterteil, der Schulter und dem Hals. Die Variationsbreite der Becher ist sehr groß, sie reicht von streng tektonisch gegliederten Bechern zu Exemplaren mit stark verschwommenen Übergängen. Zu den Bechern sollten eigentlich nur solche Gefäße gerechnet werden, deren Mündungsdurchmesser nicht größer als 10-15 cm ist[143]. Diese Grenze ist auf den ersten Blick recht willkürlich; sie orientiert sich in der Hauptsache an der Funktion eines Bechers. Landläufig gilt der Becher als Trinkgefäß, um als solches überhaupt nutzbar zu sein, darf er eine gewisse Größe nicht überschreiten. In der Praxis gibt es aber Gefäße, die von den Proportionen und dem Aufbau Becher darstellen, jedoch von den Größenverhältnissen her als Trinkgefäße völlig ungeeignet sind. Solche Gefäße werden vielfach als „Riesenbecher" bezeichnet[144]. Auf die Riesenbecherproblematik soll hier nicht weiter eingegangen werden.

Dieses kleine Beispiel zeigt, daß die typologische Bezeichnung einer Gefäßform nicht mit der tatsächlichen Funktion übereinstimmen muß.

1.5.2. Amphoren

Die Amphore ist neben dem Becher die zweite charakteristische Gefäßform der Schnurkeramik. Sie findet sich oft neben dem Becher als Grabbeigabe. Dabei gibt es jedoch große regionale Unterschiede. In manchen Gebieten wie dem Mittelelbe-Saale Gebiet, Böhmen etc. sind sie fester Bestandteil des Beigabengutes, während sie in anderen Regionen (Niedersachsen, Südwestdeutschland usw.) eher die Ausnahme bilden[145]. Die geringe Anzahl der Amphoren im Grabritus des Neckarmündungsgebietes paßt sehr gut in das Bild der südwestdeutschen Schnurkeramik, in der die Amphore im Verhältnis zu dem Becher unterrepräsentiert ist[146]. Das steht im Gegensatz zur Schnurkeramik im Mittelelbe-Saale-Gebiet, wo das Verhältnis Becher-Amphore fast ausgeglichen ist[147].

Amphoren sind in der Regel zwei- oder mehrhenklige, bauchige Gefäße, die dreigliedrig aufgebaut sind[148]. Der größte Durchmesser liegt am Bauch. Wie bei den Bechern können Amphoren sowohl streng gegliedert sein als auch ein stark verschwommenes Profil aufweisen[149]. Bis vor kurzem ging man noch davon aus, daß es im Siedlungsmaterial des

---

[141] Sangmeister 1951, 8-9.

[142] Hachmann 1969, 121; Hein 1987, 30-32.

[143] Hachmann 1969, 121.

[144] Forschungsgeschichte und Definitionsversuch: Lichardus 1979/80, 335-341.

[145] Sangmeister 1981, 125 Abb. 3.

[146] Sangmeister 1981, 123.

[147] Sangmeister 1981, 126 Abb. 4.

[148] Hein 1987, 28.

[149] Hein 1987, 28; 29; 30 Abb. 4-5.

Atzelberges keine Nachweise für Amphoren gab[150]. Ein Amphorenhenkel (Taf. 9,12) und eine Scherbe mit Ösenansatz (Taf. 2,14), sowie eine Henkelöse (Taf. 2,13) beweisen, daß Amphoren auf dem Atzelberg durchaus zum Spektrum der Siedlungskeramik gehört haben. Im Siedlungskontext scheinen die Amphoren in Südwestdeutschland eine größere Rolle gespielt zu haben, als im Grabritus.

1.5.3. Füßchenschalen

Die Füßchenschalen sind im Fundmaterial durch zwei verschiedene Arten von Füßchen gekennzeichnet. Der erste Typ (1 Exemplar) hat konisch zulaufende Füßchen mit gerundeter Standfläche (Taf. 9,15), während der zweite (2 Exemplare) annähernd zylindrische Füßchen mit flacher Standfläche besitzt (Taf. 9,10.13). Von einem vierten Fuß ist nur ein zylindrisches Fragment erhalten, bei dem weder Standfläche noch der Ansatz des Gefäßes überliefert ist (Taf. 9,11). Da dieser Fuß aber nicht konisch zuläuft, ist er zum zweiten Typ zu zählen. Aufgrund der Form und Machart lassen sich die Füßchen drei unterschiedlichen Gefäßen zuweisen. Alle Füßchen sind unverziert.

Die Füßchenschale ist eine Gefäßform, die nicht auf die Schnurkeramik beschränkt ist. Sie tritt schon im Jungneolithikum auf[151], und kommt sowohl in der Schnurkeramik als auch in der Glockenbecherkultur vor[152]. Die lange Laufzeit und die weite Verbreitung machen es schwierig, Füßchenschalenfragmente kulturell eindeutig zu zuweisen[153].

1.5.4. Sonstige Gefäßformen

Der Nachweis anderer Gefäßformen wie Töpfe, Schüsseln, Schalen, Näpfe, Tassen, Krüge etc. ist beim vorliegenden Material vielfach hypothetisch. Anhand von verhältnismäßig kleinen Rand- und Wandscherben ist es nicht möglich, mit Sicherheit Töpfe, Schüsseln, Schalen und Näpfe voneinander zu unterscheiden.

Tassen und Krüge zeichnen sich hauptsächlich durch ihren Henkel aus. Das Fehlen von Tassen- und Krughenkeln kann durchaus ein Zufall sein, so daß nicht mit Sicherheit behauptet werden kann, daß diese beiden Gefäßformen am Atzelberg nicht vorkommen.

Töpfe sind durch einen bauchigen Gefäßkörper und eine ausgeprägte Schulter gekennzeichnet[154]. Das Verhältnis von Höhe zu Durchmesser ist variabel. Die Höhe kann genauso groß wie der Durchmesser sein, aber auch doppelt so groß.

Schüsseln und Schalen gehören zu den offenen Gefäßformen, d.h., sie sind meist breiter als hoch[155]. Die Schale ist eigentlich nichts anderes als eine flache Schüssel[156], was die Bestimmung solcher Scherben noch erschwert. Beide Formen können einziehende, ausladende oder gerade Ränder haben.

Der in der Regel zweigliedrig gestaltete Napf ist kleiner als ein Becher oder eine Schüssel[157]. Die Breite übertrifft meist die Höhe, nur selten stimmen Höhe und Breite überein.

---

[150] Bantelmann 1986, 20.

[151] Schwellnus 1979, Taf. 34,1.

[152] Petrasch 1983, Abb. 2,18-19; (Anm. 4).

[153] Petrasch 1983, 44.

[154] Hachmann 1969, 129

[155] Hachmann 1969, 125; Hein 1987, 37 Abb. 9.

[156] Hachmann 1969, 125.

[157] Hachmann 1969, 123; Hein 1987, 37 Abb. 11; 39.

1.5.5. Böden

Böden sind auf dem Atzelberg sehr selten. Es sind nur zwei Stücke bekannt, wobei der eine Boden verschollen ist (Abb. 15)[158] und der andere (Taf. 9,16) aus der Grabfüllung eines laténezeitlichen Grabes kam. Der erstere ist der Boden eines Bechers mit kleinem Standfuß, der kaum vom Unterteil abgesetzt ist. Der grob gestaltete Bauch zeigt keine Verzierungen. Der zweite Boden gehörte wahrscheinlich zu einem größeren, dickwandigen Gefäß (Wandstärke: 10 mm). Die Standfläche ist nicht abgesetzt und zeigt noch einige Knetspuren. Der Durchmesser des Bodens unterscheidet sich kaum von dem des Unterteils.

Anzumerken wäre, daß es sehr erstaunlich ist, daß nur so wenige Böden und Henkel erhalten sind, da sie doch zu den stabilsten Teilen eines Gefäßes gehören. Wie diese Tatsache zu erklären ist, muß die Zukunft zeigen.

1.5.6. Henkel und Ösen

Handhaben sind auf dem Atzelberg durch zwei verschiedenartige Henkeltypen belegt. Einen Amphorenhenkel (Taf. 9,12), der durch eine Kehlung in zwei Teile gegliedert ist, die wiederum mit Fingernageltupfen verziert sind und einen Bandhenkel (Taf. 9,14), der durch vier senkrechte Riefen eine gewellte Oberfläche hat. Die nächsten Vergleiche für den gekehlten Amphorenhenkel finden sich im nördlich anschließenden Neckarried bei Darmstadt[159]. Das Vorkommen von Ösen kann auf dem Atzelberg an einem Exemplar (Taf. 2,13), das zudem noch schnurverziert ist, nachgewiesen werden.

Aufgrund der Unsicherheiten bei der Gefäßbestimmung macht es wenig Sinn, eine statistische Aufstellung der Gefäßformen durchzuführen. Es läßt sich jedoch anhand der Randgestaltung und Orientierung, sowie einigen Verzierungsmustern (z.B. Schnurverzierung) feststellen, daß offene Gefäßformen überwiegen. Becher bzw. becherartige Gefäße scheinen den Hauptanteil auszumachen, während andere Formen wie Amphoren, Töpfe, Schüsseln, Schalen und Näpfe nur eine untergeordnete Bedeutung hatten.

1.6. Verzierungsarten

Das Spektrum der Verzierungsarten am Atzelberger Material reicht von Schnurverzierungen über plastische Verzierungen, zu Ritz- und Stichverzierungen. Um die Verzierungen

Verzierungsart	n	%
Schnurverzierung	50	27,6
Plastische Verzierung	61	33,7
Einstichverzierung	19	10,5
Ritzverzierung	5	2,8
Unverzierte Keramik	51	28,2
Summe (Mehrfachnennungen)	186	102,8

Tab. 3: Verzierungsarten.

---

[158] Rieth 1940, 146 Abb. 2; Rieth 1960, Abb. 7.
[159] Maran 1989/90, 114 Abb.1,1 (FS 1); 121 Abb. 8,15 (FS 4); 133 Abb. 20,3.5 (FS 7); 141 Abb. 28,19 (FS9).

anzubringen wurden verschiedene Techniken angewandt. Bei der Schnurverzierung fand die Schnurtechnik Anwendung. Plastische Verzierungen können auf die vielfältigste Weise entstehen. Es kann sich dabei, z.B., um aufgesetzte oder herausgearbeitete Leisten handeln, die dann in Fingernagel-, Fingerkniff- oder/und Fingertupfentechnik verziert wurden. Leisten oder Applikationen müssen aber nicht notwendigerweise verziert sein, sie können auch unverziert sein. Die in Fingernagel-, Fingerkniff- oder/und Fingertupfentechnik hergestellten Verzierungen sind nicht an Leisten gebunden, sie können auch die Gefäßwand verzieren.

1.7. Verzierungsmuster

1.7.1. Schnurverzierung sowie Abdrücke von Matten und Geweben

Die Schnurverzierung nimmt mit 27,6% (n=50) eine besondere Stellung im Keramikspektrum des Atzelberges ein. Sie ist im Gegensatz zu den anderen Verzierungsarten ein chronologisch sehr empfindliches Element. In der 1. Hälfte des 3. Jahrtausends ist sie in Mitteleuropa so dominant, daß eine Kultur nach ihr benannt wurde. Der früheste Nachweis für die Schnurverzierung in Mitteleuropa stammt aus der Baalberger Kultur (Ältere Trichterbecherkultur im Mittelelbe-Saale Gebiet)[160]. Verstärkt rückt diese Verzierung mit der Kugelamphorenkultur in den mitteleuropäischen Kulturraum. Auf dem Substrat von jungneolithischen Kulturen im Mittelelbe-Saale Gebiet und der Kugelamphorenkultur entwickelte sich die schnurkeramische Kultur[161]. Die Schnurverzierung wurde in beschränktem Maße von der Glockenbecherkultur übernommen, aber schon recht bald durch die Kammstichverzierung ersetzt. Danach spielte die Schnurverzierung im westlichen Mitteleuropa keine Rolle mehr.

a.) Einfache Schnurreihen (Taf. 1,1-15)

Ein größerer Anteil von Scherben mit Schnurverzierung (n=15) zeigt einfache Muster aus horizontalen Schnurreihen. Da viele Scherben sehr fragmentiert sind und keine vollständigen Gefäße vorhanden sind, können die ursprünglichen Muster nicht mehr rekonstruiert werden. Die Schnurreihen sind nicht immer regelmäßig parallel gesetzt, es kommen auch verschlungene Schnurreihen vor (Taf. 1,4-5), die möglicherweise auf die Funktion der Schnurreihen bei der Herstellung hindeuten (Stabilisierung der Gefäßwand). Bei den auf Taf. 1 dargestellten Mustern kann man nicht zwischen langer und kurzer Halszier unterscheiden[162]. Auch, ob es sich um totalverzierte Gefäße handelt, muß aufgrund der fragmentarischen Erhaltung offenbleiben. Bei einigen Stücken ist jedoch zu vermuten, daß die Schnurreihen den oberen Abschluß der Gefäßverzierung bilden (Taf. 1,2-8).
An den Randstücken läßt sich ablesen, daß die Stücke zu z.T. stark geschwungenen Bechern gehören, die eher in die „jüngere Stufe" der Schnurkeramik einzuordnen wären, als in den Einheitshorizont.
Vergleiche zu diesem Schnurmuster finden sich in allen Fundprovinzen der schnurkeramischen Kultur(en). Es besteht besonders bei kleinen Gefäßfragmenten die Gefahr, schnurkeramische Becher mit den glockenbecherzeitlichen AOC-Becher zu verwechseln.

---

[160] Behrens 1981, 13-14; Abb. 1.
[161] Beran 1997, 52.
[162] Sangmeister/ Gerhardt 1965, 15-16; 47 Liste G; Sangmeister 1981, 127-129.

b.) Gruppierte Schurverzierung (Taf. 2,1-4)

Neben den mehr oder weniger regelmäßig parallel gesetzten Schnurreihen gibt es vier Gefäßfragmente, die gruppierte Schnurreihen aufweisen. Die in Zweier- und Dreiergruppen angeordneten Schnurreihen finden sich nicht nur auf der Außenseite, sondern bei zwei Randscherben (Taf. 2,1-2) auch auf der Innenseite direkt unter dem Rand. Während sich eine Randscherbe (Taf. 2,2) nicht orientieren ließ, deutet die Orientierung und die Anbringung der Verzierung auf der Innenseite der anderen Scherbe (Taf. 2,1) auf eine offene Gefäßform hin. Die gleiche Mach- und Verzierungsart der Scherben legen den Schluß nahe, daß es sich um Scherben eines Gefäßes handelt. Wenn das zutrifft, muß es ein bauchiges, stark geschwungenes Gefäß mit einem ausladenden Rand gewesen sein. Parallelen aus Mitteldeutschland, besonders Thüringen[163], und der Schweiz zeigen, daß gruppierte Schnurreihen nicht auf einen Gefäßtyp festgelegt sind, sondern sowohl auf Bechern als auch auf Amphoren und Sonderformen vorkommen. Die Innenverzierung am Rand könnte für einen Becher sprechen. Köster faßte im Neckarmündungsgebiet die Becher mit Innenverzierung unter dem Rand zum „Typ Ilvesheim" zusammen[164]. Der „Typ Ilvesheim" ist eindeutig als glockenbecherzeitlich zu datieren[165]. Gruppierte Schnurreihen sind nicht auf eine Phase innerhalb der schnurkeramischen Kultur beschränkt. Sie kommen in der frühen Schnurkeramik („A-Horizont")[166], in der „Tradition des Einheitshorizonts"[167] und auch in der Glockenbecherkultur („Typ Ilvesheim")[168] vor. Auch bei britischen Bechern ist des öfteren Innenverzierung zu beobachten[169]. Das gruppierte Schnurreihen auch im jung (mittel-) neolithischem Kontexten nicht unbekannt waren, könnte für eine gewisse Tradition sprechen[170]. Entscheidend aber ist, daß die Verzierungsart alleine nicht charakteristisch für eine bestimmte Phase der Schnurkeramik ist, sondern erst zusammen mit der Gefäßform aussagefähig wird.

c.) Hängende/ stehende Schnurdreiecke bzw. ausgesparte Winkelbänder

Zu den wichtigsten und charakteristischsten Ziermotiven in der Schnurkeramik zählen die aus schraffierten Schnurdreiecken konzipierten Verzierungsmuster. Am Atzelberg sind die Schnurdreiecke (n=11) meist nur in Ansätzen vorhanden, so daß die vollständigen Motive schwer zu rekonstruieren sind. Im allgemeinen sind Schnurdreiecke immer mit Zonen aus horizontalen Schnurreihen kombiniert, welche die Gefäßverzierung gliedern[171]. Die waagerechten Schnurbänder können sowohl den oberen als auch den unteren Abschluß bilden, sowie die Gefäßverzierung in einzelne Verzierungszonen unterteilen, die dann jeweils abwechselnd aus Schnurbändern und hängenden bzw. stehenden Schnurdreiecken bestehen. Solch eine Zonenverzierung ist am Atzelberg zwar nicht vollständig erhalten, liegt jedoch als Fragment vor (Taf. 3,10-12)[172].

---

[163] Loewe 1959.

[164] Köster 1965/66, 37; Taf. 17,7.

[165] Köster 1965/66, 67. Das wird durch neue Funde in Mittelfranken bestätigt: Nadler 1998, 62, Abb. 26,1-4.

[166] Buchvaldek 1986/87, 132 Abb. 2,9; 4,c; 5,b; 9,e.

[167] Sangmeister/ Gerhardt 1965, 14.

[168] Köster 1965/66, 37, 40.

[169] Gibson 1982, Fig. ARC. 3,13.15-17; DUN. 1,6; GLE. 1,1-2.11.21-22; GLE. 2,4-6.9.14.16-18; GLE. 3,1-4.6.15.17; GLE 5,7.34; GLE. 6,6; GLE. 7,46; GLE. 9,1; H.c.W. 10,1-2.6.8.10.12; P.F. 1,9.14.

[170] Müller 1989, 283.

[171] Z.B. Ladenburg: Gebers 1978, Taf. 1.9.

[172] Seckenheim: Gebers 1978, Taf. 1,6; Straßenheimer Hof: Gebers 1978, Taf. 2,8; Andere Fundorte am nördlichen Oberrhein (Bleichenbach und Holzheim): Gebers 1978, Taf. 2,1.13 und Taf. 2,5.

Verzierung		n	%
Einfache Schnurreihen		15	8,3
Gruppierte Schnurreihen		4	2,2
Schnurdreiecke		11	6,1
Ausgespartes Winkelband		1	0,6
Schnurbündel		2	1,1
Fischgräten	aus	5	2,8
Schnureindrücken			
„Schnurstempel"		3	1,7
Kombination		1	0,6
Fransenabschluß		5	2,8
Mattenrauhung		1	0,6
Gewebeabdruck		2	1,1
Glatte, einfache Leisten		6	3,3
Verzierte, einfache Leisten		4	2,2
Glatte Mehrfachleisten		24	13,3
Gekerbte Mehrfachleisten		1	0,6
Senkrechte Leisten		1	0,6
Fingerstrich		6	3,3
Fingertupfenleisten		3	1,7
Arkadenrand		1	0,6
Fingerkniffe/-leiste		7	3,9
Knubben		6	3,3
„Korbeindrücke"		1	0,6
„ Knickwandschüsssel"		1	0,6
Einfache Einstichmuster		8	4,4
Reihen schräggestellter, läng-		5	2,8
licher Eindrücke			
Eingestochene Fischgräten		2	1,1
Eingestochenes Zickzackband		1	0,6
Kammstich		3	1,7
Ritzverzierung		5	2,8
Unverzierte Keramik		51	28,2
Summe (Mehrfachnennungen möglich)		186	103,5

Tab.4: Verzierungsmuster.

Ein anderes im Neckarmündungsgebiet häufig vorkommendes Motiv ist das sogenannte ausgesparte Winkelband. Hierbei sind die Schnurdreiecke so angeordnet, daß zwischen den hängenden und stehenden Dreiecken, die zueinander versetzt sind, ein freier Raum entsteht, welcher die Form eines Zickzack-Bandes hat. Eingerahmt wird diese Verzierung durch Zonen aus waagerechten Schnurreihen, die meistens auch den oberen und unteren Abschluß bilden. Unten kann diese Schnurzone fehlen oder es können an der untersten Schnurreihe schräge Schnurfransen angebracht sein. Auch dieses Verzierungsmuster ist vom Atzelberg nur sehr fragmentarisch überliefert. Bei einem Gefäßrest läßt sich das ausgesparte Winkelband und der Rest einer Schnurreihenzone erkennen (Taf. 3,9). Wie allerdings der untere Abschluß ausgeführt war, ist nicht bekannt. Ebenso nicht zu beantworten ist die Frage, bei wie vielen Scherben mit Schnurdreiecken ein Winkelband ausgespart war.

Alle Scherben mit Schnurdreiecken sind Bechern zuzuweisen. Vergleiche mit ähnlichen Bechern des Neckarmündungsgebietes ermöglichen es, die Becherform zu rekonstruieren (Vergleich der Becherform der Mansfelder Gruppe und des Neckarmündungsgebiets siehe unten)[173].

Verzierungen mit ausgespartem Winkelband und mit hängenden und/oder stehenden Schnurdreiecken, die sowohl auf dem Atzelberg als auch im übrigen Neckarmündungsgebiet gefunden wurden, werden vielfach dem Einfluß der Mansfelder Gruppe des Mittelelbe-Saale Gebiet zugeordnet[174]. Köster hielt Gefäße mit solchen Ornamenten für so charakteristisch, daß sie sie zum Typ „Groß-Gerau/Esch" zusammenfaßte[175]. Die Bezeichnung des Typs Groß-Gerau/Esch ist in meinen Augen problematisch, da der eponyme Fundort Groß-Gerau/Esch peripher und daher vereinzelt steht[176]. Der Siedlungsraum des Neckarmündungsgebiets hingegen weist eine sehr viel stärkere Fundkonzentration diesen Typs auf (siehe „Gräberkultur"). Außerdem ist der Groß-Gerauer Becher lediglich als Variante des „Mansfelder Typs" zu bezeichnen, da die ausgesparten Flächen mehr aneinandergereihten Rhomben ähneln als einem ausgespartem Winkelband[177]. U. Fischer schloß sich Köster an und führte den Begriff der Gerauer Gruppe ein[178], bei dem auch die eben genannten Einwände geltend zu machen sind. Man sollte daher den Begriff des Gerauer Typs oder Gruppe nicht weiter verwenden.

Mit Chr. Fischers Aufarbeitung der Mansfelder Gruppe im Jahre 1959 wurde der Keramikbestand zusammengefaßt und die Gefäßformen und -verzierungen definiert[179]. Die charakteristische Mansfelder-Becherform[180] besteht demnach aus einem kugeligen Unterteil auf den ein zylindrischer Hals gesetzt ist, die Mündung kann leicht ausladend gestaltet sein. Die Mansfelder Keramik ist im allgemeinen durch ihren streng tektonischen Aufbau gekennzeichnet, der durch die Verzierungen noch betont wird. Die Verzierung der Becher reicht vom Rand bis zur Schulter. Der Bauch ist immer unverziert. Auf dem Hals befindet sich das Hauptmotiv, das oben oft von Bändern aus waagerechten Schnurreihen und unten meist von hängenden Schnurdreiecken oder Schnurfransen begrenzt ist. Das Hauptmotiv ist in den meisten Fällen aus hängenden und stehenden Schnurdreiecken zusammengesetzt, die entweder ein Winkelband aussparen[181], sich zu einem Flechtband verbinden[182] oder in Kombination mit Schnurzonen vorkommen[183].

Wenn man die aus dem Mittelelbe-Saale-Gebiet stammenden Exemplare mit denen aus dem Neckarmündungsgebiet vergleicht, kann festgestellt werden, daß die Art der Verzierung, die Muster und ihre Anbringung sehr gut mit den Bechern des reinen Mansfelder Stiles übereinstimmt. Nur das Abschlußmuster differiert zwischen den beiden Gebieten. Im

---

[173] Groß-Gerau: Gebers 1978, Taf. 1,5; Seckenheim: Gebers 1978, Taf. 3,3.13; Straßenheimer Hof: Gebers 1978, 1,13; Ladenburg: Gebers 1978, Taf. 1;9.

[174] Beispiel: Sangmeister/ Gerhardt 1965, 16.

[175] Köster 1965/66, 37; 43 Taf. 15,1.

[176] Köster 1965/66, 75 Karte 3.

[177] Sangmeister/ Gerhardt 1965, 16.

[178] Fischer 1976, 111; 114.

[179] Fischer 1959, 136-187.

[180] Fischer 1959, 156-157.

[181] Fischer 1959, 156 Abb. 8,5-6.

[182] Fischer 1959, 156 Abb. 8,7.

[183] Fischer 1959, 155 Abb. 7,4.

Neckarmündungsgebiet ist meist ein Abschluß aus schrägen Schnurfransen zu beobachten, der im Mansfelder Raum selten ist. Die Gefäßformen beider Regionen weisen dagegen kaum Ähnlichkeiten auf. Während die Mansfelder Becher stark gegliedert sind, haben die Becher des Neckarmündungsgebietes ein verschwommenes, eher s-förmig geschwungenes Profil, welches seine Parallelen im nordwestlichen Verbreitungsgebiet der Schnurkeramik (Einzelgrabkultur[184], niederländische SK[185], Gruppen am Mittelrhein[186]) hat. Ferner fehlen bei den oberrheinischen Gefäßen Schnurösen und Knubben, die an den Mansfelder Gefäßen häufig angebracht waren[187].

d.) Sparrenmuster/ Schnurbündel (Taf. 2,10-11)

Unter Sparrenmuster versteht man alternierend angeordnete Schnur- oder Strichbündel, die eine Art Zickzackband bilden. Sparrenmuster lassen sich bei kleinen Scherben nur schwer von Schnurdreiecken unterscheiden. Nur wenn beide Schenkel des Dreieckes erhalten sind, kann mit Sicherheit gesagt werden, daß es sich bei der Verzierung um ein Schnurdreieck handelt. Sind nur Schnurbündel aus parallelen Schnureindrücken zu sehen, können sie zu schraffierten Schnurdreiecken, Schnurbündeln oder Sparrenmustern gehören. Lediglich zwei Scherben vom Atzelberg weisen Muster aus Schnurbündeln auf, bei denen ein Schenkel fehlt. Ob sie alleine stehen oder zu komplizierteren Mustern zu ergänzen sind, kann nicht geklärt werden. Eine Scherbe ist ein stark geschwungenes Randstück, welches einen eingezogenen Hals besitzt (Taf. 2,10). Den oberen Abschluß der Verzierung bildet eine Zone aus fünf horizontalen Schnurreihen. An diese angesetzt verläuft ein Schnurbündel aus mindestens fünf Schnureindrücken leicht schräg nach rechts unten. Die andere Scherbe ist eine stark gewölbte Wandscherbe (Taf. 2,11). An einer horizontalen Schnurreihe sind vier schräge Schnureindrücke angebracht. Einer dieser Schnureindrücke ist sehr stark verschliffen. Beide Scherben gehören zu stark geschwungenen Bechern, stammen aber nicht vom gleichen Gefäß. Gefäße mit Sparrenmustern wird von Sangmeister gleichzeitig mit den Dreiecksverzierungen gesehen[188]. Damit sind solche Sparrenmuster gemeint, wie sie auf einem Becher aus Rüsselsheim[189] vorkommen und dem Mansfelder Stil sehr nahestehen. Schwieriger wird die Situation, wenn man die Verzierung nicht als Sparrenmuster bezeichnet, sondern allgemeiner als Schnurbündel. Denn Verzierungskombinationen von Schnurbündeln sind sehr vielseitig. Angefangen von den Schnurbündelamphoren über Leiterbandverzierungen zu den echten Sparrenmustern.

e.) Fischgrätenmuster aus Schnureindrücken (Taf. 2,5-9)

Die Fischgrätenverzierung besteht aus Reihen kurzer, schräggestellter Schnureindrücke, die einander entgegengestellt sind, so daß ein Winkel gebildet wird. Die Schenkel der Winkel können sich berühren, aber auch weiter auseinander stehen. Beide Variationen kommen auf dem Atzelberg vor. Von den insgesamt fünf erhaltenen Scherben haben zwei zusammenstoßende Fischgrätenmuster (Taf. 2,5.7). Bei dreien ist ein mehr oder weniger großer Abstand zwischen den Schnureindrücken zu erkennen (Taf. 2,6.8.9). Auf zwei Randscherben sind die Fischgrätenbänder unter dem Rand angebracht, wobei über dem Fischgrätenband der einen Scherbe noch ein Fransenband mit senkrechten Schnureindrücken

---

[184] Beziehung der südwestdeutschen SK zur Einzelgrabkultur: Fischer 1976, 111.

[185] van der Waals/ Glasbergen 1955.

[186] Bantelmann 1982.

[187] Fischer 1959, 157.

[188] Sangmeister/ Gerhardt 1965, 15.

[189] Köster 1965/66, 43 Taf. 15,7.

verläuft. Die übrigen Wandscherben zeigen nur Ausschnitte der Gesamtverzierung, doch scheinen in zwei Fällen größere Gefäßflächen verziert gewesen zu sein. Einmal sind die Reste von drei schräggestellten, übereinander angeordneten Schnurreihen zu erkennen (Taf. 2,9), während bei einer anderen Scherbe der „Schnurwinkel" oben von mindestens zwei horizontalen Schnurreihen begrenzt wird (Taf. 2,7), was auf ein etwas komplexeres Muster oder den unteren Abschluß der Hauptverzierung hindeutet. Letzteres wird durch die starke Wölbung der Wandung noch unterstrichen.

In den meisten Fällen dürfte die Verzierung auf Bechern oder becherartigen Gefäßen angebracht worden sein. Lediglich das Randstück mit dem Fransenband könnte zu einer Schüssel gehört haben. Die Verzierung ist nicht auf Becher beschränkt, sondern kann auch auf Amphoren, Füßchenschalen und anderen Gefäßformen vorkommen[190].

Wenn man nach Vergleichstücken für Fischgrätenverzierungen sucht, fällt auf, daß die überwiegende Mehrzahl der Fischgrätenmuster eingestochen, eingeschnitten oder mit Kammstichstempeln gefertigt sind. Am nördlichen Oberrhein sind nur drei Becher und Becherfragmente, außer den Stücken vom Atzelberg, bekannt, bei denen die Fischgräten aus Schnureindrücken bestehen[191]. Dabei stehen die beiden Randstücke am nördlichen Oberrhein alleine da. Auch im nordwestlich angrenzenden Gebiet des Mittelrheins beschränkt sich die Herstellung der Fischgrätenmuster auf Stich- und Kammstichtechnik. Selbst in der Einzelgrabkultur Nordwest- und Nordostdeutschlands, sowie Jütlands sind Fischgrätenmuster aus Schnureindrücken selten[192]. Ebenso, wie bei den niederländischen Standfußbechern oder PF-Beaker (Protruding-Foot-Beaker)[193] und auch der mitteldeutschen Schnurkeramik[194].

Da allein auf dem Atzelberg die Reste von 3-4 verschiedenen Gefäßen mit Fischgrätenmuster aus Schnureindrücken gefunden wurden, scheint diese Verzierungsart im Neckarmündungsgebiet eine besondere Rolle gespielt zu haben. (Zu den eingestochenen/ eingeschnittenen Fischgrätenmustern siehe unter Einstichverzierungen)

f.) Diagonal angeordnete Schnureindrücke („Schnurstempel") (Taf. 2,12-14)

Bei drei Scherben findet sich eine Verzierung, die aus kurzen Schnurabdrücken besteht, welche leicht schräg gestellt und diagonal übereinander angeordnet sind. Zwei Mal wurde eine feine, gedrehte Schnur verwendet (Taf. 2,12.14), während in einem Falle (Taf. 2,13) entweder eine sehr grobe Schnur benutzt oder die Schnurverzierung durch Einstiche imitiert wurde. Es ist sehr wahrscheinlich, daß dieses Muster im Bereich des Bauchumbruchs angebracht war.

Alle drei Scherben stammen von unterschiedlichen Gefäßen, was durch die leicht abgewandelte Anbringungen der Verzierung und besonders durch die unterschiedliche Machart der Keramik bedingt ist. In zwei Fällen könnte es sich um Amphorenfragmente handeln, was durch einen Ösenansatz (Taf. 2,14) und eine Öse (Taf. 2,13) nahegelegt wird. Das dritte Stück gibt keinen Hinweis auf die Gefäßform.

---

[190] Behrens 1971, 79.

[191] Ilvesheim-Kiesgrube-Back: Gebers 1978, Nr. 193 h, Taf. 6,3 (Zwischen den Reihen der schräggestellten Schnureindrücke eine horizontale Schnurreihe); Altheim: Gebers 1978, Nr. 217 a, Taf. 2,6.; Holzheim: Gebers 1978, Nr. 280 a, Taf. 2,5 (Abschluß besteht aus einer Zickzacklinie).

[192] Oberndorfmark, Osterheide: Strahl 1990, Taf. 74,3.; Fallingbostel, Kr. Fallingbostel: Struve 1955, Taf. 16,14; Sande, Gem. Lohbrügge, Groß-Hamburg: Struve 1955, Taf. 18,8.

[193] Van Regteren Altena et al. 1962, 225 Abb. 13 (Zandwerven).

[194] Behrens 1971, 81; Abb. 9b; 10b; Müller 1980, Abb. 3,4-6; Ohne Fundort: Loewe 1959, Taf. 34,5 (Gruppierte Winkel auf einer Amphore).

g.) Fransenabschluß (Taf. 3,10; 4,1-4)

Kurze, schräg oder senkrecht gerichtete Schnureindrücke, die meist an horizontalen, umlaufenden Schnurreihen angebracht sind und das Verzierungsmuster nach unten begrenzen, bezeichnet man als Fransenabschluß[195]. Der Fransenabschluß ist nur ein Teilausschnitt der Gesamtverzierung, er soll in diesem Zusammenhang separat besprochen werden, da die vier Scherben vom Atzelberg mit Fransenabschluß (Taf. 4,1-4) keinerlei Aufschlüsse über die weitere Gestaltung der Gefäßverzierung geben. Allerdings existierte vor dem Kriege noch ein größerer Gefäßrest, bei dem der Fransenabschluß mit stehenden Schnurdreiecken kombiniert ist (Taf. 3,10)[196]. Leider können die vorliegenden Scherben nicht mit Sicherheit mit dem jetzt verschollenen Stück in Verbindung gebracht werden. Zu den oben erwähnten vier Scherben soll noch bemerkt werden, daß die Fransen in drei Fällen nach links und einmal nach rechts gerichtet sind.

Die vorliegenden Scherben gehören zu drei verschiedenen Gefäßen. Ein Vergleich mit Gefäßen/ -fragmenten aus dem Neckarmündungsgebiet, die ähnliche Verzierungen tragen und den verschollenen Stücken vom Atzelberg, ermöglichen es, die Gefäße als Becher zu rekonstruieren[197] und sie aufgrund der erhaltenen Schnurdreiecke in die „Mansfelder Stufe" zu datieren.

Nach Sangmeister gehören Abschlußmuster mit hängenden Fransen, gekreuzten Schnurgruppen und hängenden Schnurdreiecken in die Tradition des Einheitshorizonts[198]. Sie kommen aber auch bei Bechern mit „langer Schnurzone" und bei ausgesparten Winkelbändern vor[199]. Was bedeutet, daß der Fransenabschluß eine längere Laufzeit hat, aber besonders für Muster mit Schnurdreiecken charakteristisch ist.

h.) Mattenrauhung (Taf. 4,5)

Im Fundmaterial des Atzelberges befindet sich eine Scherbe mit Mattenrauhung (Taf. 4,5), die auch als Textilgerauhte Ware[200] oder „Binsenkeramik"[201] bezeichnet wird. Auf den ersten Blick scheinen die Schnurabdrücke auf dieser Scherbe regelmäßig nebeneinander gesetzt zu sein, so daß sie wie dichtgesetzte, horizontale Schnurreihen wirken. Allerdings liegen die Schnurreihen nicht parallel zueinander, sondern sie laufen fächerartig auseinander. Es läßt sich auch erkennen, daß sie nicht umlaufend angebracht sind, sondern teilweise abrupt abbrechen.

Die Schnüre sind nicht aus tierischen Fasern hergestellt, denn diese würden einen weichen, veschwommenen Eindruck hinterlassen. Hier aber müssen harte Pflanzenfasern benutzt worden sein, denn die Abdrücke haben eine sehr scharfe Kontur, die von gedrehten Gräsern stammen. Die Scherbe gehörte zu einem Gefäß mit kugeligem Bauch, dessen Unterteil mit Schnurabrollungen oder Mattenabdrücken versehen war. Ob es sich hierbei um einen Topf oder eine Amphore handelte, kann nicht mehr bestimmt werden.

Diese Art der Gefäßverzierung kommt am nördlichen Oberrhein im Endneolithikum nicht vor. Als Schneider 1932 den Begriff der „Binsenkeramik" prägte, ging er von einer mesolithischen Zeitstellung aus. Rieth schloß sich 1940 dieser Meinung an[202]. Eine so frühe

---

[195] Sangmeister/ Gerhardt 1965, 16.

[196] Rieth 1940, 146 Abb. 2.

[197] Ladenburg: Gebers 1978, 129 Nr. 195 a, Taf.1,9; Mannheim-Seckenheim „Hochstätt": Sangmeister/ Gerhardt 1965, Taf. 5,2; Dannstadt-Schauernheim: Gebers 1978, 26 Nr. 24 b, Taf. 7,19.

[198] Sangmeister/ Gerhardt 1965, 14.

[199] Sangmeister/ Gerhardt 1965, 16; Gebers 1978, Taf. 1,9.

[200] Schlabow 1960, 52-56.

[201] Schneider 1932.

[202] Rieth 1940, 145.

Datierung kann heute nicht mehr aufrechterhalten werden. Mit der weiteren Erforschung des Neolithikums stellte sich heraus, daß die Keramik, die mit der „Binsenkeramik" vergesellschaftet war, in das nordische Mittelneolithikum oder, in der süddeutschen Terminologie, ins späte Jungneolithikum zu stellen ist.

In Mitteldeutschland datiert Beran die „Binsenkeramik" in das nordische Mittelneolithikum (Bernburger- und Kugelamphorenkultur)[203] und widerspricht damit der Ansicht von Lies, welcher sie der Einzelgrabkultur zuweisen wollte[204]. Die Textilgerauhte-Keramik der Kugelamphorenkultur ist oft mit Verzierungen der Bernburg II Keramik wie dem ausgesparten Winkelband und gestochenen Dreiecksverzierungen vergesellschaftet[205]. Im westlich anschließenden Raum, der Wartberg-Kultur, ist die Textilgerauhte-Keramik ein Charakteristikum der jüngeren Phase[206]. Im süddeutschen Jungneolithikum kommt diese Art der Verzierung sporadisch vor. Besonders in der Goldberg-III-Burgerroth Fazies kann man sie nachweisen[207]. Schlichtherle und Köninger sehen Parallelen mit der texilgerauhten Keramik des Goldberg-III-Burgerroth Komplexes und der Wartberg-Kultur[208].

Rademacher verweist in diesem Zusammenhang darauf, daß Funde aus Oberschwaben gelegentlich mit Material vergesellschaftet sind, das auf die Horgener Kultur hindeutet oder aber in eine Phase gehört, die am Ende der Horgener-Kultur anzusiedeln ist und stark von der Schnurkeramik beeinflußt wird[209].

Die Übersicht über die Datierungsansätze verschiedener Forscher zeigt, daß die textilgerauhte Keramik in ihrer breiten Masse in das späte Jung- und frühe Endneolithikum datiert wird. Sangmeister, der auch die Atzelberger Scherbe besprochen hat, stellt sie mit großer Vorsicht in diesen Zeitraum und verweist auf die wenigen Fundorte des Goldberg III Typs[210].

i.) Gewebeabdruck (Taf. 4,6-7)

Gewebeabdrücke unterscheiden sich dadurch von der mattengerauhten Ware in der Hinsicht, daß sie sehr viel feiner ausgeführt sind und daß es sich um wirkliche Gewebe handelt. Allerdings ist es in manchen Fällen sehr schwierig Gewebeabdrücke von sorgfältig gesetzten Kammstichen zu unterscheiden. Vom Atzelberg liegen zwei Scherben vor (Taf. 4,6-7), die man als gewebeverziert ansprechen kann. Es handelt sich hierbei um zwei Scherben eines Bechers, welcher vermutlich in Zonen gegliedert war, die mit Gewebeabdrücken gefüllt waren. Der Abschluß der Gewebeverzierung wird mit zwei Ritzlinien markiert, zwischen der eine Reihe runder Einstiche verläuft.

Die feine Machart und die vermutete Zonengliederung lassen die beiden Scherben in die Glockenbecherzeit stellen.

j.) Kombination von verschiedenen Verzierungselementen (Taf. 4,9)

In einem Fall ist Schnurverzierung mit Kammstich und einem runden Einstich kombiniert (Taf. 4,9). Zwischen einer waagerechten Kammstichreihe und einer Schnurreihe befindet sich ein runder Einstich. Es handelt sich um ein sehr kleines Fragment, so daß weitere Aussagen

---

[203] Beran 1990, 30-31; Beran 1997, 50.

[204] Lies 1974, 83.

[205] Beran 1997, 50.

[206] Rademacher 1987, 59; Schrickel 1969, 67-68; Schwellnus 1978.

[207] Rademacher 1987, 59; Bersu 1937, Taf. 32,18.21; Spennemann 1984, 123.

[208] Köninger/ Schlichtherle 1990, 158.

[209] Rademacher 1987, 62-63.

[210] Sangmeister/ Gerhardt 1965, 24.

kaum möglich sind. Die Scherbe kann jedoch zu einem stark geschwungenen Gefäß, höchstwahrscheinlich einem Becher, rekonstruieren werden.

Einen Anhaltspunkt für die Datierung bietet die Kammstichverzierung, die eine Einordnung in die Glockenbecherzeit suggeriert (Kammstichverzierung siehe unter Einstichverzierung).

1.7.2. Plastische Verzierungen

Den größten Anteil (33,7%) am Atzelberger Siedlungsmaterial haben Gefäßfragmente, die mit plastischen Applikationen und/oder plastischen Verzierungen versehen sind. Ob es sich um wirkliche Verzierungen handelt, oder ob es funktionsbedingte Elemente sind, kann nicht geklärt werden. Dabei ist nicht auszuschließen, daß Leisten, Knubben, Fingerkniffe etc. neben einer Funktion auch als Schmuckelement gedient haben. Stücke dieser Gruppe sind aber am schwierigsten zu beurteilen, da das Siedlungsmaterial der schnurkeramischen Kultur besonders in Südwestdeutschland noch recht unbekannt ist und die Gefäße mit solchen Verzierungen eine lange Laufzeit haben können. Gefäßformen, die in Kombination mit der Verzierung die Zuordnung zu einer Kultur oder Zeitstufe erst ermöglichen, sind nicht mit Sicherheit zu rekonstruieren.

Kennzeichen der schnurkeramischen Siedlungskeramik im Neckarmündungsgebiet ist nach Aussage von Sangmeister die leistenverzierte Keramik[211]. Ein Blick auf den Anteil der leistenverzierten Keramik am Gesamtbestand des Ilvesheimer Material bestätigt diese Annahme. Eine genaue Betrachtung des leistenverzierten Bestandes zeigt uns ein breites Spektrum an verschiedenen Leistenarten. Es sind Einfachleisten von Mehrfachleisten zu unterscheiden und weiterhin, ob die Leisten verziert sind oder nicht. Besonders bei Gefäßen mit Mehrfachleisten ist es erforderlich, verschiedene Typen zu differenzieren. Dies war vor drei Jahrzehnten, als Sangmeister seine Untersuchungen zur süddeutschen Schnurkeramik publizierte nicht möglich, da erst in jüngster Zeit größere Mengen an Keramik und anderen Funden aus den Magazinen des Reiss-Museums zu Verfügung stehen, (siehe Forschungsgeschichte). Sangmeister faßte die Stücke mit plastischen Verzierungen zur „Keramik mit Tupfen- und Leistenzier" zusammen[212].

a.) Glatte, einfache Leisten (Taf. 5,1-6)

Zu den glatten, einfachen Leisten werden hier Stücke gezählt, bei welchen unverzierte einzelne Leisten vorkommen. Es stellt sich dasselbe Problem wie bei den horizontalen Schnurreihen, daß im Normalfall nur ein Fragment des ganzen Gefäßes vorliegt. Von den sechs Scherben vom Atzelberg, die jeweils eine unverzierte Leiste haben, kann bei den vier Randstücken (Taf. 5,1-3.6) mit großer Wahrscheinlichkeit davon ausgegangen werden, daß es die einzigen Leisten waren. Bei den beiden Wandscherben (Taf. 5,4-5) dagegen ist es nicht sicher. Sie sollen deswegen nicht weiter besprochen werden.

Während bei den Randscherben drei der Leisten aus der Gefäßwandung herausgearbeitet sind, ist nur einmal eine aufgesetzte Leiste belegt (Taf. 5,6). Das Fragment mit der aufgesetzten Leiste unterscheidet sich auch von den anderen Gefäßen dadurch, daß die Leiste direkt am Rand angebracht ist und somit auch einen Teil des Randes bildet. Die herausgearbeiteten Leisten der übrigen Gefäße sitzen ein Stück unterhalb des Randes und sind von ihm durch eine breite Hohlkehle getrennt.

---

[211] Sangmeister/ Gerhardt 1965, 19, 24, Karte 7.

[212] Sangmeister/ Gerhardt 1965, 19-20.

Die vier Randscherben können vier verschiedenen Gefäßindividuen zugeordnet werden, die man zu Töpfen, Schüsseln oder Schalen rekonstruieren könnte.

Die Scherben nur aufgrund ihrer Verzierung zu datieren ist problematisch, denn Gefäße mit glatten Leisten unter dem Rand haben eine große Verbreitung und eine lange Laufzeit. Von der Machart her betrachtet, gehören sie in einen Zeitraum, der vom Jungneolithikum[213] bis mindestens in die Frühe Bronzezeit (FBZ)[214] reicht. Es handelt sich somit um ein langlebiges Element. Die Atzelberger Randstücke unterscheiden sich jedoch von den glockenbecherzeitlichen in der Orientierung und der Randgestaltung (siehe unter Rüsselsheim), was bedeutet, daß sie höchstwahrscheinlich zur Schnurkeramik gehören.

b.) Einzelne Leisten mit Einstichen und Fingernageleindrücken (Taf. 5,7-10)

Es gibt auf dem Atzelberg nicht nur Gefäßfragmente, auf denen einzelne glatte Leisten zu beobachten sind, sondern die Leisten können auch in Kombination mit Einstichen, Fingertupfen- und Fingernageleindrücken vorkommen. Gefäße mit Fingernagel oder Fingertupfen verzierten Leisten werden vielfach als Wulstleistentöpfe bezeichnet[215], zu denen auch die sogenannten Wellenleistentöpfe gehören. Diese werden als eigene Gruppe behandelt, da sie eine besondere Stellung in der Schnurkeramik einnehmen.

Ob die verzierten Leisten die einzigen Leisten auf dem Gefäß waren, läßt sich natürlich auch hier nicht mehr ermitteln, um sie aber von den unverzierten Leisten und den Mehrfachleisten abzusetzen, sollen sie von diesen getrennt behandelt werden

Ingesamt liegen vier Scherben dieser Art vor, zwei Randscherben (Taf. 5,7-8), ein Wandstück (Taf. 5,9) und ein Leistenfragment (Taf. 5,10). Das Bruchstück des aufgesetzten Leistenbruchstücks, das einen annähernd dreieckigen Querschnitt aufweist, zeigt auf der unteren Seite Knetspuren, auf der oberen wurde die Leiste mit schräggestellten Fingernageleindrücken und rechteckigen Einstichen verziert.

Bei den beiden Randstücken verläuft die Leiste dicht unter dem Rand. Sie ist mit schräg gestellten rechteckigen Eindrücken versehen. Für die Einstiche wurden unterschiedliche Stempel benutzt. Der Querschnitt beider Leisten ist dreieckig. Die Abweichungen bei der Randgestaltung und Verzierung weisen auf verschiedene Gefäßindividuen hin, deren ursprüngliche Form hypothetisch bleibt. Man könnte beide Stücke in die Gruppe der Schüsseln stellen.

Nur eine Wandscherbe mit Leisten-Einstichkombination ist nachgewiesen. Über oder unter der Leiste mit gerundeten Querschnitt sind alternierend angelegte Fingernageleindrücke zu sehen, die sich vermutlich um das ganze Gefäß gezogen haben. Zu welcher Gefäßform diese Scherbe gehört bleibt unklar. Die Stärke der Wandung von 8-10 mm könnte möglicherweise für eine topf- oder schüsselartige Gestaltung des Gefäßes sprechen, andere Gefäßtypen sind aber nicht auszuschließen.

Bemerkenswert ist die unterschiedliche Ausprägung der verzierten und der unverzierten Leisten. Während die verzierten Leisten entweder einen dreieckigen oder einen unregelmäßig länglichen gerundeten Querschnitt haben, ist die Mehrheit der Randstückquerschnitte mit unverzierten Leisten geschwungen und die Leisten regelmäßig abgerundet.

---

[213] Heilbronn-Böcking: Sangmeister 1959, Taf. 19,5.

[214] Ihringen: Kimmig 1941-47, 274, Taf. 64 C. Unter dem Grabhügel U eine Kulturschicht der „Frühen Bronzezeit".

[215] Wetzel 1979, 43; Beran 1990, 20-25.

c.) Gefäße mit glatten Mehrfachleisten (Taf. 5,11-15; 6,1-12; 7,1-7)

Die Gruppe der Gefäße mit glatten Mehrfachleisten ist eine der wichtigsten im Neckarmündungsgebiet. Zu dieser Gruppe zählen alle Gefäße, die mehr als eine unverzierte, glatte Leiste haben. Im Laufe der Forschungsgeschichte ist diese Art der Verzierung immer summarisch behandelt worden[216]. Bei der Durchsicht der 24 Gefäßfragmente mit glatten Mehrfachleisten vom Atzelberg weichen die Leisten in bezug auf die Qualität und Anordnung teilweise stark voneinander ab, so daß mehrere Gefäßtypen unterschieden werden können. Glatte Mehrfachleisten im allgemeinen können auf den unterschiedlichsten Gefäßformen und in verschiedenen Anordnungen vorkommen. Zwei Funde aus dem Neckarmündungsgebiet geben einen Hinweis auf die Gefäßform und die Anordnung der Leisten. Beide Funde stammen aus der unmittelbaren Umgebung des Atzelberges. Es handelt sich dabei um die Becher aus der Kiesgrube Back (Abb. 13)[217] und aus dem Gewann „Apfelkammer" beim Straßenheimer Hof (Abb. 14)[218]. Köster bezeichnete 1966 diese Art von Bechern mit flächendeckenden glatten Mehrfachleisten als „Rippenbecher"[219]. Im folgenden soll der Begriff des Rippenbechers wieder aufgenommen und auf solche Becher(!) angewendet werden, die entweder ganz mit horizontalen Leisten bedeckt sind oder mindestens fünf parallele Leisten haben[220]. Das soll eine typologische Abgrenzung zu anderen Gefäßen mit Mehrfachleisten sein, damit die Ansprache und Datierung dieser Verzierungsgruppe vereinfacht wird.

Die Rippenbecher müssen generell von Gefäßen mit einzelnen oder auch mit mehreren Leisten unterschieden werden, da die Kombination der Leisten mit einer ganz bestimmten Becherform kennzeichnend für diesen Gefäßtyp ist. Vergleiche mit anderen Gefäßformen, die

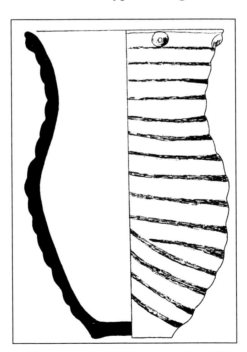

Abb. 13: Ilvesheim-Kiesgrube-Back. Rippenbecher.

---

[216] Sangmeister, Menke, Petrasch, Bantelmann, Maran etc. verglichen die leistenverzierte Ware ihrer Gebiete mit denen vom Atzelberg ohne jedoch die Vielseitigkeit dieser Verzierungsgruppe in Betracht zu ziehen.

[217] Gebers 1978, 128 Nr. 193h, Taf. 6,7.

[218] Gebers 1978, 134 Nr. 200 Grab 3, Taf. 1,14.

[219] Köster 1965/66, 40.

[220] Drei Gefäßfragmente erfüllen das Kriterium von mehr als fünf Leisten, aber acht Stücke mit drei bzw. vier Leisten zeigen noch Ansätze von weiteren Leisten, so daß sie den Rippenbechern zugeordnet werden können.

nur zwei oder drei Leisten aufweisen, oder stark abweichenden Becherformen sind in bezug auf den Rippenbecher nicht statthaft, da solche Gefäße zu einer ganz anderen Gruppe von Gefäßen gehören können, die nicht nur ein anderes Erscheinungsbild haben, sondern möglicherweise auch anders datieren. Die Zuordnung der Scherben des Atzelberges zu den Rippenbechern erfolgt aufgrund der Anzahl der Leisten, der Ausführung der Leisten und nicht zuletzt durch die Machart der Keramik.

Bei den Rippenbechern gibt es zwei verschiedene Bechertypen[221]. Einmal kommt ein Bechertyp mit regelmäßig dichtgesetzten Leisten, die sehr sorgfältig ausgeführt sind und ein wellenförmiges Profil ergeben [Typ 1; dem Becher aus der Kiesgrube Back sehr ähnlich], vor (Taf. 6,1-12; 7,7). Zweitens gibt es den Typ, bei dem die Leisten weiter auseinandergezogen und sehr viel gröber und nachlässiger ausgeführt sind [Typ 2; Straßenheimer Hof] (Taf. 7,1-6). Beim Typ 2 läßt sich noch eine Variante ausgliedern, bei der die weiten Zwischenräume von zwei größeren Leisten durch kleinere Leisten gefüllt sind (Taf. 7,2.6). Der Typ 1 ist etwas schlanker und stärker geschwungen als der Typ 2. An den leistenverzierten Bechern können auch Knubben angebracht sein, wie an dem Becher aus der Kiesgrube Back[222] und einer Scherbe vom Atzelberg (Taf. 6,3) zu sehen ist.

Es lassen sich zwei Herstellungstechniken unterscheiden. Bei der ersten sind die Leisten aus der Wandung herausgearbeitet worden, was bedeutet, daß ein Materialabtrag von außen stattgefunden hat. Bei der zweiten spricht die wellige Innenseite und ausgeprägte Fingereindrücke im Inneren des Bechers dafür, daß die Leisten zuerst von innen herausgedrückt wurden, um sie später von außen weiter zu bearbeiten. Eine dritte Technik, die durch Umwickeln von Binden den Gefäßkörper so eindrückt, daß zwischen solchen Einziehungen Leisten entstehen, kann auf dem Atzelberg nicht nachgewiesen werden. Sie ist

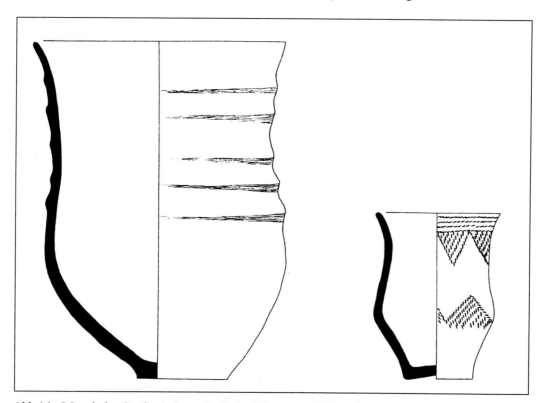

Abb.14: Mannheim-Straßenheimer Hof/ Apfelkammer. Rippenbecher mit vergesellschaftetem Schnurbecher.

[221] Definition des Typenbegriffs: Sangmeister 1981, 119.
[222] Gebers 1978, 128 Nr. 193h, Taf. 6,7.

ein Element, welches in der Glockenbecherkultur verstärkt vorkommt[223].

Als die ersten Scherben mit glatten Mehrfachleisten (Rippenbechern) Ende der 1920er-Anfang der 1930er Jahre auf dem Atzelberg geborgen wurden, war diese Art der Keramik unbekannt, nur die Verbindung mit schnurverzierten Scherben ließ sie in die Schnurkeramik datieren. Da aber eine Siedlungsschicht auch chronologisches oder kulturelles Fremdmaterial beinhalten kann, war ihre Zuordnung nicht gesichert. Erst als 1934 bei Ausgrabungen am Straßenheimer Hof (Mannheim) ein leistenverzierter Becher zusammen mit einem schnurkeramischen Becher gefunden wurde (Abb. 14), war es möglich, die Gefäßfragmente vom Atzelberg einwandfrei der Schnurkeramik zuzuweisen.[224]. Nach Gropengießer fand sich eine ähnlich verzierte Keramik auch auf dem Goldberg bei Nördlingen[225]. Ein weiterer Beleg für eine Gleichzeitigkeit von Rippenbechern und Schnurkeramik fand sich 1956 in der Kiesgrube Back als Gember dort eine Grube oder Feuerstelle ausgrub, die wiederum einen Rippenbecher mit schnurverzierten Scherben hervorbrachte[226] (siehe Kiesgrube Back). 1965 wies Sangmeister diese Ware der schnurkeramischen Siedlungskeramik zu[227]. Die Tatsache, daß die leistenverzierte Keramik mit Fischgräten- und schnurverzierter Keramik vergesellschaftet ist, betrachtete Sangmeister mit Vorsicht, da die Siedlungsschicht vom Atzelberg, seiner Meinung nach, kein geschlossener Befund ist und die Fundzusammenhänge nicht mehr klar zu rekonstruieren sind[228]. Diese vorsichtige Haltung kann inzwischen aufgegeben werden, weil nicht nur die Zusammenfunde im Neckarmündungsgebiet, sondern auch Funde im nördlich angrenzenden Griesheimer Moor die Einordnung der Rippenbecher zur Kultur der Schnurkeramik eindeutig bestätigen[229].

Schwieriger hingegen ist die Situation bei glatten Mehrfachleisten, die nicht in die Kategorie der Rippenbecher fallen (Taf. 5,11-15). Denn Gefäße mit glatten Mehrfachleisten streuen vom Jungneolithikum (Salzmünder-, Bernburger- und Wartberg-Kultur) bis mindestens in die Glockenbecherzeit. Im Gegensatz zu den Rippenbechern, bei denen die Leisten große Teile des Gefäßkörpers oder das ganze Gefäß bedecken, beschränken sich die übrigen Mehrfachleisten auf bestimmte Bereiche, besonders die Rand- und Halszone sind mit ihnen versehen worden.

Nicht nur die Anzahl der Leisten und der Anbringungsort unterscheidet die glatten Mehrfachleisten von den Rippenbechern, sondern auch die Gefäßform. Während die Rippenbecher einen ganz bestimmten Gefäßtyp ausmachen, sind die übrigen Mehrfachleisten nicht auf die Becherform beschränkt, sondern sie können darüber hinaus auf Amphoren, Töpfen, Kannen, Schüsseln, Tassen etc. beobachtet werden.

Die Herkunft der Rippenbecher ist nicht einfach zu rekonstruieren, da es zwischen der Michelsberger-Kultur und der Schnurkeramik eine Besiedlungslücke von einigen Jahrhunderten gibt[230]. Dennoch scheinen die besten Parallelen für Rippenbecher aus der Michelsberger-Kultur zu kommen. Besonders die Beutelbecher vom Michelsberg bei

---

[223] van der Leeuw 1976, 81-139.

[224] Gropengießer 1935, 310.

[225] Gropengießer 1935, 311. Im Inventar der Goldberg-III Keramik finden sich zwar zahlreiche Gefäße mit Einfach- oder Mehrfachleisten, welche aber keinesfalls mit den Rippenbecherfragmenten des Atzelberges vergleichbar sind. Parallelen der Goldberg-III Keramik sind vielmehr in der östlich gelegenen Chamer-Kultur zu suchen.

[226] Gebers 1978, 128 Nr. 193h, Taf. 6,7.

[227] Sangmeister/ Gerhardt 1965, 20.

[228] Streng genommen ist eine solche Kulturschicht kein geschlossener Fund, in der Hinsicht, daß alle Gegenstände zur gleichen Zeit niedergelegt worden sind. Man sollte aber nicht ausschließen, daß das Material eine gewisse Homogenität aufweist, d.h., daß es in einem bestimmten Zeitraum in die Erde gekommen ist.

[229] siehe dazu Griesheimer Moor Fundstellen 4 und 9: Maran 1989/90, 119-121 Taf. 6,3-11; 140-141 Taf. 27-28.

[230] Lüning 1967, 171; Bantelmann et al. 1979/80, 233; Behrends 1998, 119.

Untergrombach können als Vorläufer der Rippenbecher angesehen werden. Am besten eignet sich der Becher aus der Kiesgrube Back für einen Vergleich. Die Michelsberger Beutelgefäße haben ein leicht geschwungenes, schwach s-förmiges Profil. Der Gefäßkörper wurde mit Fingerstrichen versehen, die waagerecht, diagonal oder ungerichtet angebracht waren[231]. Beides findet auch im Rippenbecher seine Entsprechung. Die Riefenverzierung am schnurkeramischen Becher der Kiesgrube Back ist in der oberen Hälfte sorgfältig waagerecht ausgeführt, während im unteren Gefäßteil flüchtige diagonale Fingerstrichriefen zu finden sind. Unterschiedlich hingegen ist der kleine Standboden des schnurkeramischen Gefäßes. Die Michelsberger Gefäße weisen entweder keinen oder einen „Wackelboden" auf.

Die Ähnlichkeit der Michelsberger Beutelgefäße und schnurkeramischen Rippenbecher ist, meiner Meinung nach, so groß, daß sie voneinander abstammen. Das würde auch das lokale Vorkommen am nördlichen Oberrhein erklären. Anders verhält es sich mit den Gefäßen mit Mehrfachleisten, deren Ursprung zwar auch im Jungneolithikum (Parallelen in Mitteldeutschland: Salzmünder-. Bernburger Kultur, Schweiz: Horgen, Hessen: Wartberg-Kultur) liegt, aber kein kulturspezifisches Element darstellt.

d.) Gekerbte Mehrfachleisten (Taf. 7,10)

Ein kleines Gefäßfragment mit zwei horizontalen Leisten, die mit schrägen Einstichen gekerbt sind, ist von den anderen Leisten abzugrenzen. Die herausgearbeiteten Leisten sind verhältnismäßig klein und haben einen annähernd trapezoiden bis halbrunden Querschnitt, was sie von den einfachen und mehrfachen Leisten unterscheidet. Die Größe und Verzierung der Leisten könnten ein Indiz dafür sein, daß sie u.a. als Schmuck des Gefäßes verstanden wurden.

Diese Art der Verzierung ist typisch für die jungneolithisch-endneolithische Chamer-Kultur[232] und Goldberg-III[233]. Sie sind vereinzelt auch für die Wartberg-Kultur nachgewiesen[234]. Zudem sind sie ein Verzierungselement einer mittelbronzezeitlichen Leitform (Kerbleistenschale) am nördlichen Oberrhein[235].

e.) Senkrechte Leisten unter dem Rand (Taf. 7,8)

Die drei kurzen, senkrechten Leisten einer Randscherbe zählen wie die Knubben zu den Handhaben. Der erhaltene Rand dieser Scherbe ist zu gering, um sie zu orientieren. Sie scheint aufgrund ihrer Machart, Größe und Wandstärke zu einem großen becherartigen Gefäß gehört zu haben. Vergleiche mit orientierbaren Randscherben machen einen ausladenden Rand wahrscheinlich[236].

Bei den senkrechten Leisten unter dem Rand kann man zwischen Einfachleisten und Dreifachleisten unterscheiden, dabei kann bei den Einfachleisten der Übergang von länglichen Knubben und Leisten fließend ausfallen. Scherben mit Dreifachleisten finden sich oft im Siedlungsmaterial des Endneolithikums (z.B. MA-Seckenheim-„Waldspitze"[237], Rüsselsheim[238], Prag 10-Hostivar[239]). Schon im Jungneolithikum tauchen solche

---

[231] Lüning 1967, Taf. 68 C15; 72,2; 77 A3; 82 A; 84 E10; 89 D4.

[232] Burger 1988, Taf. 69-70.

[233] Bersu 1937, Taf. 32,10.14.35.37.

[234] Schwellnus 1979, Taf. 9,2; 26,8; 27,21 (nicht identisch).

[235] Pinsker 1993, 71.

[236] Menke 1975, Taf. 1,2.

[237] Sangmeister/ Gerhardt 1965, Taf. 3,3.

[238] Menke 1975, Abb. 1,2.

[239] Mašek 1976, 28 Abb. 9,12.

Dreifachleisten auf[240]. Für die senkrechten Einfachleisten gilt dasselbe, wie für die mit ihnen eng verwandten Dreifachleisten. Während die Dreifachleisten nur grob ins Endneolithikum gestellt werden können, sind die Einfachleisten oft in Vergesellschaftung mit schnurkeramischen Siedlungsmaterialien ans Licht gekommen (Ilvesheim-„Kiesgrube Back"[241], MA-Wallstatt-„Rechts der Käfertaler Straße"[242], Griesheimer Moor[243]). Aber auch hier gibt es jungneolithische Vorläufer[244]. Die Dreifachleisten lassen sich nicht einer Kultur zuweisen, sie belegen einen Zeitraum, der vom Jungneolithikum bis in die Frühe Bronzezeit reicht[245]. Bei den senkrechten Leisten unter dem Rand meint Pape gute Parallelen in der Chamer-, Řivnac- und Jevišovice B-Kultur zu finden[246].

f.) Fingerstrich unter dem Rand (Taf. 7,12-13)

Unter dem Rand angebrachte Fingerstrichriefen kommen am Atzelberg häufig in Kombination mit anderen Verzierungsarten vor, die in Fingerkniff- und Fingertupfentechnik ausgeführt sind. Von sechs Scherben mit Fingerstrichriefen sind zwei mit Fingerkniffen (Taf. 8,9.11) und drei mit Fingertupfen (Taf. 7,12; 8,1-2) versehen, nur auf einem Exemplar (Taf. 7,13) ist die Fingerstrichriefe alleiniges „Verzierungselement". Eine Scherbe (Taf. 7,12) ist aber aufgrund der Machart und der Gefäßform sowie eines Vergleichsstück vom Griesheimer Moor[247] in die Schnurkeramik zu datieren. Es soll noch darauf hingewiesen werden, daß sich die Fingerstrichriefung unter dem Rand oft, in der sonst so verzierungsarmen Keramik der Horgener Kultur findet, dort sind sie teilweise mit Einstichen oder Löchern versehen[248], was am Atzelberg nicht vorkommt.

g.) Fingertupfenleisten (Taf. 8,1-3)

Fingertupfen sind ein gängiges Verzierungselement, welches in der Vorgeschichte oft verwendet wurde. Besonders häufig findet man es auf Keramikformen, die zur Siedlungsware gehören. Die Einsatzmöglichkeit von Fingertupfen ist sehr vielfältig. Sie reicht von einzelnen Fingereindrücken zu flächendeckenden Mustern. Eine für die Schnurkeramik sehr wichtige Verzierungsform ist die Fingertupfenleiste. Eine unter dem Rand sitzende Leiste wurde mit nebeneinander gesetzten Fingertupfen versehen. Bei den Scherben aus dem E4-Magazin befanden sich zwei Randstücke mit Fingertupfenleiste. Die Leisten dieser Stücke, die wiederum unter dem Rand zu finden sind, sind mit nebeneinander gesetzten Fingertupfen verziert. Während die Leiste der einen Scherbe (Taf. 8,1) dicht unter dem Rand liegt, ist bei der anderen (Taf. 8,2) die Leiste durch eine Fingerstrichriefe vom Rand getrennt. Unter der Leiste wird bei der ersten Scherbe die Leiste durch eine Fingerstrichriefe abgesetzt. Bei der letzteren fehlt eine solche Riefe. Leider sind die Ränder so schlecht erhalten, daß die Orientierung nicht gesichert ist. Vielleicht waren die Gefäße becher- oder topfartig.

Nach der Einteilung von Sangmeister gehören die Fingertupfenleisten zu der „Keramik mit Tupfen- und Leistenzier"[249]. Für Beran sind Gefäße mit Fingertupfenleisten eine Form des

---

[240] Salzmünder-Kultur (Wallendorf): Beran 1993, Taf. 89,12.

[241] Sangmeister/ Gerhardt 1965, Taf. 6,4.

[242] Unpubliziert.

[243] Maran 1989/90, 121 Abb. 8,1-2; 140 Abb. 27,7; 147 Abb. 34,1.

[244] Salzmünder-Kultur: Beran 1993,Taf. 74,13.

[245] Weitere Vergleiche siehe: Pape 1978, 152-153.

246 Pape 1978, 40.

[247] Maran 1989/90, 120 Abb.7,1.

[248] Itten 1970, 12.

[249] Sangmeister/ Gerhardt 1965, 20.

schnurkeramischen Wulstleistentopfes. Seiner Einteilung folgend wären die beiden Atzelberger Scherben der Form 2 Variante a gleichzustellen[250]. Beran weist allerdings darauf hin, daß südlich seines Arbeitsgebietes (=Bezirk Magdeburg) die hallstattzeitlichen Wulstleistentöpfe sehr ähnlich aussehen[251]. Der große Anteil an schnurkeramischen Scherben und die stratigraphische Situation am Atzelberg lassen bei unseren Scherben eine Datierung in die Schnurkeramik sehr wahrscheinlich werden, was durch den Vergleich mit dem Fundort Biederitz 11, Kr. Burg noch bestätigt wird[252].

h.) Arkadenrand (Taf. 8,4)

Eine besondere Variante der Fingertupfenleisten unter dem Rand ist der Arkadenrand. Auf dem Atzelberg ist lediglich eine Randscherbe mit einem echten Arkadenrand nachgewiesen. Diese Scherbe weist drei regelmäßig gesetzte Fingertupfen direkt unter dem Rand auf, so daß sie ein arkadenartiges Muster bilden. Das Gefäß ist sehr gut gebrannt, und gehörte wohl zu einem offenen Gefäßtyp mit einem ausladenden Rand .

Das Arkadenmuster ist eigentlich charakteristisch für jungneolithische Kulturen (Michelsberger-Kultur, Salzmünder-Kultur, Altheimer-Kultur etc.), aber auch im Endneolithikum ist es eine übliche Verzierung (Beispiel: Griesheimer Moor[253])

i.) Fingerkniffe und Fingerkniffleisten (Taf. 8,5-11)

Fingerkniffe werden mit Daumen und Zeigefinger aus dem noch weichen Ton herausgezogen, so daß seitlich der Fingerkniffe die Fingereindrücke zu sehen sind (Variante 1) (Taf. 8,5-8). Sie können vereinzelt auftreten oder als Fingerkniffleiste umlaufend dichtgesetzt. Eine andere Variante der Fingerkniffleiste ist eine Kombination aus Fingerkniff und Fingertupfen (Variante 2) (Taf. 8,9-11). Mit dem Daumen wird unter dem Rand der noch weiche Ton horizontal weggedrückt, so daß ein sichelförmiger Tonwulst entsteht. Wird dieser Vorgang oft wiederholt, bildet sich eine umlaufende Leiste.

Die Scherben gehörten zu Gefäßen mit ausladendem Rand, welche vermutlich ein becherartiges Aussehen hatten.

Diese den Fingertupfen sehr nahestehende Art der Verzierung fällt ebenfalls in die Kategorie der „Keramik mit Tupfen- und Leistenzier" Sangmeisters. Bantelmann weist explizit darauf hin, daß Gefäße mit umlaufenden Fingerkniffleisten Bestandteil der schnurkeramischen Siedlungskultur sind[254]. In Mitteldeutschland erscheint Keramik mit umlaufenden Fingerkniffen der Variante 2 in schnurkeramischen Zusammenhängen. In Biederitz 11 finden sich wieder sehr gute Parallelen[255]. Analog zu den Fingertupfenleisten sind auch die Fingerkniffleisten den Wulstleistentöpfen der Form 2a zuzuweisen. Lediglich eine Randscherbe vom Atzelberg könnte zu einer Schale gehört haben (Taf. 8,9). Beran datiert diese Art der Keramik in seinen Biederitzer Horizont, den er in die jüngere Untergrabzeit (Stufe IIb nach Lanting[256]) stellt[257].

---

[250] Beran 1990, 22, Abb. 1.

[251] Beran 1990. 21.

[252] Beran 1990. 145 Taf. 5,1-4.20.

[253] Maran 1989/90, 120 Abb. 7,6.

[254] Bantelmann 1986, 20.

[255] Lies 1954, Taf. X,2-5; XI,1; Beran 1990, Taf. 5,21.

[256] Lanting 1982, 91.

[257] Beran 1990, 49.

j.) „Knickwandschüssel" (Taf. 9,9)

Ein großes, qualitativ hochwertiges Gefäßfragment scheint nicht zu den anderen Keramikbruchstücken zu passen. Es gehört zu einer Knickwandschüssel, bei welcher der Bauchumbruch mit einer umlaufenden Reihe quadratischer Einstiche verziert war. Das Unterteil des Gefäßes weist Spuren einer Schlickrauhung auf. Der obere Teil zeigt Glättspuren, die schon fast als Politur anzusprechen ist. Während die anderen Scherben vom Atzelberg nur schlecht oder mittelhart gebrannt sind, ist dieses Stück sehr hart gebrannt. In Mitteldeutschland ist diese Gefäßform und -verzierung schon in der Schnurkeramik bekannt[258]. Parallelen finden sich auch in der Chamer-Kultur[259]. Allerdings kommen Knickwandschüsseln auch in der Mittleren Bronzezeit vor[260], so daß das vorliegende Stück nicht eindeutig zugeordnet werden kann.

k.) Knubben (Taf. 8,12-17)

Knubben sind aufgesetzte oder herausgezogene kleine Buckel. Sie sind an sich kein reines Verzierungselement. Sie haben vielmehr eine primäre Funktion als Halterung. Die Form und Anordnung der Knubben kann unterschiedlich sein. Im Atzelberger Material kommen sowohl runde (Taf. 8,12-13.17) als auch längliche Knubben vor (Taf. 8,14.16), wobei die runde Form überwiegt. Von den sechs vorliegenden Scherben mit Knubben waren zwei oder drei wahrscheinlich einzeln angeordnet. Bei zwei Exemplaren können sie entweder paarig aufgetreten sein oder aber eine umlaufende Reihe gebildet haben (Taf. 8,12-13). In einem Fall scheint eine Art von Knubbenleiste vorzuliegen (Taf. 8,14), bei der die Knubben ähnlich einer Fingerkniffleiste unmittelbar hintereinander angebracht waren.

Alle Stücke lassen sich zu becherförmigen Gefäßen unterschiedlicher Größe rekonstruieren, die sich durch ausladende bzw. trichterförmige Ränder auszeichnen. Alle Scherben gehören zu verschiedenen Gefäßindividuen, lediglich zwei Scherben können zu einem Gefäß zusammengefaßt werden.

Die Form und Orientierung der Ränder sowie die grobe Machart machen eine Datierung in das Endneolithikum wahrscheinlich.

l.) „Korbeindrücke" (Taf. 7,11)

Ein kleines Scherbenfragment mit vier unregelmäßigen, horizontalen Eindrücken deutet auf eine Ummantelung des Gefäßes mit einem „Korbgeflecht" hin. Die im Querschnitt halbrunden Eindrücke, sind glatt und haben keine Schnurstruktur hinterlassen. Es handelt sich dabei keinesfalls um Ritzungen, da manche der Reihen mehr als nur einen halbrunden Querschnitt haben und in manchen Bereichen sogar fast geschlossen sind.

Es scheint hier ein Stützelement aus organischen Bestandteilen vorzuliegen, welches im Laufe der Zeit vergangen ist. Vergleiche sind derzeit nicht bekannt. Aber aufgrund der Machart und der Fundumstände in der Siedlungsschicht wäre es durchaus möglich, daß dieses Stück ins Endneolithikum zu datieren ist.

m.) Sonstige Verzierungen (Taf. 7,9)

Eine Scherbe mit v-förmiger Riefe kann keiner Gefäßform und die Verzierung keinem bestimmten Muster zugeordnet werden. Sie ist jedoch aufgrund ihres Auffindungsortes in der schnurkeramischen Siedlungsschicht und ihrer Machart in das späte Neolithikum zu stellen.

---

[258] Beran 1990, Taf. 10.15-17.
[259] Burger 1988, 468 Taf. 28.
[260] Jockenhövel 1984/85, 64 Abb. 26,1-2.4.

n.) Wellenleistenverzierung[261]

Becker konnte die Wellenleistenverzierung der Schnurkeramik zuweisen und bemerkte, daß diese Keramik hauptsächlich in Siedlungen auftritt[262]. Auch später wurde die Wellenleistenverzierung als ein typisches Element der schnurkeramischen Siedlungskeramik dargestellt, da sie fast ausschließlich im Siedlungszusammenhang vorkommt[263]. Buchvaldek datierte die Wellenleistenverzierung wegen der weiten Verbreitung in den gemeineuropäischen Horizont[264], der seiner Meinung nach an den Anfang der schnurverzierten Kulturen zu stellen ist[265].

Im Neckarmündungsgebiet ist die Wellenleistenverzierung derzeit nicht nachgewiesen. In der südlich angrenzenden schweizerischen Schnurkeramik ist sie allerdings weitverbreitet. Die nächsten spärlichen Parallelen finden sich im Griesheimer Moor bei Darmstadt[266] und in einer Siedlungsgrube in Speyer-Vogelgesang[267] (siehe Vergleich).

1.7.3. Stich- und Eindruckverzierungen

Mit 10,5% (n=19) ist die Stich- und Eindrucksverzierung nicht so häufig vertreten, wie die Schnur- und plastische Verzierung. Zu dieser Verzierungsart zählen einfache Einstichmuster, Reihen aus länglichen Einstichen, Kammstichmuster, eingestochene Fischgrätenmuster und ein eingestochenes Zickzackmuster. In vierzehn Fällen liegt eine Kombination aus mehreren Verzierungsarten vor, davon sind zehn Mal Einstiche beziehungsweise Fingertupfen mit plastischen Verzierungen vergesellschaftet. Jeweils einmal kommen Kammstich und Ritzung, Kammstich, runder Einstich und Schnurverzierung sowie runder Einstich, Ritzung und Matte vor.

a.) Einfache Einstichmuster (Taf. 9,1-8)

Acht Scherben mit einfachen Einstichmustern zeigen eine Bandbreite von verschiedenen Einstichformen. Die Form der Einstiche variiert von runden Einstichen, die eine Reihe bilden, zu möglicherweise flächendeckenden Einstichen, welche aus rautenförmigen, länglichen oder Fingernageleindrücken bestehen können.

Bei den fingernagelverzierten Stücken lassen sich feine und grobe Eindrücke unterscheiden. Die feinen Eindrücke scheinen in unregelmäßigen Reihen (Taf. 9,6) und in einer Art Fischgrätenmuster (Taf. 9,8) angebracht worden zu sein, während ein Stück mit groben Eindrücken kaum Aussagen über das Muster zuläßt (Taf. 9,7). Zu welchen Gefäßformen die Scherben gehört haben muß offenbleiben.

Eine exakte Datierung dieser Scherben gestaltet sich aufgrund der Langlebigkeit solcher Verzierungen schwierig. Die grobe, einfache Machart der meisten Scherben lassen eine Datierung ins Endneolithikum möglich erscheinen. Fingernageleindrücke, wie auf Taf. 9,7, kommen häufig im späten Endneolithikum, im Zusammenhang mit den Glockenbechern oder den „Riesenbechern" vor[268]. Da die Schnurkeramik aber größtenteils mit der

---

[261] Becker 1955; Buchvaldek 1966; Bantelmann 1986.

[262] Becker 1955, 68-71.

[263] Bantelmann 1986, 17.

[264] Buchvaldek 1966, 167.

[265] Buchvaldek 1966, 167.

[266] Maran 1989/90, 179; Taf. 17,1-3.

[267] Bantelmann 1986, Abb. 1,2; 2,18.20-21.

[268] Lichardus 1979/80, 338; Abb. 4,1-2.

Glockenbecherkultur parallel läuft, ist eine Ähnlichkeit bei der Verzierung der Siedlungskeramik nicht auszuschließen.

b.) Reihen schräggestellter, länglicher Eindrücke (Taf. 4,14-17)

Fünf Scherben tragen Reihen schräggestellter, länglicher Eindrücke, die gleichgerichtet parallel verlaufen oder leicht diagonal gesetzt sind. Die Eindrücke wurden in den noch weichen Ton eingedrückt, und bis auf ein Mal nicht weiter bearbeitet. Die fünf Scherben lassen sich auf mindestens drei verschiedene Gefäße aufteilen. Da keine Randstücke darunter sind und die Profile zum größten Teil wenig aussagefähig sind, kommt eine Zuordnung zu Bechern, Amphoren und Töpfen in Frage.

Die Verzierung mit schrägen Einstichen ist eine Abart der Fischgrätenverzierung[269] (Typ 1 nach van der Waals/ Glasbergen[270]). Funde aus dem Griesheimer Moor[271], Wiesbaden-Hebenkies[272], Sutz (CH)[273] stellen diese Art von Keramik eindeutig in die Schnurkeramik. Im Fall von Wiesbaden-Hebenkies liegt auch eine Stratigraphie vor, die eine Datierung in einen wartbergzeitlichen bzw. frühschnurkeramischen Horizont wahrscheinlich macht (siehe unter Wiesbaden-Hebenkies).

c.) Fischgrätenverzierung

An dieser Stelle muß noch einmal auf die schon oben angesprochene Fischgrätenverzierung[274] eingegangen werden. Fischgrätenmuster können eingestochen, eingeschnitten oder geritzt sein. Dazu zählen auch Muster, die in Kammstichtechnik ausgeführt sind. In seltenen Fällen bestehen sie aus Schnureindrücken oder sind in Furchenstichtechnik hergestellt. Am Atzelberg sind Fischgrätenmuster nur in Schnur- und Einstichtechnik nachgewiesen (5x Schnur, 2x eingestochen). Dabei überwiegen Fischgräten in Schnurausführung (siehe unter Schnurverzierung).

Die beiden Scherben mit eingestochenem Fischgrätenmuster zeigen jeweils ein sorgfältig gestochenes Fischgrätenband (Taf. 4,12-13). Die alternierenden Einstichreihen berühren sich nicht. So ähnlich die Verzierung der beiden Stücke auch ist, so gehören sie doch zu unterschiedlichen Gefäßen. Sie sind den Fischgrätenbechern zuzuweisen, allerdings mit Vorbehalt, da die Fischgrätenverzierung nicht an den Becher gebunden ist[275].

Eine konkrete chronologische Einordnung der Fischgrätenmuster ist sehr schwierig, da sie eine lange Laufzeit haben[276]. Sie kommen schon auf den Standfußbechern vor, die nach der gängigen Chronologie einen frühen Horizont der Schnurkeramik bilden[277]. Sie kommen aber während der gesamten Dauer der Schnurkeramik vor. Auch in der Glockenbecherkultur wurden sie häufig als Verzierungsmuster benutzt. Die Frage nach der Herkunft der Fischgrätenmuster und der Rolle der Glockenbecherkultur im Endneolithikum muß hier

---

[269] Bantelmann/ Lanting/ van der Waals 1979/80, 231.

[270] van der Waals/ Glasbergen 1955, 12.

[271] Maran 1989/90, 114 Abb. 1,4-5; 120 Abb. 7,7-9.13-14; 141 Abb. 28,3.

[272] Bantelmann et al. 1979/80, 183-249.

[273] Strahm 1971, Taf. 31,1 (Topf).

[274] Behrens 1971; Gebers 1984, 51-52; Bantelmann 1982, 15-17; 27, 33.

[275] Becher: Behrens 1971, 80-89; Henkelbecher, Mörserbecher und Ösengefäße: Behrens 1971, 89-91; Amphoren: Behrens 1971, 91-97; Henkeltassen, Näpfe und Füßchenschalen: Behrens 1971, 98-99.

[276] Struve 1955, 47-48; Behrens 1971, 100; Gebers 1984, 51-52.

[277] van der Waals/ Glasbergen 1955, 33-34, Fig. 14.

ausgespart bleiben. In Mitteleuropa taucht die Fischgrätenverzierung schon in der Rössener-Kultur auf[278].

Die Fischgrätenverzierung, wie sie am Atzelberg vorkommt, ist ein Charakteristikum der niederrheinischen/niederländischen Schnurkeramik und der norddeutschen Einzelgrabkultur, so daß sie eindeutig der Schnurkeramik zugeordnet werden kann[279]. Man kann aufgrund der relativen Häufigkeit dieser Verzierung am Gesamtbestand der Keramik in Südwestdeutschland (27,9-30,9%)[280] sogar sagen, daß sie auch in diesem Raum zum typischen Inventar der Schnurkeramik zu zählen ist. Im südwestdeutschen Raum ist sie besonders im Taubertal weit verbreitet[281].

d.) Eingestochenes Zickzackband (Taf. 4,11)

Ein Randstück trägt unter dem Rand ein eingestochenes Zickzackband aus länglichen Einstichen. Unter dem Zickzackband füllt ein runder Einstich den Raum zwischen den zusammenstoßenden länglichen Einstichen aus. Es handelt sich hierbei um ein Gefäß mit ausladendem Rand, welches möglicherweise zu einem Becher zu rekonstruieren ist. Das Zickzackband könnte als Variante der Fischgrätenverzierung zu sehen sein. Da diese auch in der Glockenbecherkultur vorkommt, ist diese Scherbe nur allgemein ins Endneolithikum zu stellen.

e.) Kammstichverzierung (Taf. 4,8-10)

Die Kammstichverzierung besteht aus Reihen regelmäßiger Eindrücke, die mittels eines Kammstempels eingeprägt wurden[282]. Die Einstiche selbst können sowohl rund als auch quadratisch oder rechteckig sein.

Der Anteil der Kammstichverzierung am Atzelberger Material ist sehr gering. Nur drei Scherben tragen diese Verzierungsart. Bis auf eine Scherbe bei der die Kammstiche in horizontalen Reihen angebracht sind (Taf. 4,8), kommt die Kammstichverzierung immer in Kombination mit anderen Verzierungsarten vor (siehe unter Schnur- und Ritzverzierung).

Man kann die vorliegenden Scherben wohl Bechern zuweisen, die zu drei verschiedenen Gefäßindividuen gehört haben.

Die Kammstichverzierung ist ein typisches Verzierungselement der Glockenbecherkultur[283]. Sie scheint dort auch ihren Ursprung gehabt zu haben. Demnach sind auch die gerade besprochen Keramikfragmente in die Glockenbecherzeit zu datieren.

1.7.4. Ritzverzierung

Ritzverzierungen sind auf dem Atzelberg unterrepräsentiert. Insgesamt liegen nur fünf Nachweise (2,8 %) für diese Verzierungsart vor. Zweimal sind sie mit anderen Verzierungsarten kombiniert (Kammstich und/oder Einstichen). Es fällt auf, daß sie, bis auf

---

[278] Behrens 1971, 79.

[279] Die Fischgrätenverzierung als Bestandteil der schnurkeramischen Kultur(en) siehe: Behrens 1971, 99-100.

[280] Sangmeister 1981, 121 Abb. 1.

[281] Wamser 1981, 155; Abb. 4; 6.a-d; 7.a,c-e.

[282] Ein solcher Kammstempel konnte in Marktbergl, Kr. Neustadt a.d. Aisch-Bad Windsheim/ Franken ausgegraben werden: Nadler 1998, 62, Abb. 27.

[283] Müller 1989, 283.

einmal (Taf. 4,18), immer Bestandteil von komplizierteren Mustern sind, dabei können sie sowohl für das Ornament selbst als auch als Einrahmung Verwendung finden.

Ein Stück gehört offensichtlich zu einem zonenverzierten Glockenbecher, dessen Zonen mit schrägen Ritzlinien gefüllt ist (Taf. 4,20).

Ein seltenes Muster bildet eine Kombination aus parallelen Kammstichreihen und einem schräg schraffierten Dreieck (Taf. 4,10). Die Kammstichreihen scheinen vom Dreieck senkrecht nach unten zu ziehen, das Dreieck selbst ist nicht hängend oder stehend angebracht, wie die schnurkeramischen Dreiecke, sondern um 90° gedreht.

Auf einer Scherbe sind die Reste von drei senkrechten leicht gebogenen Linien erhalten, die geritzt aber auch geschnitten sein können (Taf. 4,19). Wie das Muster zu ergänzen ist, muß aber offenbleiben. Einen Eindruck gibt ein Becher aus Kleinlinden[284], bei dem unter dem Halsansatz ein umlaufendes Band aus senkrechten Einritzungen angebracht wurde. Die Gefäßform ist der Glockenbecherkultur zuzuweisen.

Aufgrund der Zonenverzierung und der Kombination mit Kammstichverzierungen lassen sich drei Scherben eindeutig in die Glockenbecherzeit datieren. Die Scherbe mit der einzelnen Ritzung sowie diejenige mit den senkrechten Linien entziehen sich einer exakten Zuordnung, da sie für eine kulturelle Zuweisung nicht signifikant genug sind. Ihre Zugehörigkeit zum Endneolithikum ist aber möglich.

1.7.5. Unverzierte Keramik (Taf. 10,1-16)

Bei der unverzierten Keramik sind nur orientierbare Randscherben aussagefähig, denn nur sie können Hinweise auf die Gefäßform geben. Von den 16 Randscherben sind zwölf orientierbar. Davon gehören neun Scherben zu Gefäßen mit ausladenden Rändern (Taf. 10,1-9.), zwei sind als steilwandig zu bezeichnen (Taf. 10,10-11), nur eine Scherbe hat einen einziehenden Rand (Taf. 10,12). Die Randformen der unverzierten Randstücke weisen ein breites Spektrum auf (siehe Randformen).

Aufgrund der Randformen und der Orientierung lassen sich Becher (Taf. 10,1-4), Schüsseln (Taf. 10,5-7) und Schalen (Taf. 10,8-9) rekonstruieren.

1.8. Synthese

Die Analyse der Keramik vom Atzelberg hat ergeben, daß es sich gemäß der Gefäßformen und Ziertechniken um ein chronologisch verhältnismäßig homogenes Material handelt. Es war möglich, fast die ganze Keramik dem Endneolithikum zuzuweisen. Die Datierung wird durch stratigraphische Beobachtungen auf dem Atzelberges (siehe Siedlungsbefunde und Gräber) sowie durch Vergleiche mit anderen Fundorten (siehe Vergleich) erleichtert. Auch die Einheitlichkeit der Machart unterstützt diese Datierung.

Die Hälfte der Keramik ist ohne Zweifel der Schnurkeramik zuzuordnen, während nur ein verschwindend geringer Bruchteil eindeutig der GBK angehört (ca.4,5%; n=8). Gegen eine Datierung in die GBK und FBZ spricht auch der Mangel an Ritzverzierungen, die im späten Endneolithikum und der Frühbronzezeit sehr zahlreich waren. Die übrigen Stücke gehören zu Formen und Verzierungen, die eine längere Laufzeit haben und sowohl in der Schnurkeramik

---

[284] Gebers 1978, Taf. 15,7.

als auch der GBK vorkommen können. Dies ist aber nicht weiter verwunderlich, da beiden Kulturen bzw. Kulturphänomene über lange Strecken zeitgleich bestanden und wie im Neckarmündungsgebiet oft den gleichen geographischen Raum besiedelt haben.

Zur Einordnung in die interne Chronologie der Schnurkeramik läßt sich sagen, daß die schnurverzierte Keramik in der Tradition des Einheitshorizonts und der Regionalgruppen (nach Sangmeister) steht, was nach mitteldeutschen Maßstäben der Mansfelder Gruppe entspricht. Um aber eine Besiedlungsgeschichte des Atzelberges zu entwerfen, ist die Kenntnis über die Siedlungskeramik und ihre Abfolge nicht ausreichend genug.

Typisch für die Keramik des Atzelberges ist der hohe Anteil der Schnurverzierung und der plastischen Verzierung (zusammen 61,3%; das sind 82,2% aller verzierten Stücke). Bei diesen beiden Verzierungsarten fällt die Häufigkeit der „Mansfelder" Muster und der Rippenbecher auf. Die Rippenbecher sind ein Charakteristikum für den Atzelberg.

Stich- und Eindrucksverzierungen kommen häufig in Kombination mit anderen Verzierungsarten (Leisten, Ritz- und Schnurverzierung) vor, während Schnur- und plastische Verzierung nur selten mit anderen Verzierungsarten vergesellschaftet ist (Zur Zusammensetzung der Keramik des Atzelberg mit den keramischen Beigaben der „Gräberkultur" des Neckarmündungsgebietes und der Siedlungskeramik des nördlichen Oberrheins siehe unter „Gräberkultur" und Synthese der Vergleiche).

Häkelmaschen, Wickelschnurstempel, Wickeldrahtstempel und Wellenleisten fehlen am Atzelberg vollständig.

Die bei der Grabung 2002 gefundene Keramik paßt sich gut in das soeben beschriebene Spektrum ein[285]. Sowohl mit Schnurreihen verzierte Becherfragmente, als auch Scherben von Rippenbechern sind mit den Stücken der 1930er Grabungen praktisch identisch. Eine Anzahl an plastisch verzierten und mit Einstichen verzierten Scherben kann allgemein in einen endneolithisch-frühbronzezeitlichen Kontext eingeordnet werden.

2.0. STEINGERÄTE

Die aus Stein gefertigten Artefakte des Atzelberges lassen sich in drei große Kategorien einteilen: Kleingeräte, Großgeräte und sonstige Kleinfunde aus Stein. Hierbei soll keine Unterscheidung in Silex- und Felssteingeräte vorgenommen werden, da der Anteil von Silex bei den Kleingeräten sehr gering ist. Aufgenommen wurden nur Stücke, die aus der schnurkeramischen Schicht stammen und sicher als Geräte, Klingen und Abschläge mit Gebrauchsretuschen bzw. als Kernsteine identifiziert werden konnten.

Allerdings scheint eine unbekannte Zahl mesolithischer Artefakte zwischen die endneolithischen geraten zu sein. Da kaum vergleichbare Steininventare des Endneolithikums im Arbeitsgebiet vorliegen, soll an dieser Stelle das Material in erster Linie vorgestellt und gegebenenfalls einer Kultur zugeordnet werden.

2.1 Kleingeräte

Das wichtigste Kriterium für ein Kleingerät ist die Retusche. Es lassen sich zwei Arten von Retuschen unterscheiden: die Gebrauchsretusche und die intentionelle Retusche. Die Gebrauchsretusche entsteht zufällig und ungerichtet beim Gebrauch eines Steinwerkzeugs.

---

[285] Freundliche Mitteilung von Prof. Dr. J. Maran; Maran 2003.

Dabei ist weder die Grundform noch die Arbeitskante funktionsgebunden. Die Funktion der Geräte kann somit vielfältig sein. Die intentionelle Retusche hingegen ist formgebend, d.h., durch gezieltes Abschlagen oder Wegdrücken von Material wird dem Stein eine ganz bestimmte funktionsbedingte Form und Arbeitskante gegeben. Streng genommen sind Steinartefakte mit einer Gebrauchsretusche keine Geräte, sondern nur als Werkzeug benutzte Abschläge oder Klingen. Bei Silexgeräten gibt es nur ein einziges Funktionskriterium, bei welchem Retuschen und Grundform keine Rolle spielen: der Sichelglanz[286].

2.1.1. Rohstoffe[287]

Der Anteil von Silex am lithischen Material vom Atzelberg ist verhältnismäßig gering, zwar bestehen 40,9% (n=18) aller Geräten aus Hornsteinen oder Silex, davon fallen 11 Stücke auf die Pfeilspitzen und Klingen, wobei bei letzteren die Zeitstellung sehr unsicher ist. Das ist dadurch bedingt, daß Feuerstein am nördlichen Oberrhein nicht natürlich vorkommt. Der Silex, der dort verarbeitet wurde, wurde in den meisten Fällen von Flüssen in das Neckarmündungsgebiet transportiert. Am häufigsten findet sich im Neckarschwemmfächer der Jurahornstein. Seltener dagegen sind Muschelkalkhornsteine. In einem Fall wurde sogar ein Gerät aus Plattensilex hergestellt, der importiert worden war. Der überwiegende Teil der Kleingeräte wurde aus Felsgestein und Flußgeröllen gefertigt. Dabei kommt dem Quarzporphyr eine besondere Bedeutung zu. Gelegentlich wurden auch Quarze, Quarzite, Sandstein und feinkörniger Siltstein verwendet.

Die Auswahl der Rohmaterialien für die Geräte deutet darauf hin, daß die Menschen lokale Vorkommen ausgebeutet haben. Bis auf den Plattensilex kommen alle verwendeten Gesteinsarten im Neckarschwemmfächer und am südwestlichen Odenwaldrand vor. Während die Silices aus den Rhein- und Neckarschottern geholt wurden, hat man die übrigen Gesteine aus Bachläufen gewonnen, die aus dem Odenwald in die Rheinebene flossen. Dafür spricht einerseits, daß im Odenwald jene Gesteine vorkommen und durch die Bäche erschlossen wurden. Andererseits bietet die geringe Entfernung zum Odenwaldrand (8-9 km) den Vorteil der leichten Verfügbarkeit.

2.1.2. Primärindustrie

a.) Kernsteine (Taf. 11,1-3)
Drei Stücke vom Atzelberg können als Kernsteinfragmente angesehen werden. Die regelmäßigen Abschlagnegative auf der Dorsalseite zeigen, daß dort klingenähnliche Abschläge gewonnen wurden. Die beiden größeren Kernsteine (Taf. 11,1-2) bestehen aus Quarzporphyr und haben einen polygonalen Querschnitt sowie einen schmalen Längsschnitt. Der kleinere aus Muschelkalkhornstein (Taf. 11,3) dagegen hat teilweise winzige Abschlagnarben. Auch er hat einen polygonalen Querschnitt, ist aber sehr schlank, was darauf hindeutet, daß er sekundär verwendet wurde. Die kleinen Abschläge deuten auf einen

---

[286] Der Sichelglanz ist eine Gebrauchsspur, die dabei entsteht, wenn über einen längeren Zeitraum Materialien bearbeitet werden, in denen Kieselsäure oder andere harte Substanzen eingelagert ist. Bislang wurde angenommen, daß der Sichelglanz hauptsächlich beim Schneiden von Getreide, Gräsern oder Schilf entstand. Eine Untersuchung von H. Juel-Jensen ergab, daß sich der Sichelglanz nicht ausschließlich beim Ernteeinsatz, sondern auch bei anderen Arbeiten bilden konnte: Juel-Jensen 1994, 166.

[287] Bei der Bestimmung der Steingeräte unterstützte mich Dr. M. Löscher, der mir auch bei der Geologie des Neckarmündungsgebiets und des Odenwaldes sehr behilflich war.

mesolithischen Ursprung hin, während die beiden anderen Kernsteinfragmente durchaus endneolithisch sein können.

b.) Präparationsabschläge (Taf. 12,1-4)

Um regelmäßige Klingen herstellen zu können, muß der Kernstein vorbereitet werden. Die dabei entstehenden Abschläge werden als Präparationsabschläge bezeichnet. Vier Abschläge vom Atzelberg fallen möglicherweise in diese Kategorie. Ein runder Abschlag eines Flußgerölls aus Jurahornstein (Taf. 12,1) ist vermutlich bei der Anlage der Schlagfläche angefallen. Auf der Dorsalseite sind noch größere Teile der natürlichen Oberfläche erhalten, die vom Fluß gerundete Kanten aufweist. Die Ventralseite wurde später noch mit einigen Schlägen bearbeitet, so daß von einer Zweitnutzung möglicherweise als Schaber oder Kratzer gesprochen werden kann.

Die anderen Stücke sind längliche Abschläge mit annähernd dreieckigem Querschnitt. Sie bestehen aus Siltstein, Quarzporphyr und Calcedon. Gebrauchsretuschen legen eine spätere Nutzung nahe.

2.1.3 Sekundärproduktion

Unter Sekundärproduktion sollen hier Geräte, Klingen, Abschläge und Trümmer verstanden werden. In diesem Rahmen werden unspezifische Abschläge und Trümmer nicht behandelt, da sie bei der vorliegenden Herstellungstechnik (Abschlagtechnik) nur wenig Aussagewert besitzen.

2.1.3.1. Geräte

a.) Pfeilspitzen (Taf. 13,1-6)

Von den sechs Pfeilspitzen, die auf dem Atzelberg gefunden wurden, können vier den Stielspitzen zugeordnet werden. Eine Pfeilspitze hat eine rhomboide Grundform, während bei einer weiteren die Basis nicht mehr erhalten ist.

Bei den Stielpfeilspitzen lassen sich drei Varianten unterscheiden. Zum einen eine Pfeilspitze mit ausgeprägten Flügeln[288] (Taf. 13,2), zum anderen eine dreieckige Spitze mit geraden Schultern und einem sich leicht verjüngenden Stiel (Taf. 13,1). Zu der dritten Kategorie gehören zwei Spitzen, die einen Übergang zur rhomboiden Pfeilspitze bilden (Taf. 13,3-4). Der Stiel der fast rautenförmigen Pfeilspitzen ist kaum ausgebildet. Sie unterscheiden sich von den ersten beiden Varianten dadurch, daß sie kleiner und schmaler sind, einen asymmetrischen Aufbau haben und daß sie keine ausgeprägte Schulter besitzen. Allen gemein ist die bifaciale Flächenretuschierung.

Vermutlich sind alle Stielpfeilspitzen aus Abschlägen gefertigt, was bei den Spitzen der dritten Variante durch Cortexreste nahegelegt wird. Bei den ersten Stielspitzenformen bleibt dies aufgrund der Flächenretuschierung hypothetisch.

Das rhomboide Exemplar ist eine unifacial lateralretuschierte Pfeilspitze (Taf. 13,5). Auf der Ventralseite sind keine Retuschen zu erkennen, aber Abschlagspuren vom Herstellungsprozeß. Die Abschlagnarben auf der Dorsal- und Ventralseite zeigen, daß ein Abschlag als Rohstück gedient hat.

---

[288] Wahle 1933, 38.

Die Spitze ohne Basis (Taf. 13,6) kann nur unter Vorbehalt als Pfeilspitze klassifiziert werden, da eine Spitze ohne Basis auch zu anderen Werkzeugen gehören kann. Die Grundform dieses Stückes ist dreieckig. Die Retuschen beschränken sich auf die Kanten, wobei nur eine Kante bifacial retuschiert ist. Im Gegensatz zu den Stielpfeilspitzen liegt hier keine Flächenretuschierung vor.

b.) Gerät aus Plattensilex (Taf. 14,1)

Ein herausragendes Stück unter den Kleingeräten ist ein sehr qualitätvolles Gerät aus Plattensilex. Dieses bifacial lateralretuschierte Gerät hat eine rechteckig-ovale Grundform mit leicht gebogenen Längsseiten, während die Schmalseiten gerade sind. Auf den Breitseiten sind noch große Teile des Cortex vorhanden (ca. 60%). Die Arbeitskante wird durch eine gebogene Schneide gebildet, welche sehr scharfkantig ausgebildet ist. Da das Gerät ursprünglich keine Spitze besaß, ist dieses Stück nicht als Silexdolch zu bezeichnen, sondern es hat eindeutig schneidende und schabende Funktionen erfüllt, so daß das Werkzeug in die Gruppe der Messer und/oder Schaber zu stellen ist.

c.) Schaber (Taf. 14,2-4)

Zur Gruppe der Schaber gehört ein retuschierter Abschlag von annähernd ovaler Grundform (Taf. 14,2). Dieses an sich grobe Gerät hat eine unifaciale Lateralretusche, die sich auf die Arbeitskante beschränkt. Ähnlich wie bei dem Plattensilexgerät ist auch hier von einer schneidenden-schabenden Funktion auszugehen.

Ebenfalls zu den Schabern zählen zwei retuschierte Abschläge, deren Arbeitskante sich an der Längsseite befindet. Das halbmondförmige Exemplar besteht aus Muschelkalkhornstein. Die Arbeitskante liegt an der gebogenen Seite, während die gerade Seite durch Retuschen künstlich gestumpft ist. Durch die selten vorkommenden bifacial angebrachten Retuschen unterscheidet sich dieses Stück von den übrigen.

Der andere schaberähnliche Abschlag hat eine unregelmäßige Grundform mit einer leicht geschwungenen Arbeitskante; er ist nicht so sorgfältig gefertigt wie die beiden anderen Schaber.

d.) Kratzer (Taf. 15,1-2)

Als Kratzer sind zwei Abschläge anzusehen, deren basales Ende durch Retuschen halbkreisförmig ausgeführt wurde. Der distale Teil wurde durch Retuschen so bearbeitet, daß er sich verjüngt und in einer gerundeten „Spitze" ausläuft, so daß das Gerät eine schlüssellochähnliche Form erhielt. Die Stärke des distalen Endes wurde durch die Formgebung reduziert, und es ist wahrscheinlich, daß dieser Teil des Gerätes zur Ausnahme in eine Schäftung gedacht war.

2.1.3.2. Klingen/-geräte (Taf. 15,3-8)

Klingen und Klingengeräte sind auf dem Atzelberg unterrepräsentiert. Als Klingen werden hier Stücke bezeichnet, deren Länge mindestens doppelt so groß wie die Breite ist und deren Seiten parallel sind. Diese Kriterien treffen im wesentlichen auf sechs Artefakte zu.

Nur bei einer Klinge aus Jurahornstein sind Retuschen zu beobachten (Taf. 15,3). Diese befinden sich am distalen Ende der Klinge und bilden dort eine asymmetrische Spitze. Aufgrund der Retuschen und der äußeren Form ist dieses Gerät als Bohrer zu klassifizieren.

Zwei Klingen aus Jurahornstein und Quarzporphyr (Taf. 15,4.6) konnten als Werkzeuge benutzt worden sein, was die Gebrauchsretusche, die leicht gebogene Schneidenform und der Querschnitt (eine Seite sehr stumpf, die andere Seite sehr scharf) nahelegt.

Die übrigen Stücke sind einfache Klingenfragmente ohne besondere Kennzeichen (Taf. 15,5.7-8).

Die Größe der Klingen bzw. die Größe der Abschlagnegative auf der Dorsalseite sowie der kleine Bohrer datieren die Klingen in das Mesolithikum. Eine Ausnahme bildet das größere Klingenfragment, welches vermutlich neolithisch ist.

2.1.3.3. Abschläge mit Gebrauchretusche

Bei den Abschlägen mit Gebrauchsretusche ist es möglich, aufgrund von morphologischen Ähnlichkeiten und/oder charakteristischer Formen vier potentielle Werkzeuggruppen zu bilden. Die restlichen Artefakte müssen als unbestimmt gelten, obwohl sie Gebrauchsspuren aufweisen.

a.) „Messer" (Taf. 16,1-4)

Eine Gruppe setzt sich aus vier großen unregelmäßigen Abschlägen zusammen, deren gemeinsame Kennzeichen aus einer gebogenen Schneide (Arbeitskante), einem stumpfen Rücken und einer ähnlichen Grundform bestehen. Eine weitere Gemeinsamkeit ist das Rohmaterial, da alle Stücke aus Quarzporpyhr gefertigt wurden. Der stumpfe Rücken und die gebogene Schneide, auf deren Ventralseite sich die meisten Gebrauchsspuren befinden, deuten auf die Verwendung hin. Die Abschläge wurden wie das Plattensilexgerät als Messer oder Schaber benutzt. Ein Verwendungszweck als Sichel kann zwar nicht nachgewiesen, aber auch nicht ausgeschlossen werden. Die Größe der Stücke und der Rücken zeigen, daß sie in der Hand gehalten und nicht geschäftet waren.

b.) „Säge" (Taf. 19,1)

Ein großer unregelmäßiger Abschlag aus Quarzporphyr ist schwierig einzuordnen. Die Grundform ist annähernd dreieckig. Die breite Schneide ist leicht gebogen. Die Dorsalseite weist größere Abschlagnarben auf, die bei der Zurichtung der Form entstanden sind. Die Ventralfläche wurde nicht weiter bearbeitet. Gebrauchsspuren sind nur an der gezackten Arbeitskante zu sehen. Damit rückt dieser Abschlag in die Nähe der Artefakte mit gebogener Schneide („Messer").

c.) „Spitzen" (Taf. 17,1-3)

Die zweite Gruppe wird von drei Quarzporphyrabschlägen gebildet. Die Grundform der Abschläge ist unregelmäßig dreieckig, mal schlanker, mal gedrungener. Die Spitze kann als gerundet oder stumpf bezeichnet werden, was eine Nutzung als Geschoßspitze ausschließt. Die Gebrauchsretuschen sind in zwei Fällen auf zwei Seiten und in einem Fall auf einer Seite nachweisbar. Die ursprüngliche Funktion dieser Artefakte ist nicht zu ermitteln, es ist vielmehr wahrscheinlich, daß es sich um vielseitige Gelegenheitsgeräte handelt.

d.) „Einsätze" (Taf. 18,1-4)

In diese Gruppe fallen Abschläge, die durch ein oder zwei gerade Arbeitskanten, ihre Größe und durch eine ähnliche Grundform charakterisiert sind. Drei der vier Stücke, welche die

Gruppe repräsentieren, haben eine trapezoide Grundform mit halbrundem Rücken, während das vierte Stück rechteckig ist.

Der rechteckige klingenähnliche Abschlag (Taf. 18,4) hat zwei im rechten Winkel zueinander liegende Arbeitskanten und besteht aus Quarzporphyr. Das Rohmaterial der anderen Artefakte ist nicht einheitlich. Sie wurden aus Quarzporphyr, Quarz und Jurahornstein hergestellt. Die Retuschen an den Abschlägen sind zwar intentionelle Retuschen, aber in diesem Zusammenhang nicht formgebend.

Das Gerät aus Jurahornstein (Taf. 18,2) ist das einzige Stück, welches Sichelglanz aufweist. Damit könnte auch die Funktion der anderen Abschläge eingegrenzt werden. Aufgrund der Arbeitskante, der Größe und des Sichelglanzes ist es möglich, daß hier Werkzeugeinsätze vorliegen.

e.) Unbestimmte Abschläge (Taf. 18,5-6; 19,2-5)

In die Rubrik der unbestimmten Abschläge mit Gebrauchsretusche fallen Stücke von unregelmäßiger Grund- und Schneidenform, deren Primärfunktion nicht ohne weiteres zu bestimmen ist. Es wäre möglich, viele dieser Stücke den Schabern oder Messern zuzuordnen, was aber wegen der unspezifischen Ausprägung der „Geräte" unterbleiben soll.

2.2. Großgeräte

Unter dem Begriff „Großgeräte" werden alle Steinobjekte zusammengefaßt, die in der Regel aus Felsgestein bestehen, eine gewisse Größe (ca. 50 g) überschreiten und durch eine geschliffene und/oder gepickte Oberfläche auffallen; hierzu gehören Äxte, Beile, Dechsel, Klopfsteine, Steinscheiben, Mahlsteine und Läufersteine. Das Spektrum der Großsteingeräte ist am Atzelberg so groß, daß dadurch deutlich der Siedlungscharakter des Fundortes unterstrichen wird.

2.2.1. Äxte/Beile (Taf. 20,1-6; 21,1)

Die für die Schnurkeramik so wichtigen Äxte sind am Atzelberg unterrepräsentiert. Nur ein „Axtfragment" (Taf. 20,1) ist in den Jahren des Sandabbaus gefunden worden. Es sind aber weder Schneide noch Bohrloch erhalten. Glücklicherweise blieb noch ein Stück von einem Ende stehen. Es ist sehr schwer zu entscheiden, ob es sich dabei um einen Teil des Nackens oder der Schneide handelt. Der Ansatz der Schneide des Nackens setzt direkt an der Seitenoberfläche an. Die Oberfläche des Objekts ist hochgradig poliert und leicht facettiert. Die Facettierung ist auf den Schleifvorgang zurückzuführen, da sie nur sehr schwach ausgeprägt ist. Die erkennbaren Merkmale dieses Werkzeuges können sowohl auf eine Axt als auch auf ein Beil zutreffen, so daß eine eindeutige Zuweisung nicht möglich ist.

Das Neckarmündungsgebiet ist im allgemeinen sehr arm an Axtfunden. Lediglich in der Vespasian-Straße 10 in Ladenburg wurde 1967 von Heukemes eine „Streit"axt der Schnurkeramik gefunden[289]. Ansonsten sind derzeit keine Äxte bekannt.

Zahlenmäßig am stärksten vertreten sind bei den Großgeräten vom Atzelberg die Steinbeile. Gemessen an anderen Siedlungsplätzen ist die Anzahl von sechs Steinbeilen und zwei Bruchstücken aus grünem Gestein zwar eher gering zu nennen, dies liegt höchstwahrscheinlich an der kleinen untersuchten Fläche.

---

[289] Heukemes 1980, 34; Taf. 48,8.

Die Rohstoffe der Großsteingeräte stammen wie die der Kleingeräte aus nahegelegenen Rohstoffquellen[290]. Der größte Teil der Steinbeile besteht aus Amphibolit (n=4). Es wurden aber auch Basalt (n=1) und Siltstein (n=1) verwendet. Als Herkunftsgebiet der Rohmaterialien bietet sich der Odenwald an.

Steinbeil 1[291] (Taf. 21,3)

Der Erhaltungszustand des Steinbeils ist vergleichsweise gut, bis auf die Tatsache, daß der hintere Teil abgebrochen ist. Die fein geschliffene Oberfläche und die leicht s-förmig geschwungene Schneide sind völlig unbeschädigt. Trotz der Fragmentierung des Stückes ist zu erkennen, daß das Beil eine annähernd rechteckige Grundform gehabt haben muß. Der Querschnitt ist gerundet rechteckig. Die Oberflächengestaltung des Beils ist nicht einheitlich: während eine Breitseite und beide Schmalseiten Facettierungen tragen, weist die zweite Breitseite eine glatte, leicht gewölbte Oberfläche auf.

Steinbeil 2 (Taf. 20,5)

Steinbeil 2 ist Steinbeil 1 sehr ähnlich. Das vorliegende Stück ist ein vollständiges Beil, welches stellenweise verwittert ist. Die Grundform ist rechteckig mit polygonalem Querschnitt. Der polygonale Querschnitt kommt dadurch zustande, daß das Beil beiderseits facettiert ist. Die Flächenfacetten sind teilweise schwach ausgeprägt, da die Hälfte des Steinbeiles leicht verwittert ist. Die leicht s-förmig geschwungene Schneide ist durch die Nutzung leicht beschädigt. Der Nacken ist gerade ausgeführt, der an den Rändern ebenfalls leicht beschädigt ist.

Steinbeil 3 (Taf. 20,6)

Von diesem Steinbeil ist nur noch ein kleines Fragment erhalten. Der erhaltene Rest umfaßt einen Teil der Schneide sowie der Breit- und Schmalseite. Wie das ehemals vollständige Beil aussah, läßt sich nur vermuten. Das gleiche Rohmaterial, die vergleichbare Form der Schneide und die Oberflächenbehandlung läßt den Schluß zu, daß das Beil eine rechteckige Grundform mit gerundet rechteckigem Querschnitt besaß. Die Schneide verlief vermutlich gerade.

Steinbeil 4 (Taf. 20,2)

Steinbeil 4 fällt in vielfacher Weise aus dem Rahmen. Zum einen besteht das nicht wie die vorherigen aus Amphibolit, sondern aus Basalt. Zum anderen hat es eine trapezförmige Grundform mit rechteckigem Querschnitt. Aber anstelle der Schneide weist es eine rechteckige, plan-konvexe Fläche mit Schlagspuren an den Rändern auf. Auch am gebogenen Nacken finden sich Schlagspuren. Die ebene Schlagfläche deutet darauf hin, daß es sich hierbei um einen Hammer handelt. Ob das Gerät von Anfang an als Hammer konzipiert worden war, oder ob es ein umgearbeitetes Steinbeil ist, muß offenbleiben, aber die differierende Grundform und das Rohmaterial könnten Indizien für die erste Annahme sein.

Steinbeil 5 (Taf. 21,1)

Dem fast vollständigen Steinbeil ist sein intensiver Gebrauch sofort anzusehen. Der Nacken und die Schneide sind stark abgenutzt und mit vielen Schlagspuren versehen[292]. Die kreidig-

---

[290] Es handelt sich hierbei nicht um petrographische Bestimmungen, sondern ausschließlich um makroskopische.

[291] Wahle 1933, 38.

rauhe Oberfläche ist stellenweise stark verwittert. Es ist aber noch zu erkennen, daß beide Breitseiten sorgfältig überschliffen waren. Die Schmalseiten allerdings sind gepickt und nicht geschliffen, was am Atzelberg sehr ungewöhnlich ist. Auch die trapezförmige Grundform und das Rohmaterial (Siltstein) unterscheidet sich von den Beilen 1-3. Der Querschnitt, der gerundet rechteckig ist, stimmt mit den anderen Stücken überein.

Steinbeil 6 (Taf. 20,4)

Das Steinbeil 6 ist in Längsrichtung gebrochen, so daß die Schneide nur zum Teil erhalten ist. Erfreulicherweise existiert noch ein winziger Rest des Nackens, so daß sich die Gesamtlänge ermitteln läßt. Die Breite hingegen kann nicht mehr festgestellt werden. Dies erschwert auch die Rekonstruktion der Grundform. Sie kann sowohl rechteckig als auch trapezförmig gewesen sein. Der Querschnitt ist oval-rechteckig. Die Oberfläche fein geschliffen, aber stellenweise verwittert. Die Schmalseite setzt sich durch eine Kante von der Breitseite ab.

Auswertung

Die sechs vom Atzelberg stammenden Beile lassen sich nach Form und Größe grob in vier Gruppen einteilen. Diese Gruppen sind als Hilfskonstruktionen gedacht und nicht als allgemeingültig anzusehen. Zur Beschreibung der Klingenform wurden die größte Länge, Breite und Dicke miteinander in Beziehung gesetzt, so daß Proportionen entstanden. Die Eigenschaften jener Proportionszahlen (Breiten-Dicken-Index, Längen-Dicken-Index und Längen-Breiten-Index) hat Maran bei der Bearbeitung des Griesheimer Materials definiert[293], sie werden der besseren Vergleichbarkeit wegen übernommen.

Gruppe 1 (Steinbeil 1-3)

Zu dieser Gruppe zählen Beile mit einer rechteckigen Grundform und einem polygonalen Querschnitt, der durch Flächen- und Kantenfacettierung entstanden ist. Der leicht s-förmig geschwungenen Schneide steht wahrscheinlich ein gerader Nacken gegenüber. Als Rohmaterial diente am Atzelberg Amphibolit oder Gabbro. Die Beile zeichnen sich durch eine kurze, hohe Klinge aus, die sehr gedrungen und sehr dick ausgeprägt ist.

Gruppe 2 (Steinbeil 4)

Die Gruppe 2 besteht aus dem Steinhammer, der sich durch seine trapezoide Grundform, den rechteckigen Querschnitt, den gebogenen Nacken, die rechteckige Arbeitsfläche und das unterschiedliche Rohmaterial von der Gruppe 1 absetzt. Identisch allerdings sind die Proportionen. Es handelt sich dabei um eine kurze, hohe Klinge, die ebenfalls sehr gedrungen und sehr dick ist.

Gruppe 3 (Steinbeil 5)

Das Steinbeil der Gruppe 3 hat wie die Gruppe 2 eine trapezförmige Grundform, aber einen gerundet rechteckigen Querschnitt und vermutlich einen gerundeten Nacken. Im Gesamterscheinungsbild fällt das Steinbeil dieser Gruppe nicht ganz so massig aus. Die Klinge ist zwar kurz und sehr gedrungen, sie ist jedoch nur mittelflach und dick.

---

[292] Schlagspuren und Beschädigungen am Nacken und Schneide können das Resultat einer sekundären Verwendung als Keil oder Meißel sein.

[293] Maran 1989/90, 195-196.

Gruppe 4 (Steinbeil 6)

Die Grundform der Gruppe 4 ist nicht bestimmt. Der Querschnitt scheint oval-rechteckig zu sein. Da das Referenzstück nur fragmentarisch erhalten ist, sind Aussagen zur Dick- und Dünnblattigkeit und zur Klingenproportion des Umrisses nicht möglich. Was diese Gruppe von den anderen unterscheidet, ist nicht die kurze Beilklinge, sondern die Tatsache, daß die Klinge sehr dünn ist.

2.2.1.1. Synthese

Die Beile des Atzelberges fügen sich sehr gut in das Spektrum der schnurkeramischen Beile des nördlichen Oberrheins und Südwestdeutschlands ein. Maran, der eine größere Serie von Steinbeilen vom Griesheimer Moor analysiert hat, charakterisierte die Beile aufgrund ihrer Rohmaterialien, ihrer äußeren Form und ihrer Proportionen[294]. Er konnte die Beile seines Arbeitsgebietes in die süd- und südwestdeutsche Schnurkeramik einordnen[295]. Kennzeichnend für die schnurkeramischen Beile Süd- und Südwestdeutschlands sind kurze und sehr kurze Klingen mit schwach gebogenen Schneiden und trapezförmigen oder rechteckigen Umrissen sowie rechteckigen Querschnitten[296]. Die Oberflächen wurden mit einem Vollschliff versehen. Des öfteren erscheinen auf der Klingenoberfläche Flächen- oder Kantenfacettierungen[297]. Viele Parallelen bestehen auch zur mitteldeutschen Schnurkeramik[298].

Auch Gebers geht auf die Steinbeile des Mittelrheingebietes ein, wo er drei Beiltypen unterscheidet[299]. Zum Typ 1 gehören Rechteck- und Trapezbeile. Der Typ 2 wird von Flußgeröllbeilen gebildet und der Typ 3 besteht aus Walzenbeilen. Vergleicht man die Beile vom Atzelberg mit der Einteilung von Gebers, fällt auf, daß alle Beilklingen/-fragmente zu Gebers Typ 1 gehören. Flußgeröll (Typ 2) oder Walzenbeile (Typ 3) kommen am Atzelberg nicht vor.

2.2.2. „Dechsel" (Taf. 21,2)

Ein grob zurecht geschlagenes Artefakt aus Quarz ist schwer zu beurteilen. Es besitzt eine trapezförmige Grundform mit einem spitzen Nacken. Der Querschnitt an der Arbeitskante ist annähernd d-förmig, was vielleicht auf einen Dechsel hindeuten würde. Daß dieses Stück nur grob in Form gebracht wurde und keine Schleifspuren aufweist, sind Hinweise, daß es vermutlich ein Halbzeug ist.

2.2.3. Klopfsteine (Taf. 22,1-2; 23,1-3)

Man unterscheidet bei den Klopfsteinen zwischen Geräten, die primär für diesen Zweck gedacht waren und Werkzeugen, die zu Klopfsteinen umgearbeitet wurden[300]. Am Atzelberg sind ausschließlich diejenigen der ersten Art vorhanden. Inwieweit Klopfsteine

---

[294] Maran 1989/90, 192-211.
[295] Maran 1989/90, 210.
[296] Maran 1989/90, 210.
[297] Maran 1989/90, 210.
[298] Maran 1989/90, 210.
[299] Gebers 1984, 62; Listen 50b-50d.
[300] Maran 1989/90, 213.

kulturspezifisch sind, ist nach derzeitigem Forschungsstand nicht zu sagen[301], so daß sie immer im Zusammenhang mit Beifunden zu betrachten sind. Die fünf als Klopfsteine angesprochenen Artefakte wurden in der schnurkeramischen Schicht gefunden und bestehen in vier Fällen aus Quarzporphyr und in einem Fall aus feinkörnigem Sandstein. Die geringe Anzahl an Stücken läßt keine umfassende Untersuchung zu. Bei der Einordnung werden die formdefinierenden Kriterien von Maran übernommen, der mit 35 Klopfsteinen über eine größere Materialbasis verfügte[302]. Die unmittelbare Nähe seines Arbeitsgebietes zum Neckarmündungsgebiet macht die Übernahme der Kriterien nicht nur sinnvoll, sondern notwendig, da hier ein direkter Vergleich möglich ist.

Die Formgruppen, die Maran aufstellte, sind durch den Verlauf der Arbeitskanten und durch die Grundform definiert[303]. Form 1 zeichnet sich durch eine scheibenförmige Grundform und eine ununterbrochene Arbeitskante aus, die mindestens drei Viertel der Schmalseite einnimmt[304]. Zur Form 2 gehören scheibenförmige Klopfsteine, deren Arbeitskante sich an den Schmalseiten gegenüberliegen[305]. Form 3 besteht aus dachförmigen Klopfsteinen mit einer Arbeitskante entlang der Schmalseiten und einer weiteren, z.T. unterbrochenen Arbeitskante auf einer Breitseite[306].

Im Material des Griesheimer Moores sind die Formen 1 (n=10) und 3 (n=11) am häufigsten vertreten. Am Atzelberg kommt die Form 1 dreimal (Taf. 22,1-2; 23,1) und die Form 2 zweimal (Taf. 23,2-3) vor. Form 3 ist nicht nachgewiesen.

2.2.4. Mahlstein (Taf. 24,2)

Mahlsteine sind Geräte mit einer breiten, sattelförmig ausgeführten Arbeitsfläche, die sehr gleichmäßig geschliffen ist. Die Bezeichnung „Mahlstein" impliziert, daß die Geräte dieser Gruppe dazu benutzt wurden, Materialien, wie Getreide, Fleisch, Farbstoffe etc. zu zerreiben. Auf dem Atzelberg ist ein Mahlsteinfragment nachgewiesen worden. Dieses Stück aus rötlichem Sandstein hat eine langgestreckte oval-rechteckige Form mit einer breiten, sattelförmigen Arbeitsfläche. Die Arbeitsfläche ist fein geschliffen. Die äußere Form wurde dadurch erreicht, daß der Rohling durch gezielte Abschläge zurechtgeschlagen wurde. An den Außenkanten sind noch deutlich Spuren davon zu erkennen.

2.2.5. Sandsteinscheiben (Taf. 25,1-2; 26,1-2)

Zum Atzelberger Siedlungsmaterial gehören vier runde, aus rotem Sandstein gefertigte Scheiben. Die Angaben über Zeitpunkt und Fundort der Scheiben sind widersprüchlich: Nach Gember wurden die beiden großen Sandsteinscheiben (Scheibe 1 und 2) 1933 in der Siedlungsschicht gefunden[307], während Rieth den Fund in das Jahr 1937 verlegte und als Fundort eine Abfallgrube angab (Abb. 15)[308]. In dieser Grube scheint die Scheibe 3 gelegen zu haben, was sich mit den Angaben Gembers deckt. Allerdings ist die Entdeckung dieser Grube in das Jahr 1933 zu datieren[309]. Die kleine Scheibe 4 ist zwischen 1920 und 1925 als

---

[301] Maran 1989/90, 214.

[302] Maran 1989/90, 213.

[303] Maran 1989/90, 213.

[304] Maran 1989/90, 213.

[305] Maran 1989/90, 213.

[306] Maran 1989/90, 213.

[307] Gember 1934, 145; Ein Fundzettel im Reiss-Museum gibt den 02.11.1934 als Funddatum an.

[308] Rieth 1940, 145.

[309] Gember 1934, 145.

Lesefund geborgen worden[310]. Bis auf Scheibe 3 sind alle anderen Scheiben als Lesefunde zu behandeln.

Scheibe 1 (Taf. 25,1)

Die Scheibe 1 hat einen Durchmesser von 11 cm bei einer Dicke von 1,5 cm. Die Grundform der Scheibe ist nicht ganz rund, sondern vielmehr polygonal mit abgerundeten Ecken. Die Kanten sind ebenfalls gerundet. Die äußere Form erzielte man dadurch, daß die Sandsteinscheibe grob rund zugerichtet, und die so entstandenen Kanten durch Schleifen angepaßt wurden. Die wellige Oberfläche ist geschliffen und somit glatt. Die Scheibe weist auf beiden Seiten kleine Absplitterungen und Vertiefungen auf. Farblich sind die Seiten voneinander abgesetzt: während die eine eher rötlich ist, ist die andere mit einem Grauschleier überzogen.

Scheibe 2 (Taf. 25,2)

Die zweite Scheibe ist mit einem Durchmesser von 10,3-10,7 cm und einer Dicke von 0,9 cm-1,5 cm etwas kleiner als Scheibe 1. Die annähernd runde Grundform ist ähnlich gestaltet wie bei Scheibe 1, die Kanten sind aber doppelkonisch abgeschrägt und nicht abgerundet. Beide Seiten unterscheiden sich voneinander. Während die „Oberseite" eine wellige, fein geschliffene Oberfläche mit gelblichroter Farbe hat, ist die „Unterseite" konkav ausgeführt und etwas rauher, da die tieferliegenden Bereiche vom Schleifvorgang nicht erreicht wurden. Auch die kräftigere rötliche Farbe unterscheidet sich von der Farbe der anderen Seite. Auf beiden Oberflächen befinden sich einige Hohlräume, die z.T. mit einer weißen Masse gefüllt sind.

Scheibe 3 (Taf. 26,1)

Mit einem Durchmesser von 6,3-6,7 cm und einer Dicke von 0,70-0,80 cm ist die Scheibe 3 deutlich kleiner als die beiden eben beschriebenen. Hier zeigt sich noch deutlicher, daß die Grundform grob zurechtgeschlagen wurde, so daß dabei facettenartige Flächen am Rand zurückblieben. Im Profil zeigt sich, daß die Kanten weder doppelkonisch zulaufen noch abgerundet, sondern vielmehr abgeschrägt sind. Die „Oberseite" und „Unterseite" der Scheibe haben nicht genau dieselbe Oberflächenstruktur: während die „Oberseite" sehr sorgfältig geschliffen ist, ist die „Unterseite" leicht verwittert, etwas rauher und unebener. Auf beiden Flächen sind keine Gebrauchspuren zu erkennen. Auch die Oberflächengestaltung von Scheibe 3 unterscheidet sich deutlich von der der größeren Scheiben. Sie ist weder wellig und unregelmäßig, noch plan, sondern konkav. Die Scheibe scheint der Farbe nach Feuer ausgesetzt gewesen zu sein (gräuliches Dunkelrot). Diese Brandspuren hängen nicht mit der Funktion zusammen, sondern sind sekundär, da das Material in der Grube, in der die Scheibe gefunden wurde, verbrannt war.

Scheibe 4 (Taf. 26,2)

Bei Scheibe 4 handelt es sich mit einem Durchmesser von 4.5-5.0 cm um die kleinste Scheibe. Wie die drei anderen besteht auch sie aus rötlichem Sandstein, der in diesem Fall leicht gräulich ist. Die Grundform ist annähernd rund und die Kanten sind abgeschrägt, was durch die Herstellungstechnik bedingt ist. Beide Oberflächen sind eben, mit leichten konkaven Vertiefungen und durch Schleifen bearbeitet. Sie weisen allerdings keine Gebrauchsspuren auf. Ein winziger roter Fleck könnte ein Indiz dafür sein, daß diese Scheibe als Reibplatte für Farbpulver gedient hat.

---

[310] Das genaue Funddatum ist nicht zu ermitteln. Daß diese Scheibe zwischen 1920 und 1925 gefunden wurde, beruht auf einer Notiz im Nachlaß Gember.

Abb. 15: Sandsteinscheiben (Scheiben 1-3), Knochengerät (Glättgerät) und Keramik aus einer vermeintlichen Grube.

Funktion

Eine erste Interpretation erfuhren die Sandsteinscheiben vom Atzelberg 1939 durch Rieth[311]. Er glaubte in ihnen Formplatten für die Keramikherstellung zu erkennen. Er begründete dies damit, daß die Scheiben 1-3 in einer Abfallgrube zusammen mit einem Knochenspatel, schnurverzierten Scherben, Steinbeilen, Pfeilspitzen und Knochen gefunden wurden (Abb. 15). Andere Gründe gibt er nicht an. Scheibe 3 bezeichnet er, wahrscheinlich wegen der facettierten Außenkante, als zugeschliffenen Steinschaber[312]. Aufgrund der Aussagen von Gember zum Fundort der Scheiben (siehe oben) scheint die Fundvergesellschaftung der Scheiben mit dem Grubeninventar ein Konstrukt zu sein.

Diese Deutung der Sandsteinscheiben hat sich bis heute gehalten. Maran beschäftigte sich Ende der 1980er Jahre mit den Steinscheiben, die er im Rahmen seiner Untersuchungen vom Griesheimer Moor bearbeitet hatte[313]. Das Ergebnis seiner Analyse war erstens, daß die kreisrunde Form eine besondere Bedeutung bei der Verwendung haben muß. Zweitens spricht für ihn das Fehlen von Arbeitsspuren gegen eine Verwendung als Schleifwerkzeug. Drittens

---

[311] Rieth 1939, 5-7; Abb. 3-4; Rieth 1940, 145; Abb. 2
[312] Rieth 1940, 145.
[313] Maran 1989/90, 215-217.

könnten die unterschiedlichen Scheibendurchmesser für verschieden große Gefäße eine Rolle gespielt haben. Als weiteres Argument gibt er die geringe chronologische Laufzeit an. Maran kommt zu der Schlußfolgerung, daß die Deutung als Töpferhilfsmittel die einzig akzeptable sei[314].

Bei einer genauen Betrachtung der Scheiben zeigt sich ein anderes Bild. Die annähernd runde Form hat sicherlich mit der späteren Nutzung der Scheiben zu tun gehabt. Aber sie ist für eine Formplatte keine Vorraussetzung, da sie langsam mit der Hand gedreht wird und somit auch eckig sein kann. Größe und Form der Scheiben 1 und 2 sind so konzipiert, daß man sie bequem mit der Hand umfassen kann. Wenn man davon ausgeht, daß die Scheibe zum Gebrauch in die Hand genommen werden mußte, macht eine runde Form mehr Sinn.

Ein wichtiges Kriterium für die Funktion ist die Gestaltung und Behandlung der Scheibenoberflächen. Bei Scheibe 1 und 2 fällt die wellige und bei Scheibe 3 und 4 dagegen die leicht konkave Oberfläche auf. Beide Oberflächengestaltungen sprechen gegen eine Deutung als Töpferunterlage. Vielmehr ist bei einer Formscheibe eine konvexe Fläche zu erwarten, welche die Abnahme des Tongefäßes erleichtert und die durch die Abnutzung beim Drehen entsteht.

Die fein geschliffenen Flächen der vier Scheiben und die unterschiedliche Gestaltung der „Ober"- und „Unterseite" der Scheiben 2 und 3 geben einen Hinweis auf die ursprüngliche Verwendung. Die aufwendig geschliffenen Oberflächen sind für eine Formplatte ungewöhnlich und unnötig. Sie sind vielmehr ein Produkt eines ständigen Gebrauchs als Schleif- oder Reibplatte. Die geschliffenen oder zerriebenen Stoffe waren weicher als der Sandstein, der dabei auch abgenutzt wurde, was erklären würde, warum keine Gebrauchsspuren zu erkennen sind, vor allem, wenn man großflächig schleift. Während auf den Scheiben 1 und 2, die flach in der Hand gehalten wurden, wahrscheinlich Gegenstände aus Holz, Knochen etc. in Längsrichtung geschliffen oder poliert wurden, so daß eine wellige Oberfläche entstand, scheint auf Scheibe 3 und 4 etwas zerrieben oder geschliffen worden zu sein, von dem auf Scheibe 3 keine Spuren mehr erhalten sind. Wenn man den kleinen roten Fleck auf Scheibe 4 als Hämatit oder Rötel interpretiert, ist die Reibfunktion als gesichert anzusehen.

Gegen die Interpretation als Töpferscheibe weist weiterhin das Fehlen von Gebrauchsspuren hin, denn das Drehen der Scheibe und Entfernen des Gefäßes müßte im Laufe der Zeit konzentrische Spuren hinterlassen haben. Eine weitere Frage wäre, warum man die Scheiben aus Stein fertigte und nicht Materialien verwendete, die leichter zu bearbeiten waren (Beispiel: Holz oder Bastmatten).

Auch das genannte Argument, daß die Variationsbreite der Scheibendurchmesser für eine Funktion als Töpferscheibe zu deuten ist, scheint meiner Meinung nach eher dagegen zu sprechen, denn warum sollte man Formplatten in unterschiedlicher Größe anfertigen, wenn eine Scheibe in ausreichender Größe genügen würde? Daß die Größen der Scheiben mit den Durchmessern der Böden annähernd übereinstimmen, beruht meines Erachtens auf Zufall.

Zusammenfassend kann gesagt werden, daß die Sandsteinscheiben vom Atzelberg nicht als Töpferscheiben oder Formplatten gedient haben, sondern aufgrund ihrer Grundform[315], Größe sowie der Oberflächengestaltung und -behandlung als Schleif- oder Reibplatten zu interpretieren sind.

---

[314] Maran 1989/90, 217.

[315] Runde Schleifscheiben sind angenehmer in der Hand zu halten, um mit ihnen zu arbeiten. Auch der maximale Durchmesser von 11 cm ist dafür geeignet, daß eine menschliche Hand sie umfaßt, um Holz, Knochen oder Geweih darauf zu schleifen.

Steinscheiben aus dem Neckarmündungsgebiet

Neben den vier Sandsteinscheiben vom Atzelberg sind im Neckarmündungsgebiet noch zwei weitere unpublizierte Steinscheiben bekannt. Eine wurde 1980 bei Ausgrabungen in Mannheim-Wallstadt „Rechts der Käfertaler Straße"[316] gefunden und gleicht den Scheiben 3 und 4 vom Atzelberg. Sie hat einen Durchmesser von 6,7-7,1 cm bei einer Stärke von 0,9-1,3 cm. Beide Oberflächen sind fein überschliffen. Eine Seite weist starke Feuereinwirkungen auf. Die Oberfläche dieser Seite ist eben bis leicht konkav, während die andere Seite zu den Rändern hin abfällt.

Die andere Steinscheibe kam in Mannheim-Käfertal „Im Rott" zutage[317]. Der Durchmesser beträgt 6,4-7,4 cm und die Stärke an der dicksten Stelle 2,1 cm. Diese Scheibe unterscheidet sich von den übrigen, da sie zum einen aus einem anderen Material besteht, zum anderen ist sie sekundär vermutlich aus einem Steinbeil oder einem anderen Werkzeug gefertigt worden. Man kann noch die beiden ursprünglichen geraden Schmalseiten erkennen. Die Grundform ist somit rund mit zwei parallelen Kanten. Die Hauptnutzungsfläche ist glatt geschliffen und leicht konvex, während die andere Seite rauh und uneben, also unbearbeitet ist.

Beide Fundorte, Mannheim-Wallstadt „Rechts der Käfertaler Straße" und Mannheim-Wallstadt „Im Rott", liegen nur wenige Kilometer nordwestlich des Atzelberges.

Die Sandsteinscheiben kommen gehäuft im Neckarmündungsgebiet und im Griesheimer Moor[318] vor. Sie scheinen eine Besonderheit des rechtsrheinischen nördlichen Oberrheins zu sein. Die Vergesellschaftung mit typischer schnurkeramischer Keramik stellt die Sandsteinscheiben in den Bestand der schnurkeramischen Siedlungskultur dieses Gebiets. Vereinzelte Steinscheiben sind aus dem Hessischen Bergland[319] und dem Sachsenwald[320] bekannt. Wie die Steinscheiben kulturell und chronologisch mit den Tonscheiben der Michelsberger-Kultur[321] („Backteller") und der Trichterbecher-Kultur[322] zusammenhängen, kann und soll an dieser Stelle nicht weiter untersucht werden.

2.2.6. Steinkugel (Taf. 26,5)

Bei der Grabung vom 24.-25. Juni 1935 wurde eine Steinkugel gefunden. Die Steinkugel besteht aus einem feinkörnigen dioritähnlichen Material. Die äußere Schale der Kugel ist abgeplatzt[323]. Da Reste der äußeren Schale bei der Grabung mitgeborgen wurden, ist es möglich die Originalgröße auf 6-7 cm zu schätzen (erhaltener Durchmesser: 5,6-6,2 cm). Auf der originalen Oberfläche sind keine Gebrauchsspuren zu sehen, die Oberfläche weist lediglich Verwitterungsspuren auf, die Pickspuren sehr ähneln. Wegen der runden Form ist mit einer Verwendung als Klopfstein nicht zu rechnen, da die Handhabung umständlich und die Verletzungsgefahr zu groß wäre. Als weitere Verwendungsmöglichkeit kommt eine Nutzung als Gewicht für Webarbeiten oder für ein Fischernetz in Frage. Auch eine Verwendung als bolaartige Waffe wäre denkbar.

---

[316] Die Scheibe von MA-Wallstadt „Rechts der Käfertaler Straße" wird von Maran erwähnt: Maran 1989/90, 216.

[317] Die Scheibe von MA-Käfertal „Im Rott" wird von Kraft erwähnt: Kraft 1996, 464 Anm. 24.

[318] Maran 1989/90, 125 Abb. 12,9; 136 Abb. 23,8; 146 Abb. 33,1; 167 Abb. 54,4.

[319] Sangmeister 1951, 36.

[320] Sprockhoff 1954, 7 Abb. 6,1.

[321] Lüning 1967, 61-69; 153.

[322] Behrens 1963, 127-144.

[323] Die kugelige Form ist auf Verwitterungsprozesse zurückzuführen und nicht auf menschlichen Einfluß. (Freundliche Mitteilung von Dr. M. Löscher).

2.2.7. Hämatit (Taf. 21,3)

Auf dem Atzelberg konnte ein etwa faustgroßer metallisch glänzender Stein geborgen werden, der sich als Hämatit entpuppte. Der größte Teil der Oberfläche des Hämatits ist unbearbeitet, nur an den Kanten finden sich einige Stellen, die fein geschliffen sind. Die graue metallische Oberfläche ist mit vielen kleinen roten Flecken übersät. Vielleicht wurde der Hämatit zur Herstellung eines roten Farbstoffes verwendet. Es ist auch möglich, daß der Stein Bestandteil eines neolithischen Feuerzeugs gewesen ist, was anhand der abgeschliffenen Kanten wohl wahrscheinlicher ist. Geschliffene Hämatitbrocken sind für das Alt- und Mittelneolithikum typisch und für das Endneolithikum meines Wissens nicht belegt.

2.2.8. Unbestimmte Steinobjekte (Taf. 24,1; 26,3)

Ein Artefakt aus Quarzporphyr von der Größe eines Klopfsteines (Taf. 24,1) kann keiner Funktionsgruppe zugeordnet werden. Große Teile sind gebrochen, aber einige Bereiche sind geschliffen. Klopf- oder Pickspuren konnten nicht beobachtet werden.
Ein kleiner Kalksteinquader (4,2 x 3,3 x 2,2 cm) entzieht sich jeder Deutung (Taf. 26,3). Der Quader besteht aus einem harten Kalksteinkern, um den sich weicheres Kalkmaterial angelagert hat. Die beiden annähernd ebenen Stirnseiten scheinen künstlich bearbeitet zu sein. Ansonsten finden sich auf der sehr kreidigen leicht konvexen Oberfläche keinerlei Bearbeitungs- oder Gebrauchsspuren. Vielleicht kann dieses Stück als Glätt- oder Polierstein verwendet worden sein.

3.0. KNOCHEN- UND GEWEIHGERÄTE

In der schnurkeramischen Siedlungsschicht wurden nicht nur Keramikscherben, Steingeräte u.ä. gefunden, sondern auch Knochengeräte und Geweihartefakte. Die Fundumstände der Geräte können nicht immer einwandfrei rekonstruiert werden, da die Mitteilungen aus Fundnotizen, Literatur und der Verzettelung im Museum zum Teil widersprüchlich sind. Bemerkenswert ist die Vielfalt der verschiedenen Gerätetypen. Viele der vorliegenden Knochengegenstände sind einzigartig und haben keinerlei Analogien im Endneolithikum, was zur Folge hat, daß die ursprüngliche Funktion nur sehr schwer zu ermitteln und zu verifizieren ist.

3.1. Einfache Spitze (Taf. 27,3)

Das Gerät mit einer einfachen Spitze (Länge: 5,4 cm) erhielt man dadurch, daß ein Röhrenknochen in Längsrichtung gespalten und das eine Ende zugespitzt wurde. Wie das Ende des Griffes gestaltet war, ist nicht mehr zu rekonstruieren, da es nicht erhalten ist. Das Arbeitsende hat einen runden Querschnitt mit einer gerundeten Spitze.

3.2. Spitze mit Gelenkkopf (Taf. 27,1)

Dieses Werkzeug wurde aus einem Röhrenknochen gefertigt, dessen eines Ende gespalten wurde, um dort das Arbeitsende anzubringen. Das 7,6 cm lange Gerät ist äußerlich verwittert und weist schwärzliche Brandspuren auf, ist aber ansonsten gut erhalten.

70

Das Arbeitsende besteht aus einer gerundeten Spitze mit ovalem Querschnitt. Die relativ starke Rundung der Spitzen ist möglicherweise auf Abnutzung während des Gebrauchs zurückzuführen. Auf den Gebrauch gehen auch die leichten parallelen Kratzspuren an der Spitze zurück, die quer zur Längsrichtung verlaufen. Eine glanzlose Politur des Arbeitsendes spricht ebenfalls für eine ausgiebige Benutzung des Geräts. Der Gelenkkopf auf dem entgegengesetzten Ende diente als Griff bzw. Handhabe, um Druck auf die Spitze auszuüben. Die Spitze mit Gelenkkopf läßt sich für die unterschiedlichsten Aufgaben verwenden. Das Spektrum reicht von der Lederverarbeitung über den Einsatz bei der Verzierung von Keramikgefäßen bis zu der Herstellung von Korbwaren[324].

3.3. Doppelspitze (Taf. 27,2)

Die Doppelspitze besteht aus einem massiven Knochenstück mit trapezförmigem Querschnitt (Länge: 5,0 cm). An den beiden Enden verjüngt sich der Knochen zu einer gerundeten Spitze mit rundem Querschnitt. Die beiden Enden sind durch den Herstellungsprozeß z.T. facettiert. Diese Facetten tragen oft kleine parallele Kratzer, die quer zur Längsachse des Geräts verlaufen. Solche Spuren deuten auf eine sägende Bearbeitung hin.

Da bei diesem Gerät kein ausgeprägtes Griffende vorhanden ist, war entweder an einem Ende für die Aufnahme eines separaten Griffes gedacht oder man führte mit diesem Gerät Arbeiten aus, die keinen großen Kraftaufwand erforderten, da das spitze Ende die Handhabung sehr erschwert. Auf der Doppelspitze sind aber keine Spuren zu erkennen, die auf einen gesonderten Griff hindeuten, so daß die zweite Anwendung sehr wahrscheinlich ist.

Die Datierung solcher Spitzen ist bei Einzelstücken sehr schwierig, da sie eine lange Laufzeit haben. Beispielsweise sind die Doppelspitzen charakteristisch für die späte Cortaillod Kultur, sie sind allerdings auch in der SK sehr häufig. In der Cortaillod Kultur wurden sie hauptsächlich aus Röhrenknochen gefertigt, während sie in der Schnurkeramik vorwiegend aus Rippenknochen hergestellt wurden[325]. Das Gerät vom Atzelberg besteht aus einem Röhrenknochen.

3.4. Angelhaken (Taf. 27,4-5)

Zwei gekrümmte Knochenfragmente geben einige Rätsel in bezug auf ihre Funktion auf. Bei beiden Stücken ist ein Ende abgebrochen, während das andere Ende nur leichte Beschädigungen aufweist. Sie ähneln sich in Form, Größe und Rohstoff, unterscheiden sich jedoch im Querschnitt. Das gerundete Stück (Taf. 27,4) hat einen polygonal-prismatischen Querschnitt (Länge: 3,45 cm). Die Seitenflächen zeigen deutliche Bearbeitungsspuren. Die vielen parallelen Kratzer weisen auf eine sägeartige Bearbeitung hin, die daher rührt, daß ein massives, größeres Knochenstück als Ausgangstoff benutzt wurde. Anders dagegen das leicht eckige Exemplar (Taf. 27,5), das einen flachen Querschnitt hat, wobei die Schmalseiten abgeschrägt sind (Länge: 3,15 cm). Die Oberflächen haben zwar viele unregelmäßige Kratzer, aber echte Bearbeitungsspuren treten nur im Bereich der Enden auf, wo parallele Ritzungen zu sehen sind. Der Querschnitt ergibt sich aus dem verwendeten flachen Knochen. Aufgrund der formalen Ähnlichkeiten beider Stücke und den zu vernachlässigenden, auf der Produktion basierenden Unterschieden muß von derselben Funktion ausgegangen werden.

---

[324] Reingruber 1997, 33-34
[325] Schibler 1987, 169:

Bei der Durchsicht von Knochengeräten anderer Fundorte und Kulturen fällt sofort die Ähnlichkeit mit Angelhaken ins Auge[326]. Zwar sind die Atzelberger Stücke nicht ganz komplett, es ist aber nicht schwierig, die abgebrochenen Teile als zugespitzte Haken zu rekonstruieren. Schon 1965 vermutete Sangmeister, daß es sich hierbei um Angelhaken oder zumindest um Haken im allgemeinen handelt[327]. Die Nähe des Atzelberges zu Neckar und Rhein, d.h. zu fischreichen Gewässern, und die in der Siedlungsschicht gefundenen Fischwirbel unterstützen diese These[328].

3.5. Schaber (Taf. 28,1)

Das hier zu besprechende Gerät wurde aus einem gespaltenen Röhrenknochen gefertigt, dessen Schneide halbrund (annähernd D-förmiger Querschnitt) ausgeführt war (Länge: 2,8 cm). Die Flächen der Schneide zeigen von beiden Seiten eine Politur, die vom Gebrauch herrührt. Die seitlichen Partien des Gerätes weisen Schleifspuren in Längsrichtung auf.
Die Arbeitskante wie auch der erhaltene Rest des Geräts ist in einem sehr guten Zustand. Wie groß die Gesamtlänge war und besonders wie das der Arbeitskante gegenüberliegende Ende beschaffen war, läßt sich leider nicht mehr sagen. Die Form und der gute Erhaltungszustand der Schneide lassen Rückschlüsse auf die ursprüngliche Funktion zu. Die gebogene Arbeitskante hat gewisse Ähnlichkeit zu modernen Meißeln. Es sprechen allerdings gewichtige Gründe gegen einen Gebrauch als Meißel. Der Meißel ist ein Werkzeug, um Werkstoffe zu trennen oder um Späne abzunehmen. Beides erfordert einen großen Druck auf die Schneide, der entweder schlagartig oder seltener kontinuierlich ausgeübt wird. Daß die Schneide aber fast völlig intakt ist, macht eine primäre Verwendung als Meißel nicht wahrscheinlich, schließt aber eine Verwendung für die Bearbeitung von weichen Materialien nicht völlig aus. Außerdem läßt sich die Politur unmittelbar an der Schneide nicht mit einer Meißelfunktion in Übereinstimmung bringen.
Aufgrund der Form der Arbeitskante ist dieses Gerät hervorragend dafür geeignet, weiche Materialien schabend zu bearbeiten oder zu schneiden. Als Werkstoff würden sich insbesondere Leder, Ton oder weiches Holz anbieten. Beim Ton ist die Gefahr, daß die Schneide beschädigt wird, gering. Bei besonders grob gemagertem Ton können sich allerdings sichtbare Gebrauchsspuren auf der Arbeitsfläche des Gerätes bilden. Wenn es sich bei dem Gerät tatsächlich um ein Töpferwerkzeug handelt, wurde es sicherlich auch bei der Anbringung von Verzierungen benutzt. Eine Überprüfung des Geräts mit den eingestochenen Verzierungen des Atzelberges hat ergeben, daß es durchaus wahrscheinlich ist, daß dieses Werkzeug oder ein ähnliches dafür benutzt wurde, um z.B. das Fischgrätenmuster anzubringen. Dabei wurde nur die Arbeitskante benutzt, was den Schluß zuläßt, daß es sich hierbei nicht um die Hauptfunktion handelt, weil sich bei dieser Tätigkeit keine Politur bilden würde. Eine Politur würde bei der schabenden Bearbeitung weicher Materialien entstehen, beispielsweise bei der Lederbearbeitung.

3.6. Glättgerät (Taf. 28,4)

In einer Grube mit schnurverzierter Keramik und anderen Kleinfunden wurde auch ein durchbohrter, geschliffener Knochen gefunden (Abb. 15). Dieses Knochengerät (L: 7,8 cm, B: 3,3 cm, D: 0,8 cm) wurde aus einem großen Röhrenknochen gefertigt, indem man den

[326] Zalai-Gaál 1983, Abb. 2-3; Schibler 1987, Taf. 16,4.
[327] Sangmeister/ Gerhardt 1965, 22.
[328] Sangmeister/ Gerhardt 1965, Taf. 4,3.

Knochen längs durchsägte, was die parallelen Ritzungen auf der inneren Seite vermuten lassen. Das eine Ende wurde verrundet ohne jedoch eine Schneide herauszuarbeiten. Das gegenüberliegende Ende wurde abgeschrägt, aber auch hier gibt es keine scharfe Schneide. An dem abgeschrägten Ende des Gerätes wurde mittig unter der Schräge die Bohrung angebracht, die sich kegelförmig verjüngt. Mit einem Durchmesser von ca. 5 mm könnte die Bohrung eine Schnur oder einen Lederriemen aufgenommen haben, um das Stück um Hals oder Handgelenk zu tragen. Da es sicherlich kein Schmuckstück gewesen ist, ist es wahrscheinlicher, daß man das Gerät zur besseren Handhabung und Verfügbarkeit am Handgelenk trug.

Die äußere Knochenoberfläche zeigt keine Kratzer, dafür sind die höheren Knochenstrukturen glänzend poliert. Auf der inneren Seite wird die Nutzungsfläche zwischen den durch parallele Kratzer gekennzeichneten Knochenwänden durch eine hochglänzende Politur herausgehoben. Die polierte Fläche ist zwar durch die ursprüngliche Knochenstruktur leicht uneben, aber sonst vollkommen glatt.

Der Fundkontext mit Sandsteinscheiben und schnurverzierten Scherben ließ Rieth vermuten, daß es sich hierbei um ein Gerät handelt, welches bei der Keramikherstellung zum Glätten verwendet wurde[329]. Rieth belegt diese Deutung mit einem sehr ähnlichen Gerät der Quitchua-Indianer aus Südamerika, welches dort als Töpferwerkzeug benutzt wurde[330]. Auch die Politur auf der gewölbten Seite des Werkzeuges würde für diese Hypothese sprechen.

3.7. Nadel (Taf. 28,3)

Vermutlich aus derselben Grube wie das eben behandelte Gerät stammt ein flaches Geweihstück, das leider nur zur Hälfte erhalten ist (Länge: 5,9 cm). Da es höchstwahrscheinlich eine symmetrische Form hatte, läßt es sich durch Spiegelung ergänzen. Demnach besaß das Artefakt einen rund-ovalen Kopf, der in der Längsachse dreifach durchlocht war. Das eine Ende ist zwar stark beschädigt, wenn man aber den zapfenartigen Fortsatz, der dort noch zu erkennen ist, verlängert und spitz zulaufen läßt, könnte dieses Stück als Nadel angesprochen werden[331]. Eine solche Deutung muß selbstverständlich als rein hypothetisch aufgefaßt werden, denn für eine sichere Rekonstruktion ist es unverzichtbar, auch das verlorene Ende des Gegenstandes zur Verfügung zu haben. Größe, Form, Material und Art der Bearbeitung allerdings machen die Rekonstruktion als Nadel jedoch wahrscheinlich. Mit einiger Vorsicht kann diese Nadel als entfernte Vorgängerin der frühbronzezeitlichen Scheibenkopfnadeln gelten.

3.8. Töpferwerkzeug (Taf. 28,2)

Ein auf den ersten Blick ähnliches Gerät gibt der Forschung schon seit dem Auffinden Rätsel auf. Der Erhaltungszustand ist im allgemeinen als sehr gut zu bezeichnen, leider fehlt etwa ein

---

[329] Rieth 1935, 93.
[330] Rieth 1935, 94 Abb. 5B.
[331] Köster 1965/66, 35.

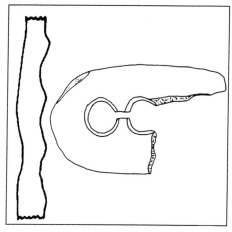

Abb. 16: Töpferwerkzeug mit Rippenbecher.

Viertel. Das ist jedoch kein unüberwindbares Hindernis für die Rekonstruktion, da eine symmetrische Konzeption vorliegt und der Ansatz des einen Endes vorliegt, womit das andere Ende erschlossen werden kann.

Das Gerät wurde aus einem massiven Knochen herausgearbeitet und weist einen leicht gebogenen Querschnitt mit gerundeten Kanten auf (Länge 5,15 cm). Die Grundform ist länglich-oval. Die drei hintereinander auf der Längsachse angeordneten Bohrungen haben einen Kerndurchmesser von ca. 9,5 mm. Auf der Ventral- und Dorsalseite weiten sich die Bohrungen trichterförmig auf 11,5 mm, so daß die Bohrung einen sanduhrförmigen Querschnitt bekommt. Betrachtet man in der Seitenansicht den halbrunden Abschluß, ist die Kante nicht wie die „Nadel" rechtwinklig ausgeführt, sondern läuft in spitzem Winkel keilförmig zu, was technologisch das Kennzeichen einer Schneide ist. Meiner Meinung nach kann diese Kante durchaus als Arbeitskante bezeichnen werden. Auf der Schmalfläche an dem halbrunden Ende sind dem Radius folgend Kratzer zu beobachten. Sie können mit der Herstellung der Form oder aber mit dem Anschleifen einer Schneide in Zusammenhang gebracht werden.

Im Verlauf der Forschungsgeschichte ist es zu den unterschiedlichsten Mutmaßungen gekommen, wozu das Gerät gedient haben könnte. Gember interpretierte das Stück ohne Begründung als Gürtelschnalle[332]. Dreißig Jahre später rekonstruierte Köster es als Scheibennadel und verband es mit dem oben behandelten Exemplar (siehe Nadel)[333]. Sangmeister hingegen enthielt sich einer Deutung, indem er von einer unbekannten Funktion sprach[334].

Eine ganz andere Deutung soll an dieser Stelle zur Diskussion gestellt werden. Das Siedlungsmaterial vom Atzelberg bzw. Neckarmündungsgebiet weicht in vielerlei Hinsicht vom bisher bekannten Spektrum der „Gräberkultur" ab. Eine besondere Bedeutung kommt der leistenverzierten Ware und speziell den Rippenbechern zu. Wie, kann man sich fragen, sind diese Leisten herausgearbeitet worden? Wie zu sehen ist, sind die Leisten herausgedrückt und/oder herausgearbeitet. Um aber so regelmäßige Leisten herzustellen, ist es durchaus möglich, daß der/die Töpfer/in Werkzeuge benutzte, die wie eine Formlehre funktionierten, d.h. daß die grobe Formgebung der Leisten mit den Fingern vorgefertigt und dann die Unebenheiten mit diesem Werkzeug beseitigt wurden (Abb. 16). Wenn man den Radius der Schneide mit den Rundungen der Riefen vergleicht, wird man feststellen, daß bei einem Großteil der Scherben der Radius des Gerätes mit denen der Riefen übereinstimmt, teilweise so genau, daß die Passung fast lichtdicht ist wenn man das Gerät in die Riefe setzt und gegen

---

[332] Gember 1934, 145.

[333] Köster 1965/66, 35.

[334] Sangmeister/ Gerhardt 1965, 22.

das Licht hält. Die drei großen Bohrungen bieten einen besseren Griff, da beim Töpfern oft mit Wasser gearbeitet wird und das Werkzeug somit rutschig sein kann.

3.9. Durchbohrte Tierzähne (Taf. 27,6-9)

Als Schmuck oder Amulett können vier durchbohrte Hundezähne gelten, die in der Siedlungsschicht gefunden wurden[335]. Die an der Zahnwurzel angebrachte Bohrung hat einen sanduhrförmigen Querschicht. Ob sie an einem Band als Halsschmuck dienten oder Besatzstücke waren, ist nicht mehr feststellbar.

Tierzahnschmuck ist ein typisches Merkmal des Neolithikums. Besonders im (süddeutschen) Jung- und Endneolithikum wurden durchbohrte Tierzähne häufig verwendet. Nach W. Schrickel lassen sich zwei wichtige Entwicklungslinien vom (nordischen) Mittel- zum Spätneolithikum bzw. vom (süddeutschen) Jung- zum Endneolithikum erkennen[336]. Die im (nordischen) Mittelneolithikum häufig verwendeten Hirschgrandeln wurden im (nordischen) Spätneolithikum zunehmend von Raubtier- und Hundezähnen abgelöst[337]. Auch die Trageweise scheint einen Wandel durchgemacht zu haben. Während Zähne im (süddeutschen) Jungneolithikum ausschließlich als Halsketten getragen wurden, fanden sie ab dem frühen Endneolithikum auch eine Verwendung als Besatzstücke für Kleidung, Taschen (Beutel) und „Toten"decken[338].

Sehr aufschlußreich ist die Fundverteilung des Tierzahnschmuckes. Eine Kartierung des Zahnschmuck von I. Matuschik zeigt, daß die größten Funddichten in Mitteldeutschland und in Böhmen liegen[339]. Auch der Anteil am Gesamtgrabbestand, in denen Tierschmuck gefunden wurde, ist in diesen Gebieten mit 8-11% am höchsten[340]. In Südwestdeutschland und der Schweiz muß diese Fundgattung dagegen als Fremdelement angesehen werden. Bis auf einen Grabfund bei Mannheim-Seckenheim Gewann „Hochstätt"[341] und dem Atzelberg bei Ilvesheim, sind in Südwestdeutschland keine Fundorte mit Tierzahnschmuck bekannt[342]. Das legt den Schluß nahe, daß hier ein nordöstlicher Einfluß auf das Neckarmündungsgebiet vorliegt.

3.10. Geweihstücke/ -geräte

Vom Atzelberg stammt ein Geweihstück, welches vermutlich als Schlägel oder Hammer zu interpretieren ist (Taf. 26,7). Am intakten Ende sind eindeutige Gebrauchsspuren zu sehen, die für diesen Zweck sprechen würden. Das andere Ende ist abgebrochen. An zwei gegenüberliegenden Seiten sind rechteckige Aussparungen angebracht worden. Diese Aussparungen dienten zur Schäftung des Gerätes. Da sie nicht parallel, sondern winklig zueinander liegen, ist anzunehmen, daß die Schäftung aus einer Astgabelung bestand, worin das Geweihstück eingeklemmt und verschnürt war.

---

[335] 1x SG 100; 1930 aus SK Schicht. Der linke untere Eckzahn eines ausgewachsener Hund (Canis familiaris) einer kleinen Rasse. 3x Ausstellung.

[336] Schrickel 1966, 338; Matuschik 1997, 226.

[337] Schrickel 1966, 338.

[338] Schrickel 1966, 338.

[339] Matuschik 1997, 231 Abb. 4a.

[340] Matuschik 1997, 233 Abb. 5.

[341] Wagner 1911, 205 (Als Halsband verwendet).

[342] Matuschik 1997, 231 Abb. 4a, 246-247.

Ein anderes Artefakt entzieht sich einer Funktionszuweisung (Taf. 26,6). Das 17,5 cm lange Objekt ist der Länge nach gespalten bzw. gebrochen. An einem Ende sind ganz deutliche Schnittspuren zu beobachten, die aber keine weiteren Aufschlüsse zulassen.

4.0 SONSTIGE KLEINFUNDE

4.1. „Tonscheibe" (Taf. 26,4)

Bei derselben Grabung, bei der auch die Steinkugel gefunden wurde, kam ein Fragment einer Tonscheibe zutage. Der rekonstruierte Durchmesser beträgt ca. 10 cm. Die größte erhaltene Dicke mißt 2,8 cm; da aber der Rest fehlt, kann die ursprüngliche Dicke nicht mehr ermittelt werden. Das Scheibenbruchstück besteht aus sehr schwach gebranntem Ton, der nicht künstlich gemagert ist. Die Konsistenz des Stückes ist ähnlich wie Hüttenlehm. Auf der unebenen glatten Oberfläche haben sich Knetspuren erhalten. Die Funktion der Scheibe kann nicht überzeugend erklärt werden. Möglicherweise handelt es sich dabei um ein Fragment eines Webgewichts.
Eine Verbindung zu den „Backtellern" der Michelsberger Kultur und den Tonscheiben der Trichterbecher-Kultur besteht nicht, da sie sich in Brand, Qualität, Größe und äußerer Form unterscheiden[343].

---

[343] Lüning 1967, 64.

C. Gräber im Neckarmündungsgebiet

1.0. Allgemeines

Das Bestattungswesen ist für die Definition einer Kultur eine der wichtigsten Komponenten. Nicht nur, daß die Bestattungssitten einen Hinweis auf das religiös-kultische Leben der Menschen geben, sondern auch der materielle Inhalt der Gräber hat für den Archäologen eine nicht zu unterschätzende Bedeutung. Besonders verdient um die Erforschung des neolithischen Bestattungswesens machte sich U. Fischer 1956 mit seiner Studie über die neolithischen Gräber im Saale-Gebiet[344]. Für die Schnurkeramik fand er heraus, daß die Träger dieser Kultur großen Wert auf die Totenlage und Orientierung gelegt hatten. Dabei wurde auf eine strenge Geschlechtsdifferenzierung geachtet[345]. Die Toten wurden in Hockerlage meist unter Grabhügeln bestattet, die Männer in rechter Hockerlage in W-O-Richtung mit dem Kopf im W/SW. Die Frauen lagen dagegen auf der linken Seite mit dem Kopf in Richtung O. Abweichungen von der Bestattungssitte oder Orientierung (nach N-S) kommen nur selten vor. Die Ausrichtung und Haltung der Toten bewirkten, daß der Blick sowohl der Männer als auch der Frauen nach Süden gerichtet ist. Die strenge Durchführung der Totenlage und Orientierung wird dadurch bestätigt, daß ca. 96% der männlichen Bestattungen und ca. 97% der Frauen nach dem obigen Muster begraben wurden[346]. Dies gilt aber streng genommen nur für die mitteldeutsche Schnurkeramik und sollte nicht ohne weiteres auf andere Gebiete übertragen werden. Auch muß darauf hingewiesen werden, daß der Erhaltungszustand der Skelette oft sehr schlecht ist, so daß, wenn die Skelette vergangen sind, die Orientierung oft nur anhand der Ausrichtung der Grabgrube und der Lage der Beigaben bestimmt werden kann, oder daß es bei der anthropologischen Untersuchung durch die schlechte Erhaltung der Knochen zu großen Unsicherheiten bei der Geschlechtsbestimmung kommen kann.

Ob die oben formulierte Art der Bestattung die Regelbestattung gewesen ist, kann aufgrund der fehlenden Siedlungsbefunde nicht mit Sicherheit gesagt werden. Denn erst, wenn auch Informationen über die Größe der Häuser und der Siedlungen vorliegen, lassen sich Schätzungen der damaligen Bevölkerungsgröße durchführen. Und erst das Verhältnis der geschätzten Bevölkerungsgröße zur Zahl der bestatteten Menschen kann Auskunft über die Regelbestattung geben. Um entscheiden zu können, welche Art der Bestattung die Regel gewesen war, muß man wissen, auf welche Weise die Mehrheit der Gesamtbevölkerung bestattet wurde. Eine Ausnahme im schnurkeramischen Bestattungswesen scheint in der Schweiz vorzuliegen, wo Gräber im allgemeinen seltener sind. Dort sind überwiegend Brandgräber unter Hügeln geborgen worden[347].

2.0. Endneolithische–frühbronzezeitliche Bestattungen auf dem Atzelberg

Auf dem Atzelberg wurde im Laufe der Zeit eine große Zahl von vor- und frühgeschichtlichen Bestattungen freigelegt. Soweit bekannt, sind alle Perioden vom Endneolithikum bis zum Frühen Mittelalter nachgewiesen. Im Rahmen dieser Arbeit sind nur jene Bestattungen interessant, die mit dem Endneolithikum und der Frühbronzezeit in

---

[344] Fischer 1956.
[345] Fischer 1958, 271-272.
[346] Hein 1987, 144.
[347] Hardmeyer 1993, 337.

Verbindung gebracht werden können. Nach Aussage von Gebers gab es auf dem Atzelberg acht Gräber, die in diesen Zeitraum fallen[348]. Bei einer genaueren Betrachtung der verfügbaren Tagebuchaufzeichnungen und der publizierten Fundmeldungen steigt ihre Zahl auf dreizehn (siehe Anhang). Bei der Freilegung der Gräber konnten keine Hinweise auf eine Überhügelung nachgewiesen werden. Folglich müßten sie als Flachgräber bezeichnet werden. Da aber nicht auszuschließen ist, daß die Hügel, die wahrscheinlich aus Sand bestanden haben, und daher der Erosion zum Opfer gefallen sind, oder daß die damalige Bevölkerung die Düne selbst als „Grab"hügel betrachtet hat, muß die Frage offengelassen werden, ob es Hügelgräber gewesen sind oder nicht.

Von den dreizehn Bestattungen enthielten neun Beigaben, während vier Gräber beigabenlos waren. Nur Gräber mit Beigaben lassen sich für eine Datierung verwenden. Das Skelettmaterial ist im allgemeinen sehr schlecht erhalten, so daß es kaum Rückschlüsse auf die Orientierung und Geschlecht zuläßt.

Die beigabenlosen Gräber (Grab X-XIII) lassen sich nur unter Vorbehalt ins Endneolithikum datieren. Nur die Nähe zu glockenbecherzeitlichen Bestattungen und die allgemein für die Glockenbecherkultur angenommene Totenorientierung in N-S-Richtung legen den Schluß nahe, daß diese vier Bestattungen der Glockenbecherkultur bzw. der frühbronzezeitlichen Adlerberg-Kultur angehören.

Sicherer ist die Datierung der beiden Gräber mit Glockenbecherbeigaben (Grab I und IX) in die Glockenbecherzeit. Während der 1910 gefundene Becher aus Grab I aufgrund des Metopenbandes eher in die fortgeschrittene Glockenbecherzeit zu datieren ist, sind die beiden Becher aus Grab IX einer frühen Phase zuzuordnen. Besonders der vollständig mit Kammstichlinien verzierte Becher zeigt eine gewisse Ähnlichkeit mit den AOC-Bechern, die von der Schnurkeramik beeinflußt sein sollen[349].

Ebenfalls in die Glockenbecherzeit ist ein unverzierter Krug („Henkeltasse") zu datieren, der zusammen mit Kinderknochen gefunden wurde (Grab IV).

Von den vier bronzeführenden Bestattungen gehören zwei Gräber aufgrund der Beigaben eindeutig in die Frühbronzezeit (Grab III und VII). Die Gräber II und VI, die einen Bronzeohrring bzw. einen Bronzepfriem enthielten, können sowohl endneolithisch als auch frühbronzezeitlich sein.

Zwei Tote sind mit Steingeräten bestattet worden (Grab V und VIII). Die Beigaben beider Bestattungen (Pfeilspitze, Klinge und Schaber) sind für sich alleine nicht chronologisch empfindlich genug, um sie einer bestimmten Kultur zuzuweisen. Aufgrund allgemeiner Formgebung der Geräte und der Orientierung des Grabes VIII kann man sie grob ins Endneolithikum bzw. in die Frühbronzezeit datieren. Dazu kommt, daß sich in Grab V neben der Pfeilspitze und Schabern noch schnurverzierte Scherben fanden, die aber sekundär verlagert waren, da dieses Grab in die schnurkeramische Siedlungsschicht eingetieft war.

Fazit ist, daß kein Grab in die Schnurkeramik zu datieren ist. Die Datierung der Gräber in das späte Endneolithikum, also in die Glockenbecherkultur, und in die Frühbronzezeit deutet darauf hin, daß zu dieser Zeit die schnurkeramische Siedlung längst aufgegeben war und der Platz somit für die Anlage von Gräbern frei war. Das wird auch dadurch bestätigt, daß die Gräber, soweit es beobachtet wurde, die schnurkeramische Siedlungsschicht durchschnitten haben, also folglich erst nachträglich niedergebracht worden sind.

---

[348] Gebers 1978, 120-121 Nr. 193a.
[349] Sangmeister/ Gerhardt 1965, 23.

Wie stellt sich nun das Bild der endneolithischen-frühbronzezeitlichen Gräber im ganzen Neckarmündungsgebiet dar? Kann man den von U. Fischer für das Mittelelbe-Saale-Gebiet aufgestellten Grabritus der Schnurkeramik und Glockenbecherkultur auf dieses Gebiet übertragen oder wirken auf das Neckarmündungsgebiet zu jener Zeit Faktoren ein, die ein abweichendes Bestattungsmuster entstehen ließen? Um diese Fragen zu beantworten, ist es notwendig, die vorhandenen Gräber, deren Orientierung und Totenlage bekannt sind, zu datieren und dann zu vergleichen. Für die Datierung kommen nur Gegenstände in Frage, die sich eindeutig einer Kultur zuweisen lassen, wie die keramischen Beigaben (z.B. Schnur- oder Glockenbecher). Steingeräte, einfache Bronzegegenstände (Ohrringe, Pfrieme etc.) oder beigabenlose Gräber reichen für eine exakte Datierung nicht aus. Bei einer so strengen Kriterienauswahl reduziert sich die Anzahl der geeigneten Bestattungen. Es bleiben drei schnurkeramische, sieben glockenbecherzeitliche und fünf adlerbergzeitliche Gräber übrig. Diese kleine Zahl ist zwar nicht repräsentativ, das Analyseergebnis jener Gräber gibt aber Anlaß, über die Regelhaftigkeit des Bestattungsbrauchs im Neckarmündungsgebiet nachzudenken.

Von den drei schnurkeramischen Bestattungen sind jeweils eine in N-S[350] bzw. S-N[351]-Richtung orientiert, während nur ein Grab eine west-östliche[352] Orientierung aufweist. Bei den glockenbecherzeitlichen Bestattungen überwiegt eine Orientierung in N-S-Richtung (dreimal N-S[353] und zweimal S-N[354]), aber zweimal erscheint die O-W[355]-Orientierung und einmal konnte eine NW-SO[356] orientierte Bestattung festgestellt werden. In der Frühbronzezeit kommt zu der bisher üblichen Hockerlage noch die gestreckte Rückenlage. Neben der O-W-Ausrichtung, die zweimal vorkommt[357] (in beiden Fällen gestreckte Rückenlage), ist nur einmal eine N-S[358] und eine NNO-SSW[359]-Orientierung dokumentiert worden.

Zusammenfassend läßt sich sagen, daß die Lage und Orientierung der endneolithischen und frühbronzezeitlichen Gräber im Neckarmündungsgebiet als inhomogen zu bezeichnen ist. Es lassen sich keine verbindlichen Regelhaftigkeiten in Hinblick auf die Bestattungssitten erkennen, vielmehr scheint die zeitliche und räumliche Nähe dieser Kulturen einen Einfluß auf deren Grabritus gehabt zu haben, d.h., daß es im Neckarmündungsgebiet möglicherweise eine gegenseitige Beeinflussung der Schnurkeramik und der Glockenbecherkultur im Bestattungsritus gegeben hat[360].

In meinen Augen ist es ein methodischer Fehler, Ergebnisse aus anderen Fundprovinzen, wie Mitteldeutschland, als Maßstab zu nehmen und auf andere Gebiete zu übertragen. Es ist

---

[350] Ladenburg: Köster 1963b, 52; Taf. 10,6-7.

[351] Suebenheim: Gebers 1978, 133 Nr. 199f; Taf. 3,13.

[352] Sandhofen: Köster 1963b, 34; Taf. 10,8-9; Sangmeister/ Gerhardt 1965, 28; Taf. 6,9-10.

[353] Kiesgrube Back: Gebers 1978, 126 Nr. 193e Grab 18, Taf. 30,5-6.
   Wallstadt- „Heddesheimer Straße": Gebers 1978, 135 Nr. 201d, Taf. 50,6-7.
   Feudenheim- „Ziethen-Scheffelstraße": Gebers 1978, 131 Nr. 197b; Taf. 52,6.

[354] Kiesgrube Back/Wolff: Gebers 1978, 123 Nr. 193e Grab 1; Taf. 31,3; Gebers 1978, 123 Nr. 193e Grab 2, Taf. 31,11-12.

[355] Back: Gebers 1978, 123 Nr. 193e Grab 3/4; Taf. 31,9.
   Sandhofen: Gebers 1978, 132 Nr. 198b; Taf. 48,1-2.

[356] Becker-Denkmal: Gebers 1978, 131 Nr. 196; Taf. 28,19.

[357] Atzelberg: Gebers 1978, 121 Nr. 193a Grab 2; Taf. 55,9-12.
   Back: Gebers 1978, 125 Nr. 193e Grab 10.

[358] Back: Gebers 1978, 124 Nr. 193e Grab 9; Taf. 55,1-5.

[359] Back: Gebers 1978, 125 Nr. 193e Grab 16.

[360] Siehe auch D.W. Müller 1989, 286.

durchaus möglich, daß an der Peripherie des schnurkeramischen Kulturgebietes ganz andere Mechanismen zum Tragen kamen als im Kerngebiet. Das Neckarmündungsgebiet muß zur Peripherie gezählt werden, da auf der linken Rheinseite kaum schnurkeramische Fundorte bekannt sind. Durch den Zusammenfluß von Neckar und Rhein sowie die topographische Lage in der fruchtbaren Ebene scheint dieses Gebiet als „Schmelztiegel" verschiedener kultureller Ströme prädestiniert gewesen zu sein.

4.0. „Gräberkultur" im Neckarmündungsgebiet

Um zu zeigen, wie sich das Siedlungsmaterial des Atzelberges zu der „Gräberkultur" des Neckarmündungsgebietes verhält, soll an dieser Stelle ein kurzer Überblick der schnurkeramischen Grabinventare gegeben werden. Grundlage dafür sind die Zusammenstellungen von Sangmeister, Köster und Gebers[361]. Seit der letzten Übersicht von Gebers sind keine neuen Grabfunde hinzugekommen.

Die häufigste Grabbeigabe ist der schnurverzierte Becher. Jeweils nur einmal wurde dem Toten ein Rippenbecher[362], ein unverzierter Becher[363] und eine Amphore[364] mitgegeben.

Als Verzierungsmuster wurden verwendet: Kombinationen von hängenden und stehenden Dreiecken mit Zonen aus horizontalen Schnurreihen[365], ausgesparte Winkelbänder, welche von Schnurzonen oben und unten eingerahmt werden[366], und gruppierte Schnurreihen[367]. Becher mit langer und kurzer Schnurzone am Hals sind eher selten[368]. Als Abschlußmuster fanden horizontale Schnurreihen[369], Fransen[370], hängende Schnurdreiecke und Einstiche Verwendung.

Die schnurverzierten Stücke vom Atzelberg fügen sich sehr harmonisch in das Bild der Schnurkeramik im Neckarmündungsgebiet ein. Horizontale Schnurzonen, gruppierte Schnurreihen, hängende und stehende Schnurdreiecke, ausgesparte Winkelbänder und Fransenabschluß spiegeln den Bestand der „Gräberkultur" wider. Dieses Musterspektrum wird noch durch Schnurbündel, Fischgrätenmuster, „Schnurstempel" und Mattenrauhung ergänzt.

Bei der plastischen Verzierung finden sich dagegen nur wenige Beispiele in der „Gräberkultur". Zum einen wäre eine Amphore aus Mannheim-Sandhofen[371] zu nennen, die mit Fingertupfenreihen unterhalb des Randes verziert ist, und der Rippenbecher vom

---

[361] Sangmeister/ Gerhardt 1965; Köster 1963b; Gebers 1978.

[362] Straßenheimer Hof: Gebers 1978, 134 Nr. 200 Grab 3; Taf. 1,14.

[363] Seckenheim „Hochstätt": Gebers 1978, 133 Nr. 199b; Taf. 1,10.

[364] Sandhofen: Gebers 1978, 132 Nr. 198c; Taf. 17,10.

[365] Seckenheim- „Dossenwald": Gebers 1978, 133 Nr. 199a; Taf. 1,6.
Straßenheimer Hof: Gebers 1978, 134 Nr. 200 Grab 4; Taf. 2,8.

[366] Seckenheim- „Hochstätt": Gebers 1978, 133 Nr. 199b; Taf. 3,3.
Suebenheim 21. Juli 1951: Gebers 1978, 133 Nr. 199f; Taf. 3,13.
Straßenheimer Hof: Gebers 1978, 134 Nr. 200 Grab 3; Taf. 1,13.
Ladenburg 08. Okt. 1953: Gebers 1978, 130 Nr. 195a Grab 9; Taf. 1,9.

[367] Sandhofen: Gebers 1978, 132 Nr. 198d; Taf. 9,13-14.
Straßenheimer Hof: Gebers 1978, 134 Nr. 200 Grab 1; Taf. 9,9-11.

[368] Straßenheimer Hof: Gebers 1978, 135 Nr. 200 Grab 5; Taf. 2,3.
Ladenburg: Gebers 1978, 129 Nr. 195 Grab 2; Taf. 14,7.

[369] Seckenheim- „Hochstätt: Gebers 1978, 133 Nr. 199b; Taf. 3,3.
Suebenheim: Gebers 1978, 133-134 Nr. 199f; Taf. 3,13.

[370] Seckenheim- „Hochstätt": Sangmeister/ Gerhardt 1965, 29 Nr. 44; Taf. 5,2.
Ladenburg: Gebers 1978, 130 Nr. 195; Taf. 1,9.

[371] Gebers 1978, 132 Nr. 198c; Taf. 17,10.

Straßenheimer Hof[372], der zusammen mit einem schnurverzierten Becher[373] gefunden wurde. Wie oben erwähnt, kann der Rippenbecher ohne jeden Zweifel der schnurkeramischen Siedlungskeramik zugewiesen werden. Wie typisch die übrige Keramik vom Atzelberg für die schnurkeramische „Siedlungskultur" am nördlichen Oberrhein ist, muß sich bei der Betrachtung der Siedlungsstellen im Neckarmündungsgebiet und im nördlich und südlich angrenzenden Gebiet zeigen (siehe Vergleich). Es besteht dabei die Möglichkeit, das Keramikspektrum der „Gräberkultur", welches bisher fast ausschließlich aus schnurverzierten Gefäßen/-fragmenten besteht, durch den Inventarvergleich mehrerer schnurkeramischer Siedlungsstellen zu erweitern. Dabei spielt die schnurverzierte Keramik die Rolle eines Indikators, dem die übrigen zumeist unscheinbaren Keramikreste einer bestimmten Zeitstufe zugeordnet werden können. Wenn sich die Keramikspektren verschiedener Siedlungsplätze gleichen bzw., wenn sich ähnliche oder gleiche Fundvergesellschaftungen ergeben, kann man sie zu einer kulturellen Einheit zusammenfassen.

---

[372] Gebers 1978, 134 Nr. 200 Grab 3; Taf. 1,14.
[373] Gebers 1978, 134 Nr. 200 Grab 3; Taf. 1,13.

1.0. NECKARMÜNDUNGSGEBIET

Der Atzelberg ist nicht der einzige schnurkeramische Siedlungsplatz im Neckarmündungsgebiet: zur Zeit sind dort fünf Fundstellen mit schnurkeramischem Siedlungsmaterial bekannt (Abb. 1): Atzelberg, Kiesgrube Back, Wallstadt „Rechts der Käfertaler Straße", Wallstadt „Schultheißenbuckel" und Suebenheim „An der Waldspitze".

Alle Siedlungen wurden auf sandigem Untergrund angelegt. Die Siedlungen auf dem Atzelberg und dem Schultheißenbuckel waren auf den höchsten Dünen des Neckarmündungsgebietes errichtet, und dies nicht zufällig, denn diese beiden Dünen waren die einzigen überschwemmungssicheren Punkte, die ganzjährig vor Überschwemmungen des Neckars schützten.

1.1. Ilvesheim-Kiesgrube Back [374]

Ungefähr 500 m nordöstlich vom Atzelberg entfernt befindet sich eine weitere bedeutende endneolithische Fundstelle. Dort betrieben die Familien Back und Wolff jeweils eine Kiesgrube. Die Kiesgruben lagen so dicht beieinander, daß sie später miteinander verschmolzen. Wenn von Kiesgrube Back und Wolff die Rede ist, ist in der Regel dieselbe Fundstelle gemeint. Beim Abbau des Kieses wurden im Laufe der Zeit ein großer prähistorischer Friedhof und die Reste einer schnurkeramischen Siedlung ergraben. Der Friedhof, um den es hier im Detail nicht gehen soll, ist glockenbecher- und adlerbergzeitlich zu datieren[375]. Für eine Nutzung des Platzes in der Zeit der Schnurkeramik spricht eine Grube oder Feuerstelle, die schnurkeramisches Material enthielt[376]. In dieser Grube befanden sich schnurverzierte Scherben[377] (horizontale Schnurreihen mit Fransenabschluß oder Schnurdreieck, horizontale Schnurreihen), eine Scherbe mit Zonenverzierung in Schnurtechnik[378] (horizontale Schnurreihen, schräg gestellte Schnurabdrücke einer Art Tannenzweigmotiv), die Reste eines Rippenbechers mit einem Knubbenkranz um den Rand[379], eine Randscherbe mit senkrechter Leiste[380], eine weitere Randscherbe mit einer runden Knubbe am Rand, Reste eines unverzierten Bechers mit Fingertupfen unter dem Rand[381] und eine konische, unverzierte Schale[382]. 1936 wurde in der Kiesgrube Back ein Stück eines Ringgrabens entdeckt und ausgegraben[383]. Dabei konnten auch einige Pfostenlöcher beobachtet werden. Da der Graben keinerlei Funde

---

[374] Ortsakte Ilvesheim im Landesdenkmalamt Außenstelle Karlsruhe: Gember 10.09.1956; Sangmeister/ Gerhardt 1965, 28; Taf. 5,1.4; 6,1-5; Gebers 1978, 128 Nr. 193h.

[375] Gebers 1978, 123-128 Nr. 193e-g.

[376] Ortsakte Ilvesheim im Landesdenkmalamt Außenstelle Karlsruhe. Gember 10.09.1956.

[377] Gebers 1978, Taf. 6,2.4.

[378] Gebers 1978, Taf. 6,3.

[379] Gebers 1978, Taf. 6,7; besser noch eine Zeichnung von Gember in der Ortsakte Ilvesheim im Landesdenkmalamt Außenstelle Karlsruhe, da dort auch die Fingerstrichriefen auf dem Unterteil gut zu sehen sind.

[380] Gebers 1978, Taf. 6,1.

[381] Gebers 1978, Taf. 6,6.

[382] Gebers 1978, Taf. 6,5.

[383] Gember 1937, 10.

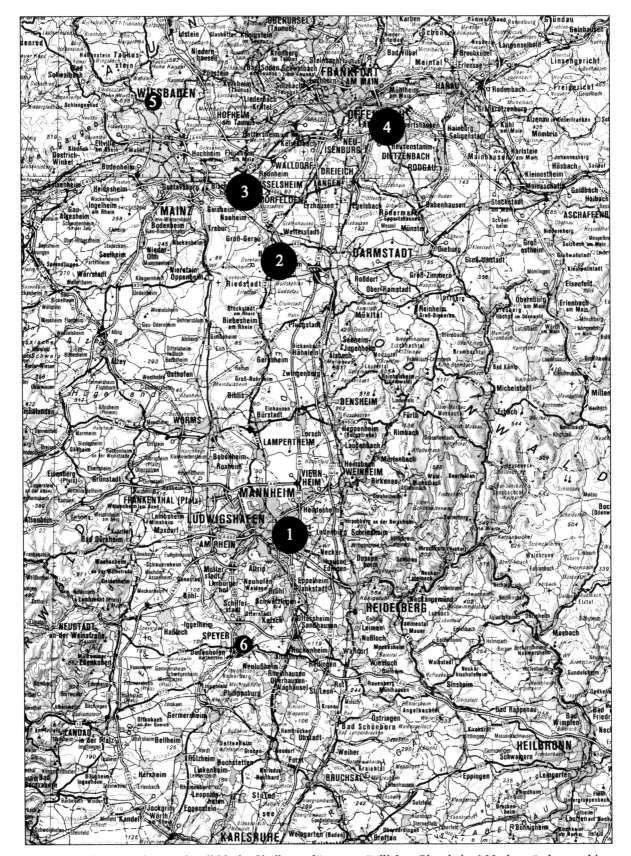

Abb. 17: Im Text erwähnte endneolithische Siedlungsplätze am nördlichen Oberrhein. 1 Neckarmündungsgebiet; 2 Griesheimer Moor; 3 Bei Rüsselsheim; 4 Bei Offenbach; 5 Wiesbaden-Hebenkies; 6 Speyer-Vogelgesang. Großer Kreis: > als 3 Fundstellen; Kleiner Kreis: 1 Fundstelle. M.: 1:500.000. © **Bundesamt für Kartographie und Geodäsie 2003.**

enthielt[384], ist seine Zeitstellung nicht gesichert und er soll daher nicht mit den endneolithischen Befunden in Zusammenhang gebracht werden.

1.2. MA-Wallstadt „Schultheißenbuckel"

Der Schultheißenbuckel (Entfernung vom Atzelberg: ca. 2.5 km) war wie der Atzelberg eine große Sanddüne und neben diesem der einzige überschwemmungssichere Ort in diesem Bereich des Neckarmündungsgebiets. Das führte dazu, daß auch dieser Platz von vielen vorgeschichtlichen Kulturen besiedelt war. Es verwundert daher nicht, daß beim Sandabbau an der Düne auch schnurkeramische Scherben und Steingeräte herauskamen[385].

Franz Gember, zu dessen Wirkungsradius auch der Schultheißenbuckel gehörte, notierte am 2. Mai 1930[386]: *„In der Mitte der Sandgrube an der Nordseite, 50 m. vom Eingang die Merkmale einer Feuerstelle: 1.) Schwärzliche Färbung des Sandes; 2.) beträchtliche Mengen zerbrochener verbrannter Steine, die als Herd dienten; 3.) die ganze Umgebung, die in der gleichen Tiefe, ist mit faustgroßen und kleineren Steinen bedeckt, die die damalige freie Oberfläche angeben; 4.) eine Scherbe mit Schnurlinien (waagerecht), Schnurbecher, bei weiterer Grabung noch mehr solcher Scherben; 5.) Absplisse von Feuerstein und Porphyr; 6.) eine zugeschlagene Spitze"*.

Gember schloß aus den wenigen Scherbenfunden und den Abfallstücken aus Feuerstein, daß es sich bei diesem Fundplatz um eine kurzfristige Raststelle handelt. Ungefähr drei Monate später, im Juli 1930, wurde 3,50 m westlich von der ersten Feuerstelle eine 2. Feuerstelle entdeckt, die der ersten sehr ähnlich war. In der Nähe fand sich ein kleines Feuersteinmesserchen.

Leider ist das schnurkeramische Material vom Schultheißenbuckel zum größten Teil verschollen, so daß direkte Vergleiche mit dem Atzelberg nicht möglich sind. Den Beobachtungen Gembers zufolge ist an der Zugehörigkeit der Fundstelle zur Kultur der Schurkeramik nicht zu zweifeln. Ob es sich aber um eine Raststelle handelt, muß fraglich bleiben.

1.3. MA-Wallstadt „Rechts der Käfertaler Straße"

Der Fundort befindet sich ungefähr 2 km nordwestlich vom Atzelberg und ca. 400 m südlich vom Schultheißenbuckel. In dem Dünengebiet bei Wallstadt konnten 1980 bei Ausgrabungsarbeiten im Gewann „Rechts der Käfertaler Straße" auf einer Fläche von ca. 1000 qm zahlreiche endneolithische Funde in lockerer Streuung geborgen werden[387]. Die Funde lagen verstreut im Dünensand, ohne daß sie einem Befund zugeordnet werden konnten. Trotz höchster Aufmerksamkeit konnten keine Siedlungsstrukturen beobachtet werden[388]. Auch die Verteilung der Funde in der Grabungsfläche läßt keine Rückschlüsse auf das Aussehen der Siedlung und Besiedlungsabfolge zu.

Das hier gefundene Material ist aufgrund der Kleinteiligkeit, der Sandsteinscheibe (siehe unter Sandsteinscheiben) und der Ähnlichkeit mit dem Inventar vom Atzelberg als Siedlungsmaterial zu interpretieren. Die Scherben lassen sich sowohl der Schurkeramik als auch der Glockenbecherkultur zuweisen. Neben schnur- und kammstichverzierter Keramik

---

[384] Gember 1937, 10.
[385] Gropengießer 1930, 230.
[386] Tagebuch Gember 29-30.
[387] Jensen 1984, 587-588.
[388] Persönliche Mitteilung des Grabungsleiters H. Geil.

kommen auch Ritz-, Fingernagel-, Fingertupfen- und plastische Verzierung vor. Die Schnur- und Kammstichverzierung ist in parallelen, horizontalen Reihen angeordnet, ohne besondere Muster darzustellen. Auch die Fingertupfen und Fingernagelverzierungen bilden waagerechte Reihen oder Leisten. Ein Randstück weist eine aufgesetzte, senkrechte Leiste (Wulst, Knubbe) unter dem Rand auf. Das qualitätvollste Stück ist eine Glockenbecherscherbe. Die Verzierungen des Gefäßes, zu dem diese Scherbe gehörte, war in Zonen gegliedert. Die Zonen waren entweder unverziert oder mit Leiterbändern gefüllt. Möglicherweise war der Becher auch mit Metopen versehen, wie zwei Becher aus Hanau[389] und Darmstadt[390] nahelegen.

Die kammstich- und zonenverzierten Gefäße mit ausladenden Rand sind in die Glockenbecherzeit zu datieren. Die anderen Scherben sind allgemein ins Endneolithikum oder in die Schnurkeramik (Schnurverzierung) zu stellen.

Mit dem Atzelberg vergleichbar sind die schurverzierten Scherben, sowie die Fragmente mit Fingernagel- und Fingertupfenverzierung. Das Randstück mit senkrechter Leiste hat eher Parallelen zur Kiesgrube Back. Kammstichverzierung kommt zwar auch auf dem Atzelberg vor, ist aber gemessen am Gesamtbestand sehr selten.

Besonders interessant ist der Fund einer Sandsteinscheibe, die gut mit der Scheibe 3 vom Atzelberg zu vergleichen ist (siehe Sandsteinscheiben).

1.4. MA-Suebenheim „An der Waldspitze"

Südlich des Neckar liegt der Mannheimer Stadtteil Suebenheim. 1934 wurden dort im Gewann „An der Waldspitze" einige Lesefunde gemacht[391]. Die Zusammensetzung der wenigen Scherben läßt vermuten, daß es sich dabei wahrscheinlich um eine Siedlung handelt. Gefäße mit drei senkrechten Leisten unter dem Rand sind bisher nie in Gräbern gefunden worden, was den Schluß zuläßt, daß die in Suebenheim gefundene Scherbe zu einer Siedlung gehörte. Die Vergesellschaftung mit einer Becherscherbe mit drei horizontalen Schnurreihen unter dem Rand und daran anschließenden hängenden Schnurdreiecken deutet auf einen zeitlichen Zusammenhang mit dem Atzelberg hin. Die dritte Scherbe, die eine ovale Knubbe mit vier Einkerbungen hat, steht derzeit im Neckarmündungsgebiet alleine da.

1.5. MA-Seckenheim

Ebenfalls südlich des Neckar liegt die Fundstelle Mannheim-Seckenheim „Unterer Dossenwald". Hier wurde 1970 beim Bau eines Sportplatzes auf einer Düne eine Kulturschicht angeschnitten, die Material vom Frühneolithikum[392] bis in die Frühe Bronzezeit enthielt. Dieses sehr inhomogene Material ist auf ein Zusammenfallen verschiedener Schichten zurückzuführen (siehe unter Quellenkritik). Die dem Endneolithikum und der Frühen Bronzezeit zugewiesenen Stücke tragen vorwiegend Stempel- und Kammstichverzierung, eingeritzte Rillen und Leisten[393]. Dabei ist eine Zonengliederung, wie man sie von Glockenbechern kennt, kennzeichnend. Bei einer Gegenüberstellung dieser Keramikfragmente mit denen des Atzelberges gibt es weder bei der Gefäßform noch bei der Gefäßverzierung Übereinstimmungen. Auch die zahlreichen leistenverzierten Gefäße grenzen sich eindeutig von den Atzelberger Stücken ab. Von der Machart der Keramik her

---

[389] Gebers 1978, Taf.37,10.

[390] Gebers 1978, Taf.37,12.

[391] Gebers 1978, 134 Nr.199g; Taf. 1,1-3.

[392] LBK und La Hoguette Kultur (freundliche Mitteilung von Dr. H.-P. Kraft).

[393] Petrasch 1983, 41; 42 Abb. 1; 43 Abb. 2.

unterscheidet sich Mannheim-Seckenheim ebenfalls vom Atzelberg. Zwar besteht bei beiden Fundorten die Magerung aus mineralischen Bestandteilen, in Seckenheim sind aber keramische Zusätze selten. Die Korngröße der Keramik ist in Seckenheim hauptsächlich fein bis mittel, während sie am Atzelberg vorwiegend grob bis sehr grob ist.

Die dem Endneolithikum zugewiesenen Scherben können in die Glockenbecherzeit datiert werden. Möglicherweise gibt es aber Hinweise auf Elemente eines vorbecherzeitlichen Horizonts. Dafür könnten einige Scherben mit Randlochung sprechen, die für die Wartberg-, Horgener und Walternienburger-Bernburger Kultur charakteristisch sind[394].

Alle endneolithischen Fundstellen des Neckarmündungsgebietes außer Mannheim-Sandhofen, liegen in einem Radius von 5 km um den Atzelberg herum. Das ist auf den Aktionsradius Gembers zurückzuführen, der als Denkmalpfleger die Sand- und Kiesgruben sowie Baumaßnahmen der Umgebung überwacht hat. Die meisten schnurkeramischen Siedlungsplätze befinden sich nördlich des Neckars im Gebiet um Wallstadt-Käfertal. Der wichtigste glockenbecherzeitliche Siedlungsplatz Seckenheim hingegen ist südlich des Neckars zu finden, während die größte Gräberdichte dieser Zeitstellung in und bei Feudenheim ist. Die schnurkeramischen Gräber streuen recht gleichmäßig von Ladenburg über den Straßenheimer Hof nach Seckenheim „Hochstätt".

2.0. NÖRDLICH DES NECKARMÜNDUNGSGEBIETS

Nördlich des Neckarmündungsgebietes besteht nach derzeitigem Forschungsstand eine Besiedlungslücke, die bis zum Griesheimer Moor bei Darmstadt reicht. Dazwischen sind lediglich einige Fragmente von Wellenleistentöpfen aus der Grabhügelschüttung von Heppenheim, Lee Hügel 1[395] und Groß-Umstadt, Wachtersbach Hügel 2[396] aufgefunden worden, was auf eine Siedlung in der Nähe hinweist. Diese Besiedlungslücke ist forschungsbedingt, da dieses Gebiet nicht so intensiv von engagierten Denkmalpflegern oder Heimatforschern betreut wurde wie das Neckarmündungsgebiet und das Griesheimer Moor.

2.1. Griesheim/Riedstadt- „Griesheimer Moor"

Südwestlich von Griesheim bei Darmstadt erstreckt sich das Griesheimer Moor. Bei systematischen Begehungen in den 1960er bis 1980er Jahren wurden u.a. einige schnurkeramische Siedlungsplätze abgesammelt. Die Ergebnisse wurden von Maran, der selbst an diesen Begehungen teilgenommen hat, bearbeitet und publiziert[397]. Seine Untersuchungen lieferten einen sehr wichtigen Beitrag zur Erforschung des endneolithischen Siedlungswesens am nördlichen Oberrhein. Die wichtigsten und aussagekräftigsten Fundstellen rund um das Griesheimer Moor befanden sich am westlichen Rand des einstmaligen Feuchtgebiets. Die Fundstellen 4, 7, 8 und 9 lieferten das zahlreichste und vielseitigste Material. Besonders interessant ist die Anordnung der Fundstellen 1, 6, 7, 8 und 9: sie sind wie auf einer Perlenschnur in N-S Richtung aufgereiht[398]. Vielleicht handelt es sich um eine chronologisch bedingte Siedlungsverlagerung. Diese Frage soll hier allerdings nicht

---

[394] Petrasch 1983, 45-46; Abb. 2,16-17.
[395] Bantelmann 1986, 19-20; 25 Nr. 53.
[396] Bantelmann 1986, 19; 25 Nr. 52.
[397] Maran 1989/90, 27-243.
[398] Maran 1989/90, 37 Karte 3.

erörtert werden. In unserem Zusammenhang interessiert vielmehr die Zusammensetzung des keramischen und lithischen Materials.

In der FS 4 Riedstadt-Wolfskehlen „Auf den Landgraben" und „Kuhweidäcker" sind sowohl Schnurverzierung, plastische Verzierungen als auch Stich- und Ritzverzierungen vertreten[399]. Unter den Scherben mit Schnurverzierung sind solche mit horizontalen Schnurreihen[400], Schnurdreiecken[401], „Zonenmustern" aus Schnurdreiecken und horizontalen Schnurreihen[402] sowie Kombination von horizontalen Schnurreihen und Einstichreihen[403] nachzuweisen. Bei den Stücken mit plastischen Verzierungen kommen glatte, einfache Leisten[404], mehrfach leistenverzierte Scherben (Rippenbecher)[405], senkrechte Leisten[406], Fingertupfenreihen unter dem Rand[407], Fingertupfenleisten[408], ein Arkadenrand[409] und eine Randscherbe mit Fingerstrichriefe[410] vor. Auch die Mehrzahl der einstich- und ritzverzierten Scherben weist zahlreiche Parallelen zum Atzelberg auf. So sind beispielsweise schräggestellte Einstichreihen[411], Fischgrätenmuster[412], Fingernageleindrücke[413], runde Einstiche[414], aber auch die Kombination von runden Einstichreihen und Zonen geritzter Linien sowohl in FS 4 als auch auf dem Atzelberg vertreten. Die meisten der in der FS 4 gefundenen Scherben gehörten wohl zu becher- und topfartigen Gefäßen. Bemerkenswert ist ein gekehlter Amphorenhenkel[415], der zwar unverziert, aber demjenigen vom Atzelberg sehr ähnlich ist. Was die kulturelle und chronologische Nähe beider Fundorte unterstreicht, ist der Fund einer Sandsteinscheibe[416], die ein Charakteristikum des Atzelberges darstellt.

Die FS 6[417] hat zwar nicht besonders viel Material ergeben, jedoch ist dies die einzige Fundstelle, die Wellenleistenverzierungen erbracht hat[418]. Inwieweit nun eine Scherbe mit glatten Mehrfachleisten[419] eines Rippenbechers mit den Wellenleisten zu verbinden ist, ist aufgrund der Tatsache, daß es sich hierbei um Streufunde handelt, spekulativ.

Die Funde der FS 7 Griesheim „Die Katelswiese"[420] haben ein typisch schnurkeramisches Gepräge, das sich auch auf dem Atzelberg findet. Dazu gehören horizontale Schnurreihen[421], leistenverzierte Scherben[422], Fischgrätverzierung[423], schräggestellte Einstichreihen[424] und

---

[399] Maran 1989/90, 42-50.

[400] Maran 1989/90, 120 Abb. 7,11; 121 Abb. 8,8-9.

[401] Maran 1989/90, 121 Abb. 8,11.

[402] Maran 1989/90, 120 Abb. 7,10; 121 Abb. 8,12.

[403] Maran 1989/90, 121 Abb. 8,10.

[404] Maran 1989/90, 119 Abb. 6,5.9.11; 121 Abb. 8,5.

[405] Maran 1989/90, 119 Abb. 6,3-4.6-8.10.

[406] Maran 1989/90, 121 Abb. 8,1-2.

[407] Maran 1989/90, 120 Abb. 7,3-4.

[408] Maran 1989/90, 121 Abb. 8,7.14.

[409] Maran 1989/90, 120 Abb. 7,6.

[410] Maran 1989/90, 120 Abb. 7,1.

[411] Maran 1989/90, 120 Abb. 7,7-9.13.

[412] Maran 1989/90, 121 Abb. 8,4.

[413] Maran 1989/90, 120 Abb. 7,14.

[414] Maran 1989/90, 121 Abb. 8,3.

[415] Maran 1989/90, 121 Abb. 8,15.

[416] Maran 1989/90, 125 Abb. 12,9.

[417] Maran 1989/90, 50-52, Abb. 17-18,1-9.

[418] Maran 1989/90, 130 Abb. 17,1-3.

[419] Maran 1989/90, 130 Abb. 17,7.

[420] Maran 1989/90, 52-57, Abb. 18,10-22,6.

[421] Maran 1989/90, 132 Abb. 19,2.7.10.

[422] Maran 1989/90, 131 Abb. 18,11; 132 Abb. 19,5.16.

[423] Maran 1989/90, 132 Abb. 19,12.

gekehlte Amphorenhenkel[425]. Aber einige Verzierungen und Verzierungsmuster der FS 7 kommen auf dem Atzelberg nicht vor (geritzte Dreiecke[426], schraffierter, gebogener Schnureindruck[427]), und andererseits fehlen hier z.B. Schnurdreiecke, Mehrfachleisten, Sandsteinscheiben u.v.m.

Auch bei der FS 8 Griesheim „Die Peterswiese"[428] ist verhältnismäßig wenig Material vorhanden. Horizontale Schnurreihen[429], Schnurdreiecke[430], einfache Leisten[431], schräggestellte Einstiche[432] und Fingernageleindrücke[433] weisen Parallelen zum Atzelberg auf, während das Flechtbandmuster[434] oder die Amphorenhenkel[435] dort fremd sind.

Ein anderes Bild ergibt die FS 9 Griesheim „Die Peterswiese"[436]. Dort fanden sich Scherben mit horizontalen Schnurreihen[437], Schnurdreiecken[438], Kombinationen horizontaler Schnurreihen mit runden Einstichen[439], Ein- und Mehrfachleisten[440], senkrechten Leisten[441], Fingernageleindrücken[442], schräggestellten, länglichen Einstichreihen[443], gekehlten Amphorenhenkeln[444] und eine unverzierte Randscherbe[445]. Eine Steinscheibe[446] läßt sich sehr gut mit der kleinen Scheibe 4 vom Atzelberg vergleichen (siehe Sandsteinscheiben). Bis auf zwei Scherben des Früh- und Mittelneolithikums[447] und einigen Amphorenhenkeln[448] ist das Material der FS 9 dem des Atzelberges so ähnlich, daß man beide Fundorte einer kulturellen Einheit zuweisen kann.

In zwei Untersuchungen legte Menke 1974[449] und 1975[450] endneolithische Siedlungsplätze aus dem Rhein-Main-Gebiet bei Rüsselsheim und Offenbach vor.

---

[424] Maran 1989/90, 132 Abb. 19,13-14.
[425] Maran 1989/90, 133 Abb. 20,3.5.
[426] Maran 1989/90, 132 Abb. 19,6.
[427] Maran 1989/90, 132 Abb. 19,8.
[428] Maran 1989/90, 57-59, Abb. 24,4.6-27,3.
[429] Maran 1989/90, 137 Abb. 24,4.
[430] Maran 1989/90, 138 Abb. 25,9.
[431] Maran 1989/90, 138 Abb. 25,3-4.
[432] Maran 1989/90, 138 Abb. 25,5.
[433] Maran 1989/90, 138 Abb. 25,6.10.
[434] Maran 1989/90, 138 Abb. 25,8.
[435] Maran 1989/90, 138 Abb. 25,11-12.
[436] Maran 1989/90, 59-65, Abb. 27,4-33.
[437] Maran 1989/90, 140 Abb. 27,9-10; 141 Abb. 28,10-11.14.16.
[438] Maran 1989/90, 141 Abb. 28,5-9.
[439] Maran 1989/90, 141 Abb. 28,4.15.
[440] Maran 1989/90, 140 Abb. 27,6.11-15.
[441] Maran 1989/90, 140 Abb. 27,7.
[442] Maran 1989/90, 141 Abb. 28,2.
[443] Maran 1989/90, 141 Abb. 28,1.3.
[444] Maran 1989/90, 141 Abb. 28,17-19.
[445] Maran 1989/90, 140 Abb. 27,4.
[446] Maran 1989/90, 146 Abb. 33,1.
[447] Maran 1989/90, 142 Abb.29,2.4.
[448] Maran 1989/90, 141 Abb.28,20; 142 Abb. 29,1.3.
[449] Menke 1974, 3-46.
[450] Menke 1975, 177-195.

2.2. Rüsselsheim

Die aus den Dünengebieten bei Rüsselsheim kommenden Funde stammen aus Fundaufsammlungen (FS 4) und/oder Kulturschichten (FS 1, FS 2, FS 3, FS 5, Rüsselsheim, Tannenstraße 12). Dort waren Glockenbecherscherben mit Zonen- und Metopenverzierung, die auch z.T. ausgesparte Winkelbänder und Rhomben aufwiesen, mit Grobkeramik vergesellschaftet. Die Grobkeramik war in den meisten Fällen mit Leisten versehen. Dabei kann man zwischen einfachen glatten Leisten unterhalb des Randes[451] und senkrechten Dreifachleisten[452] unterscheiden. Die verwendeten Verzierungsarten sind sehr vielseitig. Sie reichen von Ritzlinien über Kammstichverzierung, grobe Stempeleindrücke, Kerben und tiefen Einschnitten bis zur Fingernagelverzierung und Randdurchlochung[453].

Die Dünenfundplätze von Rüsselsheim enthalten endneolithisches Siedlungsmaterial. Den prägenden Charakter der Fundstellen bestimmen die enthaltenen Glockenbecherscherben. Auch bestimmte Verzierungsarten wie die Kammstichverzierung sprechen für eine Datierung in die Glockenbecherzeit. Verglichen mit dem Atzelberg unterscheidet sich die leistenverzierte Ware a.) in der Gestaltung der Ränder, b.) in der Orientierung und Anlage der Leiste, und c.) in der Randdurchlochung. Ähnlich dagegen sind die senkrechte Dreifachleiste und fischgrätenähnliches Muster[454] der Fundstelle 1, sowie die gestielten Pfeilspitzen und die grobe Machart der Steingeräte. Die Unterschiede zwischen dem Neckarmündungsgebiet und dem Rüsselsheimer Dünengebiet sind damit so deutlich, daß sie zu unterschiedlichen Kulturen bzw. verschiedenen Zeitabschnitten des Endneolithikums zugeordnet werden müssen. Lediglich die Fundstelle 1[455] könnte eine gewisse zeitliche Nähe zum Atzelberg aufweisen.

2.3. Offenbach

In der von Menke bearbeiteten Region um Offenbach[456] ähnelt die Zusammensetzung des Fundgutes derjenigen um Rüsselsheim. Kennzeichnend und datierend für das Offenbacher Gebiet sind die zahlreichen Glockenbecherfunde. Ritz- und Kammstichlinien, Zonen- und Metopenverzierung geben die Bandbreite der Glockenbecherverzierungen an. Wie in Rüsselsheim besteht ein Teil des Fundmaterials aus leistenverzierter Keramik, deren Leisten glatt oder getupft bzw. gekerbt sein können. Aber auch hier gilt, daß Randgestaltung, Gefäßform, Anbringungsort und -weise der Leisten und Leistenverzierung von der Atzelberger Keramik erheblich abweichen. Auch ein Randstück mit glatten Mehrfachleisten von Offenbach-Bieber[457] ist kein Rippenbecher, da höchstwahrscheinlich nur die Halszone damit versehen war. Zu den Fischgrätenbechern aus dem Kreis Offenbach ist zu sagen, daß ein Teil aus Gräbern und nicht aus Siedlungen stammt[458]. Überdies haben sie eine lange Laufzeit und eine weite Verbreitung (siehe Keramik), so daß sie durchaus die Keramik der Glockenbecherzeit inspiriert haben könnten. Die Anwendung der Fischgrätenverzierung auf für die Schnurkeramik untypischen Gefäßen spricht für einen schnurkeramischen Einfluß bei einem sonst glockenbecherzeitlichen Gepräge der übrigen Keramik.

---

[451] Menke 1975, 179 Abb. 1,1.6.8-9.
[452] Menke 1975, 179 Abb. 1,2.
[453] Menke 1975, Abb.1-5.
[454] Menke 1975, 179 Abb. 1,15.
[455] Menke 1975, 179 Abb. 1.
[456] Menke 1974, 3-46.
[457] Menke 1974, 45 Taf. 7,4.
[458] Menke 1974, 7 Nr. 23; Taf. 4,18; Menke 1974, 7 Nr. 22/23; Taf. 5,1-2; Menke 1974, 8 Nr. 38b;Taf. 6,16.

Unter einem altgegrabenen Grabhügel bei Wiesbaden-Hebenkies[459] fand sich bei Nachgrabungen zwischen 1975 und 1977 eine Siedlungsschicht, die von dem Hügel geschützt worden war. In dieser Siedlungsschicht und der Aufschüttung des Hügels konnten viele Keramikfragmente geborgen werden. Die meisten Scherben waren unverziert, nur ein kleiner Bruchteil wies Verzierungen auf. Die unverzierten Rand- und Wandscherben sind für sich alleine wenig aussagekräftig, d.h. Vergleiche würden nur Sinn machen, wenn man Fundorte mit ähnlichen Inventaren gegenüberstellen könnte. Da der Anteil der unverzierten Keramik auf dem Atzelberg gering ist, ist es nicht sinnvoll, die wenigen Stücke des Atzelberges, mit denen von Wiesbaden-Hebenkies vergleichen zu wollen. Was den Fundort Wiesbaden-Hebenkies interessant macht sind neun Scherben, die mit schräggestellten, länglichen Einstichreihen verziert sind[460]. Die möglicherweise zu einem einzigen Gefäß gehörenden Scherben zeigen Analogien zu den auf dem Atzelberg gefundenen Bruchstücken. Die Scherben von Wiesbaden-Hebenkies kamen nicht aus der Siedlungsschicht, sondern entweder aus der Hügelschüttung oder einer Störung[461]. Aus ähnlich unsicherem Zusammenhang kamen zwei mit Fischgrätenmuster verzierte „Amphoren"fragmente[462]. Meiner Meinung nach lassen sich beide Komplexe durchaus der Hügelschüttung zurechnen, da bei den Scherben keinerlei Reste von Knochen gefunden wurden, die auf Nachbestattungen hindeuten. Gegen Nachbestattungen spricht auch, daß Gefäßformen mit solchen Einstichreihen völlig untypische Grabbeigaben sind, dagegen oft in Siedlungszusammenhängen vorkommen. Wiesbaden-Hebenkies ist eine der wenigen Stratigraphien, die aus dem Ende des Neolithikums vorliegen. Da die Siedlungsschicht unter einem Grabhügel der „jüngeren" Schnurkeramik liegt, muß sie älter sein als der Hügel. Das bedeutet, daß sie der älteren Schnurkeramik oder der Wartberg-Kultur angehört. Da aber schnur- und fischgrätenverzierte Keramik vollständig fehlt und das Waren- und Formenspektrum der Keramik mit dem der Wartberg-Kultur vergleichbar ist, deutet alles auf eine Datierung in die Wartberg-Kultur hin[463]. Ein ^{14}C- Datum (4610±50 BP) bestätigt diese Datierung[464]. Nimmt man zudem an, daß die oben erwähnten Scherben mit Einstichreihen aus der Hügelschüttung stammen, sind sie ebenfalls früher als die Bestattung zu datieren.

3.0. SÜDLICH DES NECKARMÜNDUNGSGEBIETS

Die Quellen für die endneolithische Besiedlung südlich des Neckarmündungsgebiets sind noch spärlicher als im Norden. Im Dünengebiet bei St. Ilgen wurden im Gewann „Sandbuckel" zwischen 1961-1964 schnurverzierte Keramik und Steinartefakte gefunden[465]. Diese Funde sind derzeit leider verschollen, so daß sie nicht zu neuen Erkenntnissen beitragen können. Besondere Bedeutung dagegen hat ein Fund, der in Speyer-„Vogelgesang" gemacht wurde. Es handelt sich dabei um einen der wenigen linksrheinischen Fundorte der Schnurkeramik am nördlichen Oberrhein.

---

[459] Bantelmann et al. 1979/80, 183-249.

[460] Bantelmann et al. 1979/80, 222; Abb. 23,3-10.13.

[461] Bantelmann et al. 1979/80, 222.

[462] Bantelmann et al. 1979/80, 227; Abb. 25,4-5.

[463] Bantelmann et al. 1979/80, 230.

[464] Bantelmann et al. 1979/80, 233.

[465] Hormuth 1951, 45-56; Hormuth 1975, 46.

3.1. Speyer- „Vogelgesang"

Bei Ausgrabungsarbeiten in einem frühmittelalterlichen Gräberfeld in der Gemarkung Vogelgesang in Speyer wurde 1983 beim Abtragen des Humushorizonts eine schnurkeramische Siedlungsgrube angeschnitten und anschließend ausgegraben[466].
Der überwiegende Teil der Keramik war grob gemagert und mit kleinen Steinchen durchsetzt. Seltener dagegen sind Scherben aus feinem Ton[467].
Der größte Teil der Keramik wies keinerlei Verzierung auf. Bei den verzierten Stücken überwiegen plastische Verzierungen wie Leisten (Wülste), Wellenleistenverzierung, Fingerkniffleisten, Fingertupfenleisten und Knubben[468]. In einem Fall ist eine Kombination einer wulstartigen Verdickung mit Stempelverzierung nachgewiesen. Bis auf die Knubben, die sowohl den Standfuß als auch den Schulterumbruch umgeben können, sind die plastischen Verdickungen auf den Randbereich beschränkt. Als besonders wichtig für die Datierung und Kulturzuweisung muß die Wellenleistenverzierung angesehen werden.
Die für die Schnurkeramik charakteristische Schnurverzierung ist in Speyer lediglich durch fünf Scherben, die zu drei Gefäßen gehören, repräsentiert[469]. Zwei Becher mit gruppierten Schnurreihen sind die einzigen, die sich eindeutig der Schnurkeramik zuweisen lassen. Die anderen sind so fragmentarisch erhalten, daß sie nur Aussagen zur Verzierungsart zulassen.
Erwähnt werden sollen noch zwei Spinnwirtel, ein kleines Steinbeil und ein Knochengerät aus der Verfüllung der Grube[470]. Die beiden flachen bis flachkonischen Spinnwirtel bezeugen die Produktion von Textilien. Von der Keramik unterscheiden sich die Spinnwirtel durch eine „Schamottemagerung". Das kleine, nur 3,5 cm lange aus grünem Felsgestein gefertigte Steinbeil paßt nicht zuletzt durch seine trapezoide Form gut in den endneolithischen Kontext. Zu dem Knochengerät läßt sich nur sagen, daß es als Ahle oder Nadel verwendet wurde, was eindeutig für den Siedlungscharakter der Grube spricht.
Bislang wurden die Siedlungsinventare von Speyer und Ilvesheim-Atzelberg als zwei verschiedene Siedlungstypen nebeneinander gestellt (siehe Siedlung)[471]. Auf den ersten Blick unterscheidet sich auch das Speyerer Material von dem des Atzelberges. Bei näherer Betrachtung ergeben sich jedoch mehr Parallelen. Horizontale Schnurreihen, gruppierte Schnurreihen, Arkadenverzierung, Fingertupfenleisten unter dem Rand und einstichverzierte Einfachleiste kommen bei beiden Fundorten vor[472]. Einen gravierenden Unterschied allerdings bilden die Fragmente der Wellenleistentöpfe, die auf dem Atzelberg nicht nachgewiesen sind.

Von Speyer in Richtung Süden klafft eine große Lücke, in der bisher keine Siedlungsfunde gemacht wurden. Erst am südlichen Oberrhein[473], in Leiselheim (Ldkr. Freiburg), ist 1944 bei der Anlage eines Panzergrabens eine wellenleistenverzierte Scherbe und eine Scherbe mit Schnurwellenband gefunden worden[474]. Die Scherbe mit Schnurwellenband, das mit runden Einstichen gefüllt war, weist diesen Fund in die Nähe der schweizerischen Schnurkeramik, in

---

[466] Bantelmann 1986, 13-27.

[467] Bantelmann 1986, 13.

[468] Bantelmann 1986, 16.

[469] Bantelmann 1986, 13.

[470] Bantelmann 1986, 16.

[471] Bantelmann 1986, 20.

[472] Bantelmann 1986, 14 Abb. 1,4-5.13.16.7; 2,19.17.

[473] Die am südlichen Oberrhein und im Elsaß liegenden Fundorte der Schnurkeramik gehören eindeutig zum kulturellen Einflußbereich der schweizerischen Schnurkeramik: Lack/ Lack 1986; Pape 1992; Munier/Watts 1998.

[474] Kimmig 1948/50, 63-77.

der diese zum Typ Vinelz gehört[475]. Mit dem nördlichen Oberrhein kann dieser Fundort aber nicht in Verbindung gebracht werden, da hier die Schnurwellenbänder nahezu unbekannt sind. Eine Ausnahme bildet eine Amphore aus Groß-Gerau, die eine solche Verzierung trägt[476]. Auch das geringe Vorkommen von Wellenleistenverzierungen am nördlichen Oberrhein spricht eher gegen eine Verbindung der beiden Gebiete. Betrachtet man hingegen die Keramik der schweizerischen Schnurkeramik, so fällt auf, daß dort Wellenleistenverzierungen sehr häufig sind. Daher hat aufgrund beider Verzierungsmuster der Fundort Leiselheim einen starken Bezug zur schweizerischen Schnurkeramik.

4.0. SYNTHESE

Bei der Gegenüberstellung von Fundorten des nördlichen Oberrheins mit dem Atzelberg bieten die Fundstellen vom Griesheimer Moor die besten Vergleichsmöglichkeiten. Besonders die Fundstelle 9 weist ein praktisch identisches Fundspektrum auf. In Verbindung mit den anderen Fundstellen in diesem Gebiet lassen sich die Fundorte des Neckarmündungsgebiets und des Griesheimer Moores zu einer schnurkeramischen Lokalgruppe zusammenfassen[477]. Um diese Gruppe von der „Gruppe Ilvesheim" nach Pape abzugrenzen, soll die Gruppe nach den Fundorten Atzelberg und Griesheimer Moor benannt werden.

Diese Lokalgruppe „Atzelberg/Griesheimer Moor" wird durch eine bestimmte Zusammensetzung von Keramikformen, -verzierungen und lithischen Artefakten charakterisiert. Neben den schnurverzierten Bechern und Amphoren mit gekehlten Henkeln, die charakteristisch für die Schnurkeramik sind, ist der Rippenbecher eine auf den nördlichen Oberrhein beschränkte Gefäßform. Das Verzierungsspektrum besteht aus einfachen Schnurreihen, Schnurdreiecken, Fischgrätenmustern, glatten Einfach- und Mehrfachleisten, senkrechten Leisten, Fingertupfenleisten, einfachen Einstichmustern und Reihen schräggestellter länglicher Einstiche. Ritzverzierungen kommen zwar in beiden Regionen vor, gehören zumindest auf dem Atzelberg aber eindeutig in die Glockenbecherkultur. Das Spektrum der lithischen Kleingeräte ist zu unspezifisch, um ein Indikator zu sein. Lediglich die Ausbeutung lokaler Rohstoffquellen ist als Verbindungsglied zu sehen. Die Großsteingeräte (Beile und Klopfsteine) beider Gebiet entsprechen sich sehr gut, sind aber für sich alleine genommen kein Kriterium für eine Lokalgruppe. Dagegen müssen die Steinscheiben, die zumeist aus Sandstein bestehen, als typisches Merkmal für den nördlichen Oberrhein gelten.

Nach Westen und Norden wird die Lokalgruppe „Atzelberg-Griesheimer Moor" durch Rhein und Main begrenzt (Taf. 31). Nördlich des Main gibt es zwar viele schnurkeramische Bestattungen, die sich nur unwesentlich von denen des nördlichen Oberrheins unterscheiden, aber keiner der Siedlungsplätze, die dort gefunden wurden, hat irgendwelche Ähnlichkeiten mit den Inventaren des rechtsrheinischen nördlichen Oberrheingrabens. Die Siedlungen bei Rüsselsheim und Offenbach sowie nordmainische Fundplätze haben wartberg- oder glockenbecherzeitlichen Charakter. Hier besteht die Möglichkeit, daß sich Gruppen der Wartberg-Kultur linksrheinisch bis in die Zeit der Glockenbecherkultur hielten, während sie

---

[475] Kimmig 1948/50, Abb. 8,1-2.

[476] Gebers 1978, 164-165 Nr. 269 g; Taf. 7,2.

[477] Solange es in diesem Gebiet keine überzeugende chronologische Gliederung gibt, sollen die Fundorte vom Siedlungstyp Atzelberg/Griesheimer Moor zu einer Lokalgruppe zusammengefaßt werden. Aufgrund einer in Zukunft besseren Materialbasis könnte sich allerdings herausstellen, daß diese Lokalgruppe lediglich eine Zeitstufe innerhalb der Schnurkeramik darstellt. Deshalb ist der Begriff „Lokalgruppe" noch als Provisorium aufzufassen.

rechtsrheinisch von der Schnurkeramik abgelöst wurden[478]. Wartberger Einflüsse auf der rechtsrheinischen Seite sind aber nicht generell zu verneinen.

Westlich des Rheins gibt es nur sporadisch Funde der Schnurkeramik, hier sind vielmehr glockenbecherzeitliche Gräber und Siedlungsstellen bekannt[479]. Der überwiegende Teil der schnurkeramischen Funde sind Grabfunde. Die Scherben von Dannstadt-Schauernheim[480], die bei einer Begehung aufgelesen wurden, sollen angeblich zu einer Siedlung gehören, da es sich dabei aber nur um wenige schnurverzierte Scherben handelt und andere Beifunde fehlen, soll dieser Fundort nicht näher besprochen werden. Anders sieht es bei der Grube von Speyer-Vogelgesang aus. Das Inventar dieser Grube weicht, trotz einiger Parallelen, so stark von dem der Fundorte im Neckarmündungsgebiet und des Griesheimer Moores (vgl. aber Fundstelle 6 mir Wellenleistenverzierung) ab, daß es entweder einer anderen Zeitstufe oder einer anderen Lokalgruppe der Schnurkeramik zugeordnet werden muß (siehe Siedlung).

Die östliche Grenze bildet Odenwald. Im Süden ist die Abgrenzung unklar. Das verschollene Material von St. Ilgen „Sandbuckel"[481], könnte hier Abhilfe schaffen. Der südlichste Fundpunkt ist damit bislang der Atzelberg.

---

[478] Bantelmann et al. 1979/80, 236.
[479] Sielmann 1971a, 184; 190.
[480] Kilian 1974, 15, Abb. 10,1-4.6-8.
[481] Hormuth 1975, 46.

Über den Siedlungscharakter des Atzelberges ist im Laufe der Forschungsgeschichte viel geschrieben worden. Mit der Aufarbeitung des Atzelberger Materials ist es notwendig geworden, sich mit den früheren Auffassungen auseinanderzusetzen, um dieses Bild gegebenenfalls zu korrigieren. Die folgenden Ausführungen sollen als konstruktive Kritik aufgrund einer verbesserten Fundsituation verstanden werden.

1.0. „Gruppe Ilvesheim" nach Pape

Seit der Auffindung der Siedlung 1929 wurde das Material vom Atzelberg als schnurkeramisch interpretiert[482]. Diese Annahme hielt sich bis 1978. In seiner Untersuchung über die Relativchronologie des Endneolithikums setzte sich Pape kritisch mit dem Verhältnis der schnurkeramischen Gräber und Siedlungen auseinander[483]. Er stellte fest, daß auf dem Atzelberg neben bekannten Formen der Schnurkeramik auch unbekannte Formen vorhanden sind, die auch in anderen Regionalgruppen des Endneolithikums vorkommen[484]. Pape stellte sich die Frage, ob das gesamte Material vom Atzelberg überhaupt ein Bestandteil der Schnurkeramik ist, oder ob die eigentliche Kultur von der Masse der schnurkeramischen Scherben verdeckt wird. Er wies darauf hin, daß erstens vergleichbare schnurkeramische Siedlungen fehlen[485], zweitens die kulturelle Zuordnung nur aufgrund des hohen Anteils an schnurkeramischen Scherben und „der geringen Eigenständigkeit der fremden Erscheinungen" erfolgte[486] und drittens ein Zusammenhang zwischen schnurkeramischen Gräbern und Siedlungen wie dem Atzelberg gar nicht erwiesen sei[487]. Bei seinen Überlegungen stellte Pape die Hypothese auf, daß es sich bei der „Rheinischen Gruppe" um „eine unter Schnur- und Glockenbechereinfluß bis zur Unkenntlichkeit versteckte Regionalgruppe" handelt[488]. Er faßte daraufhin die schnurkeramisch-glockenbecherzeitlichen Siedlungen des nördlichen Oberrheins zur „Gruppe Ilvesheim" zusammen[489].
Damit hat Pape einen Diskussionsprozeß in Gang gesetzt, der bis heute andauert. 1981 griff Sangmeister diese These wieder auf und stellte ebenfalls die Frage nach dem Verhältnis zwischen der schnurkeramischen „Gräber- und Siedlungskultur"[490].
Mit der Publikation des Grubeninventars von Speyer-Vogelgesang bot sich Bantelmann die Möglichkeit, auf die „Gruppe Ilvesheim" einzugehen und sie mit dem Fund von Speyer zu vergleichen[491] (siehe Kapital D). Er stellte neben den Siedlungstyp „Ilvesheim" den Siedlungstyp „Speyer-Vogelgesang" (siehe unten Siedlungstyp „Speyer-Vogelgesang")[492].

---

[482] Gropengießer 1931, 361-362; Sangmeister/ Gerhardt 1965, 20; Köster 1965/66, 42.

[483] Pape 1978, 96.

[484] Pape 1978, 96.

[485] Pape 1978, 96.

[486] Pape 1978, 96.

[487] Pape 1978, 96.

[488] Pape 1978, 96.

[489] Pape 1978, 97; 241 Liste 7.

[490] Sangmeister 1981, 139-140.

[491] Bantelmann 1986, 20-21.

[492] Bantelmann 1986, 20.

Die These, daß es sich bei der „Ilvesheimer Gruppe" um eine jung- bis endneolithische Lokalgruppe[493] im Sinne des Horizonts Horgen-Wartberg-Goldberg-III handelt, läßt sich aufgrund des vollständigen Siedlungsmaterials des Atzelberges, neuer Siedlungsfunde und der unzulässigen Zusammenfassung von schnurkeramischen und glockenbecherzeitlichen Siedlungsplätzen nicht mehr aufrecht erhalten. Vielmehr konnte nachgewiesen werden, daß das rechtsrheinische Gebiet zwischen der Neckar- und der Mainmündung eine Lokalgruppe der Schnurkeramik darstellt (siehe Vergleiche), die sich von den glockenbecherzeitlichen Siedlungsplätzen südlich des Mains und westlich des Oberrheins unterscheidet. Der Einwand, daß das Siedlungsmaterial der Schnurkeramik nicht bekannt ist, und die bekannten Formen und Verzierungen wenig eigenständig sind, spricht nicht gegen eine Zuordnung der Siedlungsinventare vom Typ „Atzelberg/Griesheimer Moor" zur Schnurkeramik. Die fast identischen Siedlungsmaterialien vom Atzelberg und vom Griesheimer Moor belegen die Zusammengehörigkeit der dort gefundenen schnurverzierten Scherben mit dem übrigen Siedlungsmaterial[494]. Daß die schnurverzierte Keramik, die für die „Gräberkultur" charakteristisch ist, auch in den Siedlungen vorkommt, ist damit zu begründen, daß die „Gräberkultur" ein Ausschnitt der „Siedlungskultur" ist (siehe „Gräberkultur"). Einige Keramikformen und -verzierungen haben sicherlich starke Affinität zum Jungneolithikum. Das könnte dazu verleiten, hier einen Horizont zu sehen, der die chronologische Lücke zwischen der Michelsberger Kultur und der Schnurkeramik schließt. Allerdings sind diese Stücke ebenso im Endneolithikum verbreitet. Das jungneolithische Gepräge mancher Artefakte ist der Ausdruck einer jungneolithischen Tradition, die im Endneolithikum weitergeführt wurde. Die Schnurkeramik ist ja nicht aus dem Nichts entstanden, sondern hat ihre Ursprünge zweifellos in jungneolithischen Kulturen, deren Spuren in der schnurkeramischen Kultur erhalten geblieben sind.

Die These von Pape, daß sich die „Ilvesheimer Gruppe" von der Gräberkultur desselben Gebietes, sowie von dem Material aus den Seeufersiedlungen der Schweiz und Oberschwabens unterscheidet[495], ist korrekt, allerdings nicht aus dem Grund, daß es sich um unterschiedliche Kulturen handelt, sondern weil beide Regionen zu unterschiedlichen Lokalgruppen der Schnurkeramik gehören. Dies ist dadurch zu erklären, daß beide Gebiete an der Peripherie der schnurkeramischen Kultur liegen und somit verstärkt anderen kulturellen Einflüssen ausgesetzt waren. Im Neckarmündungsgebiet machen sich Einflüsse aus der Einzelgrabkultur, der mitteldeutschen Schnurkeramik und besonders der Glockenbecherkultur bemerkbar. Die Randlage der Schweiz wird durch eine besondere Siedlungsform (Pfahlbauten), Bestattungssitten (Brandbestattungen) und einem verhältnismäßigen Kupferreichtum[496] herausgestellt. Außerdem basiert die Schweizer Schnurkeramik auf einem anderen Vorgängersubstrat als die am nördlichen Oberrhein.

2.0. SIEDLUNGSTYP „SPEYER- VOGELGESANG"

Bantelmann definierte 1986 in der Publikation einer Grube von Speyer-Vogelgesang einen neuen Siedlungstyp[497]. Dieser neue Siedlungstyp „Speyer-Vogelgesang" zeichnet sich dadurch aus, daß die Funde nicht aus einer Fundaufsammlung stammen, sondern zusammen in einer Grube lagen. Aufgrund des Grubeninventares und in Analogie zu anderen schnurkeramischen Fundprovinzen rekonstruierte Bantelmann das Keramikspektrum der

---

493 Benz/ Strahm/ Willingen 1998, 309 Fig.5.
494 Ähnlich schon Maran 1989/90, 185, 188.
495 Pape 1978, 96; 241 Liste 7; 264 Karte; Bantelmann 1986, 17.
496 Strahm 1971, Abb. 25-26.
497 Bantelmann 1986, 20.

schnurkeramischen Siedlungskultur am nördlichen Oberrhein. Er sieht „verzierte und unverzierte Becher, Amphoren, wellenleistenverzierte Töpfe und einen nicht näher zu definierenden Anteil unverzierter, grober Ware" als charakteristisch für dieses Gebiet an[498].

Der Siedlungstyp „Speyer-Vogelgesang" unterscheidet sich nach Bantelmann erheblich vom Typ „Ilvesheim"[499]. Er begründet das mit dem Fehlen von Amphoren und wellenleistenverzierten Töpfen sowie der Dominanz von leistenverzierten Gefäßen auf dem Atzelberg[500]. Auch sieht er nur wenige Parallelen zwischen dem Speyerer und Atzelberger Material. Diese Ansicht muß ein wenig korrigiert werden.

Wenn man beide Fundorte miteinander vergleicht, müssen einige Punkte beachtet werden. Der erste ist die kulturelle Zuordnung. Beim Atzelberg wurde die Zugehörigkeit zur schnurkeramischen Siedlungskultur angezweifelt[501], während bei der Siedlungsgrube aus Speyer keinerlei Zweifel daran aufkam. Dabei basierte die Zuordnung der Speyerer Grube lediglich auf fünf schnurverzierten Scherben, von denen nur drei signifikant sind, und der Wellenleistenverzierung, deren Ursprung und Laufzeit immer noch nicht ermittelt ist[502]. Nichtsdestotrotz kann man beide Fundorte als schnurkeramisch identifizieren. Ein zweiter Punkt ist das unterschiedliche Fundaufkommen und die erforschte Gesamtfläche der Siedlung. Da auf dem Atzelberg eine größere Fläche ausgegraben wurde und folglich eine größere Menge an diagnostischer Keramik geborgen werden konnte, ist das Keramikspektrum dort sehr viel größer als in Speyer, wo die Keramik aus einer vermutlich sehr kurzen Zeitspanne in die Grube gelangte. Drittens muß angemerkt werden, daß ein Großteil der Keramik vom Atzelberg nicht verfügbar war, was zwangsläufig die Vergleiche verzerrt hat. So gehören beispielsweise Amphoren durchaus zum Gefäßspektrum des Atzelberges, genau wie Fingerkniffleisten. Das wichtigste Unterscheidungskriterium bleibt aber das Fehlen der Wellenleistenverzierung auf dem Atzelberg und im Neckarmündungsgebiet.

Wie diese beiden Siedlungstypen nun endgültig zu bewerten sind, muß die Zukunft mit neuen Funden zeigen. Derzeit sind zwei Möglichkeiten zu diskutieren. Zum einen, ob der Siedlungstyp „Speyer-Vogelgesang" einer anderen Zeitstufe der Schnurkeramik als der Atzelberg angehört, und zum anderen, ob hier zwei verschiedene Lokalgruppen vorliegen.

3.0. SIEDLUNGSTYP „HORGEN/WARTBERG"

Beide schnurkeramischen Siedlungstypen (Atzelberg/Griesheimer Moor und Speyer-Vogelgesang) unterscheiden sich grundsätzlich vom Siedlungstyp „Horgen/Wartberg". Der 1980 von Bantelmann eingeführte Siedlungstyp repräsentiert einen spätjungneolithischen-frühendneolithischen Fundhorizont[503]. Die Siedlungen vom Typ Horgen/Wartberg stehen in der Tradition der Michelsberger Kultur. Sie zeichnen sich durch das Fehlen von Siedlungsgruben und eine wenig aufwendige Totenbestattung aus. Die grobe unverzierte Keramik ist unscheinbar und nicht ohne weiteres zu erkennen.

Die daraus resultierenden Unterschiede bedingen die Zugehörigkeit der Siedlungstypen „Atzelberg/Griesheimer Moor" und „Speyer-Vogelgesang" zum Endneolithikum und nicht zu einem vorbecherzeitlichen Horizont.

[498] Bantelmann 1986, 20.
[499] Bantelmann 1986, 20.
[500] Bantelmann 1986, 20.
[501] Pape 1978, 96.
[502] Bantelmann 1986, 21.
[503] Bantelmann et al. 1979/80, 233-234.

Wie ist aber die Besiedlungslücke im späten Jungneolithikum von mehreren Jahrhunderten am nördlichen Oberrhein zu erklären? Als Erklärungsmodelle bietet sich entweder die Annahme einer Forschungslücke oder das tatsächliche Fehlen einer Besiedlung an. Meiner Meinung nach spricht alles dafür, daß es sich hierbei um eine Besiedlungslücke handelt.

Der nördliche Oberrhein ist eine Region, die man als Altsiedellandschaft bezeichnen kann, da archäologische Überreste aus allen Zeiten vorliegen, bis auf das erwähnte späte Jungneolithikum. Die stellenweise intensive archäologische Betreuung macht es unwahrscheinlich, daß hier eine Forschungslücke vorliegt. Als Argument für eine Forschungslücke könnte eventuell gelten, daß das Fundmaterial so unscheinbar ist, daß es bis jetzt nicht erkannt und möglicherweise falsch eingeordnet wurde. Dagegen ist aber einzuwenden, daß bei allen spätjungneolithischen Kulturgruppen ein gewisser Anteil an bestimmbaren Keramikverzierungen oder Gefäßtypen vorkommt, der eine Datierung bzw. Einordnung möglich macht. Beispielsweise hat der Horizont Wartberg-Cham-Goldberg-III-Horgen ein bestimmtes Keramikspektrum, welches man gut bestimmen kann. Auch die sonst so unscheinbare Keramik der Eyersheimer Mühle kann u.a. anhand der vergesellschafteten Keramik zeitlich und kulturell eingeordnet werden. Die bislang vorliegenden Funde von der Eyersheimer Mühle stammen nur zu einem Teil aus Grabungen, die Anfang des 20. Jahrhunderts von F. Sprater vorgenommen wurden. Dabei konnte er einige Gruben („Wohngruben") freilegen, die neben Material der Eyersheimer Mühle auch glockenbecherzeitliche Funde erbrachten. Der Rest wurde bei langjährigen Begehungen aufgesammelt. Das Fundspektrum setzt sich aus verzierter und unverzierter Keramik sowie Steingeräten zusammen. Bei der Keramik überwiegen unverzierte Scherben. Bantelmann betont den eigenständigen Charakter der Funde von der Eyersheimer Mühle[504]. Die Keramik bietet einen Anhaltspunkt für eine Datierung. Die besten Vergleiche bietet die frühe Havelte-Phase (Phase E) der Westgruppe der Trichterbecherkultur, was mit dem Mittelneolithikum III der südskandinavischen Chronologie zu parallelisieren wäre[505].

Bantelmann charakterisiert die Gruppe „Eyerheimer Mühle" als: „eine lokal begrenzte Gruppe, bisher nur aus wenigen Funden bekannt, die zudem durch ihre Fremdartigkeit auffallen. Die weitreichenden Beziehungen der Eyersheimer Gruppe verbinden sie mit den Gruppen der Trichterbecherkulturen im nördlichen Mitteleuropa und mit der Wartberggruppe Hessens, aber auch mit den jungneolithischen Gruppen des oberrheinisch-schweizerischen Gebietes"[506].

Inwieweit Erhaltungs- oder Überlieferungsbedingungen für das Fehlen der spätjungneolithischen Besiedlung eine Rolle spielen, ist schwer zu beurteilen. Bei der jahrzehntelangen, fast jahrhundertelangen, archäologischen Betreuung des nördlichen Oberrheins, wäre jedoch zu erwarten, daß einige Fundstellen aus dieser Zeit entdeckt worden wären. Da dies offensichtlich nicht der Fall ist, ist von einer Besiedlungslücke auszugehen. Warum es diese Besiedlungslücke gab, ist derzeit archäologisch nicht zu klären. Vielversprechend wären neue Pollenprofile, um einen Einblick in die Vegetations- und Klimageschichte ,von der Mitte des 4. bis zur Mitte des 3. Jahrtausends v. Chr., zu erhalten. Denn nur mit Hilfe von naturwissenschaftlichen Nachbardisziplinen ist eine Lösung dieses Problems möglich.

---

[504] Bantelmann 1984, 31.

[505] Bantelmann 1984, 31.

[506] Bantelmann 1984, 36.

F. ZUSAMMENFASSUNG

Die schnurkeramische Besiedlung auf dem Atzelberg ist durch eine Siedlungsschicht nachgewiesen. Obwohl keine Hausgrundrisse gefunden wurden, gehörten jedoch Gruben zum Bild einer schnurkeramischen Siedlung. Die aus der Siedlungsschicht geborgene Keramik zeichnet sich durch ein breites Formenspektrum (Becher, Amphoren, Schüsseln, Schalen etc.) aus. Bei der Verzierung überwiegt die Schnur- und plastische Verzierung; Ritzverzierungen dagegen sind kaum vorhanden. Unverzierte Scherben, Henkel und Böden sind unterrepräsentiert.

Die Steingeräteproduktion basiert auf einer wenig aufwendigen Abschlagtechnologie, bei der fast ausschließlich lokale Rohstoffe verwendet worden sind. Silex ist ausgesprochen selten. Die Geräte scheinen überwiegend Schneid- und Schabfunktionen erfüllt zu haben. Die Pfeilspitzen und das Plattensilexgerät stechen aus dem Gerätespektrum heraus. Die verwendeten Rohstoffe und die aufwendige Bearbeitung könnten Hinweise sein, daß es sich hierbei um Prestigeobjekte handelt. Für die Datierung sind die Kleingeräte allerdings nicht geeignet.

Bei den Großgeräten kommt den Beilen eine besondere Bedeutung zu. Auf dem Atzelberg kommen die Beile in vielen Varianten vor; sie reichen von großen, schweren Beilen bis zu kleinen, flachen Stücken. Auch ein Steinhammer ist vorhanden. Eine sekundäre Nutzung als Keil oder Meißel kann bei einigen Stücken vermutet werden.

Eine Besonderheit bilden vier Sandsteinscheiben, die lange Zeit als Töpferunterlage angesehen wurden. Es konnte hier nachgewiesen werden, daß es sich dabei jedoch um Reib- oder Schleifplatten handelt, die typisch für den nördlichen Oberrhein sind.

Die Knochengeräte sind ebenso wie die Beile sehr vielfältig ausgeführt, teilweise oft einmalig. Die Bandbreite der Knochengeräte spiegelt den Siedlungscharakter des Atzelberges wider.

Die Vertikal- und Horizontalstratigraphie auf dem Atzelberg begrenzen das Fundmaterial auf das Endneolithikum. Die Keramik bestätigt diese Datierung. Das Verzierungsspektrum der schnurverzierten Keramik vom Atzelberg ist mit dem der „Gräberkultur" des Neckarmündungsgebietes identisch, und auch daß nur ein sehr geringer Anteil an GB/FBZ Keramik vorliegt, spricht für eine Datierung in die Schnurkeramik. Unterstützt wird diese Einordnung durch die Fundstellen vom Griesheimer Moor, die ein fast identisches Material geliefert haben. Diese Fundstellen machen es möglich, die Mehrheit der Keramik eindeutig kulturell zuzuordnen.

Beim Vergleich mit anderen endneolithischen Fundorten am nördlichen Oberrhein fällt auf, daß westlich des Rheins und nördlich des Mains keine vergleichbaren Fundstellen bekannt sind. Die Fundstellen bei Offenbach und Rüsselsheim, die südlich des Mains liegen, haben eindeutig glockenbecherzeitlichen Charakter, ähnlich wie MA-Seckenheim und z.T. MA-Wallstadt- „Rechts der Käfertaler Straße" im Neckarmündungsgebiet. Was auf eine spätere Besiedlung durch die Glockenbecherkultur oder auf ein gleichzeitiges nebeneinander von Schnurkeramik und Glockenbecherkultur hindeutet.

Für das Endneolithikum wird eine Vielzahl an Siedlungstypen postuliert. Der Siedlungstyp bzw. die Gruppe Ilvesheim nach Pape ist als überholt anzusehen. An dessen Stelle ist der Siedlungstyp „Atzelberg-Griesheimer Moor" zu stellen, der zwischen Main- und Neckarmündung auf rechtsrheinischem Gebiet lag. Links des Rheins ist mit dem Fundort Speyer-Vogelgesang ein weiterer Siedlungstyp der Schnurkeramik gebildet worden, der eine frühe Phase der Schnurkeramik repräsentieren soll. Vom jungneolithischen Siedlungstyp „Wartberg-Horgen" unterscheiden sich die Siedlungstypen „Speyer-Vogelgesang" und „Atzelberg-Griesheimer Moor" deutlich.

Bantelmann 1982
Bantelmann N., Endneolithische Funde im rheinisch-westfälischem Raum. Offa-Bücher 44 (Neumünster 1982)

Bantelmann 1984
Bantelmann N., Die neolithischen Funde von der Eyersheimer Mühle in der Pfalz. PZ 59, 1984, 16-36

Bantelmann 1986
Bantelmann N., Eine schnurkeramische Siedlungsgrube in Speyer. Offa 43, 1986, 13-27

Bantelmann 1989
Bantelmann N., Frühschnurkeramische Siedlungsware am nördlichen Oberrhein. Praehistorica 15, 1989, 301-304

Bantelmann et al. 1979/80
Bantelmann N. et al., Wiesbaden "Hebenkies", das Grabmal auf dem Weg nach der Platte. Fundber. Hessen 19/20, 1979/80, 183-249

Barthel 1912
Barthel W., Museographie. D. Baden. Ber. RGK 7, 1912, 124-143

Baumann 1907
Baumann K., Karte zur Urgeschichte von Mannheim und Umgebung. Mannheimer Geschbl. VIII, 1907, 177-191

Becker 1955
Becker J.C., Coarse Beakers with "Short Wave Mouldings". Proc. Prehist. Soc. 21, 1955, 65-71

Behrends 1998
Behrends R.-H., Neue Forschungen zur Michelsberger-Kultur im Kraichgau. In: J. Biel et al. (Hrsg.), Die Michelsberger Kultur und ihre Randgebiete.- Probleme der Entwicklung, Chronologie und des Siedlungswesens. Kolloquium Hemmenhofen 21.-23.02.1997 (Stuttgart 1998), 115-119

Behrens 1963
Behrens H., Tonscheiben („Backteller") aus dem mitteldeutschen Neolithikum. Jahresschr. Mitteldt. Vorgesch. 47, 1963, 127-144

Behrens 1971
Behrens H., Fischgrätenverzierung der Schnurkeramik. Jahresschr. Mitteldt. Vorgesch. 55, 1971, 79-104

Behrens 1973
Behrens H., Die Jungsteinzeit im Mittelelbe-Saalegebiet. Veröff. Landesmus. Vorgesch. Halle 27 (Berlin 1973)

Behrens 1981
Behrens H., Die Schnurkeramik-nur ein Problem der Klassifikation? Jahresschr. Mitteldt. Vorgesch. 64, 1981, 9-14

Behrens 1989
Behrens H., Die Chronologie der Schnurkeramik auf den Kopf gestellt? Die Kunde N.F. 40, 1989, 25-55

Behrens 1991
Behrens H., Der gemeineuropäische Horizont der Schnurkeramik. Neue Ausgrabungen in Niedersachsen 19, 1991, 101-120

---

[507] Abkürzungen nach Ber. RGK.

BEHRENS/ SCHLETTE 1969

Behrens H./ Schlette F.(Hrsg.), Die neolithischen Becherkulturen im Gebiet der DDR und ihre europäischen Beziehungen. Veröff. Landesmus. Vorgesch. Halle 24 (Berlin 1969)

BENZ/ STRAHM/ VAN WILLINGEN 1998

Benz M./ Strahm Chr./ van Willingen S., Le campaniforme: phenomene et culture archeologique. Bull. Soc. Préhist. Francaise 95.3, 1998, 305-314

BERAN 1990

Beran J., Funde der Einzelgrabkultur im Bezirk Magdeburg. Neol. Studien 4 (Halle 1990)

BERAN 1993

Beran J., Untersuchungen zur Stellung der Salzmünder Kultur im Jungneolithikum des Saalegebietes (Wilkau-Haßlau 1993)

BERAN 1995

Beran J., Zur chronologischen Gruppierung schnurkeramischer Siedlungsfunde. In: Selecta Praehistorica. Festschrift J. Preuß (Wilkau-Haßlau 1995), 83-96

BERAN 1997

Beran J., Ein typologisch-chronologischer Versuch des Beginns der schnurkeramischen Kultur in Mitteldeutschland. Alteurop. Forsch. N.F. 1, (Weissbach 1997), 37-59

BERSU 1937

Bersu G., Altheimer Häuser vom Goldberg, OA. Neresheim, Württemberg. Germania 21, 1937, 149-158

BICKER 1933

Bicker F.K., Mesolithische-neolithische Kulturverbindungen in Mitteldeutschland. Mannus 25, 1933, 249-268

BIEL ET AL. 1998

Biel J. et al. (Hrsg.), Die Michelsberger Kultur und ihre Randgebiete.- Probleme der Entwicklung, Chronologie und des Siedlungswesens. Kolloquium Hemmenhofen 21.-23.02.1997 (Stuttgart 1998)

BUCHVALDEK 1966

Buchvaldek M., Die Schnurkeramik in Mitteleuropa. Pam. Arch. 57.1, 1966, 126-171

BUCHVALDEK 1986/87

Buchvaldek M., Zum gemeineuropäischen Horizont der Schnurkeramik. Prähist. Zeitschr. 61, 1986/87, 129-151

BURGER 1988

Burger I., Die Siedlung der Chamer Gruppe von Dobl, Gemeinde Prutting, Landkreis Rosenheim und ihre Stellung im Endneolithikum (Fürth 1988)

DAUBER ET AL. 1967

Dauber et al., Archäologische Karte Heidelberg-Mannheim. Bad. Fundber. Sonderheft 10 (Freiburg 1967)

DEHN 1952

Dehn W., Ein Brucherzfund der Hügelgräberbronzezeit von Bühl, Ldkr. Nördlingen (Bayern). Germania 30, 1952, 174-187

FILIP 1966

Filip J., Enzyklopädisches Handbuch zur Ur- und Frühgeschichte Europas I (Prag 1966)

FISCHER 1959

Fischer Ch., Die Keramik der Mansfelder Gruppe. Jahresschr. Mitteldt. Vorgesch. 43, 1959, 136-187

FISCHER 1951

Fischer U., Kulturbeziehungen des Schönfelder Kreises im Elbegebiet. Arch. Geogr. 2, 1951, 65-75

FISCHER 1956

Fischer U., Die Gräber der Steinzeit im Saale Gebiet. Vorgesch. Forsch. 15 (Berlin 1956)

FISCHER 1958

Fischer U., Mitteldeutschland und Schnurkeramik. Jahresschr. Mitteldt. Vorgesch. 41/42, 1958, 254-298

FISCHER 1976

Fischer U., Kontakte der Becherkulturen in der Mittelzone zwischen Rhein und Elbe. In: Laet S.J. de (Hrsg.), Acculturation and Continuity in Atlantic Europe. Koll. Gent 1975 (Gent 1976), 106-119

GEBERS 1978

Gebers W., Endneolithikum und Frühbronzezeit im Mittelrheingebiet. Katalog. Saarbr. Beitr. Altertumsk. (Bonn 1978)

GEBERS 1987

Gebers W., Das Endneolithikum im Mittelrheingebiet. Typologische und chronologische Studien. Saarbr. Beitr. Altertumsk. 27 (Bonn 1987)

GELHAUSEN 2001

Gelhausen F., Atzelbuckel und Schultheißenbuckel. Zwei mesolithische Fundplätze im Neckarmündungsgebiet bei Mannheim. Arch. Korrbl. 31, 2001, 511-520

GEMBER 1932

Gember F., Fundschau: Jungsteinzeit. Bad. Fundber. II, 1932, 368

GEMBER 1934

Gember F., Jüngere Steinzeit: Ilvesheim. Bad. Fundber. III, 1934, 145

GEMBER 1937

Gember F., Fundschau: Jungsteinzeit. Bad. Fundber. 13, 1937, 6-7; 9-10

GERHARDT 1953

Gerhardt K., Die Glockenbecherleute in Mittel- und Westdeutschland (Stuttgart 1953)

GIBSON 1982

Gibson A.M., Beaker Domestic Sites. BAR Ser. 107 (Oxford 1982)

GLOB 1944

Glob P.V., Studier over den jyske Enkeltgravskultur. Aarbøger 1944 (Kopenhagen 1945)

GÖTZE 1891

Götze A., Die Gefäßformen und Ornamente der neolithischen schnurverzierten Keramik (Jena 1891)

GÖTZE 1900

Götze A., Die Gliederung und Chronologie der jüngeren Steinzeit. Verhand. Berliner Ges. Anthr. 1900, 259-278

GRIPP 1967

Gripp K., Flugsand, Dünen, Vorgeschichte. In: Frühe Menschheit und Umwelt (Köln/ Graz 1967), 228-243

GROPENGIEßER 1965

Gropengießer E., Die Ur- und Frühgeschichtsforschung in Mannheim und die Archäologischen Sammlungen des Reiß-Museums. In: Führer zu vor- und frühgeschichtlichen Denkmälern 3 (Mainz 1965), 11-17

GROPENGIEßER 1986

Gropengießer E., Vorwort: Archäologische Stadtkernforschung. In: Jensen I., Archäologie in den Quadraten. Ausgrabungen in der Mannheimer Innenstadt (Mannheim 1986), 7-10

GROPENGIEßER 1927

Gropengießer H., Aus der ältesten Geschichte des Neckardeltas. Bad. Heimat 14, 1927, 29-38

GROPENGIEßER 1930

Gropengießer H., Fundchronik. Germania 14, 1930, 230

GROPENGIEßER 1931

Gropengießer H., Ein Wohnstelle der Schnurkeramik bei Mannheim. Bad. Fundber. 2/10, 1931, 361-362

GROPENGIEßER 1936A

Gropengießer H., Beobachtungen und Untersuchungen im Bauabschnitt Mannheim der Reichautobahn. 1934/35. Bad. Fundber. 3, 1936, 308-315

GROPENGIEßER 1936B

Gropengießer H., Fundschau: Jungsteinzeit. Bad. Fundber. 3, 1936, 354

GROPENGIEßER 1939A

Gropengießer H., Fundschau: Jungsteinzeit. Bad. Fundber. 15, 1939, 11-12

GROPENGIEßER 1939B

Gropengießer H., Fundschau: Bronzezeit. Bad. Fundber. 15, 1939, 13

GROPENGIEßER/ HOLSTE 1939

Gropengießer H. /Holste F., Ein Grabfund der Hügelgräberbronzezeit von Mannheim-Feudenheim. Germania 23, 1939, 6-12

HACHMANN 1969

Hachmann R., Vademecum der Grabung Kamid-el-Loz. Saarbr. Beitr. Altertumsk. 5 (Saarbrücken 1969)

HARDMEYER 1993

Hardmeyer B., Die Schnurkeramik. In: Zürich-Mozartstrasse. Band 3: Die neolithische Keramik (Zürich 1993), 292-340

HEIERLI 1899

Heierli J., Die Chronologie in der Urgeschichte der Schweiz. Festschrift (Zürich 1899)

HEIN 1987

Hein M., Untersuchungen zur Kultur der Schnurkeramik in Mitteldeutschland. Saarbr. Beitr. Altertumsk. 50 (Bonn 1987)

HEUKEMES 1980

Heukemes B., Fundschau: Jungsteinzeit. Fundber. Baden-Württemberg 5, 1980, 34

HOCK 1989

Hock H.P., Die Besiedlung des Mittelrheinischen Beckens im Neolithikum (Mainz 1989)

HÖCKNER 1956

Höckner H., Vorläufige Mitteilungen über die Ergebnisse der Ausgrabungen von schnurkeramischen Hügelgräbern und Siedlungsplätzen im Luckaer Forst, Kr. Altenburg, 1953-1955. Ausgr. u. Funde 1, 1956, 70-72

HÖCKNER 1957

Höckner H., Ausgrabungen von schnurkeramischen Grabhügeln und Siedelplätzen im Luckaer Forst, Kr. Altenburg. Arbeits- und Forschber. Sächs. Bodendenkmalpfl. 6, 1957, 58-181

HORMUTH 1928

Hormuth K.F., Eine mesolithische Siedlung auf dem Atzelbuckel bei Mannheim. Bad. Fundber. I, 1928, 385-387

HORMUTH 1930

Hormuth K.F., Ein Skelettgrab der frühen Bronzezeit bei Mannheim. Bad. Fundber. II, 1930, 214-216

HORMUTH 1951

Hormuth K.F., Eine bronzezeitliche Siedlung in den Dünen von St. Ilgen, Ldkr. Heidelberg. Bad. Fundber. 19, 1951, 46-56

HORMUTH 1975

Hormuth K.F., Fundschau: Jungsteinzeit. Fundber. Baden-Württemberg 2, 1975, 46

ITTEN 1970
Itten M., Die Horgener Kultur (Basel 1970)
JENSEN 1984
Jensen I., Fundschau: Jungsteinzeit. Fundber. Baden-Württemberg 9,1984, 587-588
JENSEN 1986
Jensen I., Archäologie in den Quadraten. Ausgrabungen in der Mannheimer Innenstadt (Mannheim 1986)
JENSEN/ BEINHAUER 1985
Jensen I./ Beinhauer K.W., Nachruf F. Gember. Fundber. Baden-Württemberg 10, 1985, 723-24
JOCKENHÖVEL 1984/85
Jockenhövel A., Ausgrabungen in der Talauensiedlung „Riedwiesen" bei Frankfurt am Main-Schwanheim. Untersuchungen zum mittelbronzezeitlichen Siedlungswesen im Rhein-Main-Gebiet. Fundber. Hessen 24/25, 1984/85, 9-101
JUEL-JENSEN 1994
Juel-Jensen H., Flint Tools and Plant Working. Hidden Traces of Stoneage Technology (Aarhus 1994)
KILIAN 1955
Kilian L., Haffküstenkultur und Ursprung der Balten (1955)
KILIAN 1974
Kilian L., Fundber. aus der Pfalz für die Jahre 1971-1972. Mitt. Hist. Ver. Pfalz 72, 174, 5-47
KIMMIG 1941-47
Kimmig W., Fundschau: Ihringen. Bad. Fundber. 17, 1941-47, 274-276
KIMMIG 1948/50
Kimmig W., Ein schnurkeramischer Fund von Leiselheim, Ldk. Freiburg. Bad. Fundber. 18, 1948/50, 63-77
KLOPFLEISCH 1883/84
Klopfleisch F., Charakteristik und Zeitfolge der Keramik Mitteldeutschlands. Einleitung zu vorgeschichtlichen Altertümern der Provinz Sachsens und angrenzender Gebiete. Verhand. Berliner Ges. Anthr. 1/2, 1883/84, 1ff.
KÖNINGER/ SCHICHTHERLE 1990
Köninger J./ Schichtherle H., Zur Schnurkeramik und Frühbronzezeit am Bodensee. Fundber. Baden-Württemberg 15, 1990, 149-173
KÖSTER 1963A
Köster Chr., Beiträge zur Siedlungsgeschichte der frühen Bronzezeit am nördlichen Oberrhein. Text. (Magisterarbeit Heidelberg 1963)
KÖSTER 1963B
Köster Chr., Beiträge zur Siedlungsgeschichte der frühen Bronzezeit am nördlichen Oberrhein. Katalog. (Magisterarbeit Heidelberg 1963)
KÖSTER 1965/66
Köster Chr., Beiträge zum Endneolithikum und zur Frühen Bronzezeit am nördlichen Oberrhein. Prähist. Zeitschr. 43/44, 1965/66, 2-95
KRAFT 1996
Kraft H.-P., Ein „Fremdling" aus Mannheim-Seckenheim. Mannheimer Geschbl. N.F. 3, 1996, 455-464
LACK/ LACK 1986
Lack B./ Lack J., Un nouvel habitat de la culture à céramique cordée. Cah. assoc. pour la promotion de rech. archéol. en Alsace 2, 1986, 72-85

LANTING/ VAN DER WAALS 1976

Lanting A.E./ van der Waals J.D., Glockenbecher Symposion Oberried (Bussum-Haarlem 1976)

VAN DER LEEUW 1976

Leeuw S.E. van der, Neolithic Beakers from the Netherlands: The Potter's Point of View. In: Lanting A.E./ van der Waals J.D., Glockenbecher Symposion Oberried (Bussum-Haarlem 1976), 81-139

LICHARDUS 1979/80

Lichardus J., Zum Problem der Riesenbecher und der frühen Bronzezeit im Hessischen Bergland. Fundber. Hessen 19/20, 1979/80, 327-368

LIES 1954

Lies H., Siedlungsfunde der Einzelgrabkultur in Biederitz, Kr. Burg. Jahresschr. mitteldt. Vorgesch. 38, 1954, 74-80

LIES 1974

Lies H., Zur neolithischen Siedlungsintensität im Magdeburger Raum. Jahresschr. mitteldt. Vorgesch. 58, 1974, 57-111

LIVERSAGE 1987

Liversage D., Mortens Sande 2. - A Single Grave Camp Site in Northwest Jutland. Journal Danish Arch. 6, 1987, 101-124

LÖSCHER/ HAAG 1989

Löscher M./ Haag Th., Zum Alter der Dünen im nördlichen Oberrheingraben bei Heidelberg und zur Genese ihrer Bänderparabraunerden. Eiszeitalter u. Gegenwart 39, 1989, 98-108

LÖFFLER 1987

Löffler R., Die Rohmaterialien des Töpfers. Arch. Inf. 10/2, 1987, 166-173

LOEWE 1959

Loewe G., Kataloge zur mitteldeutschen Schnurkeramik. Teil 1: Thüringen. Veröff. Landesmus. Vorgesch. Halle 17 (Halle 1959)

LÜNING 1967

Lüning J., Die Michelsberger Kultur. Ihre Funde in zeitlicher und räumlicher Gliederung. Ber. RGK 48, 1967, 1-350

LÜNING 1996

Lüning J., Erneute Gedanken zur Benennung der neolithischen Perioden. Germania 74.1, 1996, 233-237

MARAN 1989/90

Maran J., Die endneolithischen Fundstellen am „Griesheimer Moor". Ein Beitrag zur Besiedlungsgeschichte der Hessischen Rheinebene. Fundber. Hessen 29/30, 1989/90 (1995), 27-243

MARAN 2003

Maran J., Neue Siedlungsfunde der Kultur der Schnurkeramik vom Atzelbuckel bei Ilvesheim, Rhein-Neckar-Kreis. Arch. Ausgr. Bad.-Württ. 2002, 2003, 56-59

MAŠEK 1976

Mašek N., Sídlištní Objekt Kultury Zvoncovitych Poháru v Hostivari-Praha-10. Arch. Rozhledy 28, 1976, 18-31

MATUSCHIK 1997

Matuschik I., Der „Kettenhocker" von Sengkofen.- Ein Beitrag zur Kenntnis der Schnurkeramischen Kultur in Südbayern. Festschrift Strahm (Rahden/Westf.1997), 223-255

MENKE 1974

Menke H., Endneolithische und frühbronzezeitliche Funde aus dem Stadt- und Landkreis Offenbach a. M. Stud. u. Forsch. (Stadt und Kreis Offenbach a. M.) N.F. 6, 1974, 3-46

MENKE 1975

Menke H., Glockenbecherzeitliche Siedelplätze im Rüsselsheimer Dünengelände. Fundber. Hessen 74, 1975, 177-195

MONTELIUS 1903

Montelius O., Die Methode. In: Die ältesten Kulturperioden im Orient und in Europa I (Stockholm1903)

MÜLLER 1979/80

Müller D.W., Überlegungen zum Problem der schnurkeramischen Siedlungen an westthüringischen Beispielen. Fundber. Hessen 19/20, 1979/80, 251-264

MÜLLER 1989

Müller D.W., Beziehungen zwischen Schnurkeramik, Glockenbecherkultur und Aunjetitzer Kultur im Mittelelbe-Saale-Gebiet. Buchvaldek M./ Pleslova-Stikova E. (Hrsg.), Das Äneolithikum und die früheste Bronzezeit (C14 3000-2000 b.c.) in Mitteleuropa: Kulturelle und chronologische Beziehungen. Praehistorica XV (Prag 1989), 281-288

MÜLLER 1999

Müller J., Zur Radiokarbondatierung des Jung- bis Endneolithikums und der Frühbronzezeit im Mittelelbe-Saale-Gebiet (4100-1500 v. Chr.). Ber. RGK 80, 1999, 28-90

MUNIER/WATTS 1998

Munier C./ Watts D., Eguisheim (Haut-Rhin), Strassenaecker et Unten am Herrenweg. (Strasbourg 1998)

NADLER 1998

Nadler M., Kein „reisig Volk von Bogenschützen"!-Ein Siedlungskomplex der Glockenbecherkultur aus Merktbergl. Arch. Jahr Bayern 1997, 1998, 61-64

PAPE 1978

Pape W., Bemerkungen zur relativen Chronologie des Endneolithikums am Beispiel Südwestdeutschlands und der Schweiz. Tübinger Monogr. Urgesch. 3 (1978)

PAPE 1992

Pape W., Schnurkeramik am südlichen Oberrhein. Archäologische Nachrichten aus Baden 47/48, 1992, 3-16

PETRASCH 1983

Petrasch J., Endneolithisches und frühbronzezeitliches Siedlungsmaterial aus Mannheim-Seckenheim. Arch. Korrbl. 13, 1983, 41-48

PINSKER 1993

Pinsker B., Die Siedlungskeramik der mittleren Bronzezeit am nördlichen Oberrhein. Mat. zur Vor- und Frühgesch. von Hessen 13 (Wiesbaden 1993)

RADEMACHER 1987

Rademacher R., Neue Funde endneolithischer Keramik mit sog. „Mattenrauhung" vom Veitsberg bei Ravensburg, Oberschwaben. Fundber. Baden-Württemberg 12, 1987, 53-63

VAN REGTEREN ALTENA ET AL. 1962

van Regteren Altena J.F. et al., The Vaardingen Culture (I-III). Helinium 2, 1962, 3-35, 97-103, 215-243

REINERTH 1923

Reinerth H., Die Chronologie der jüngeren Steinzeit in Süddeutschland (Augsburg 1923)

REINGRUBER 1997

Reingruber A., Untersuchungen zu den neolithischen Knochen- und Geweihartefakten aus Hoca Cesme, Türkisch-Thrakien (unveröffentlichte Magisterarbeit Heidelberg 1997)

RIETH 1935

Rieth A., Bemerkungen zur Töpfertechnik der Spätbronzezeit. Mit einem Überblick über die Vorläufer der Töpferscheibe. Mannus 27, 1935, 91-101

RIETH 1939

Rieth A., Die Entwicklung der Töpferscheibe (Leipzig 1939)

RIETH 1940

Rieth A., Die vorgeschichtliche Töpferei und ihre Technik. Germanenerbe 5, 1940, 145-150

RIETH 1960

Rieth A., 5000 Jahre Töpferscheibe (Konstanz 1960)

SANGMEISTER 1951

Sangmeister E., Die Jungsteinzeit im nordmainischen Hessen 3. Die Glockenbecherkultur und die Becherkulturen (Melsungen 1951)

SANGMEISTER 1959

Sangmeister E., Endneolithische Siedlungsgrube bei Heilbronn-Böckingen. Fundber. Schwaben N.F. 15, 1959, 42-46

SANGMEISTER 1981

Sangmeister E., Schnurkeramik in Südwestdeutschland. Jahresschr. Mitteldt. Vorgesch. 64, 1981, 117-141

SANGMEISTER/ GERHARDT 1965

Sangmeister E./ Gerhardt K., Schnurkeramik und Schnurkeramiker in Südwestdeutschland. Bad. Fundber. Sonderheft 8 (Freiburg 1965)

SCHIBLER 1980

Schibler J., Die neolithischen Ufersiedlungen von Twann. Osteologische Untersuchungen der cortaillodzeitlichen Knochenartefakte (Bern 1980)

SCHIBLER 1981

Schibler J., Die neolithischen Ufersiedlungen von Twann. Typologische Untersuchungen der cortaillodzeitlichen Knochenartefakte (Bern 1981)

SCHIBLER 1987

Schibler J., Die Knochenartefakte. In: Zürich- „Mozartstraße" Band 1 (Zürich 1987), 167-176

SCHLABOW 1960

Schlabow K., Abdrücke von Textilien an Tongefäßen der Jungsteinzeit. Jahresschr. Mitteldt. Vorgesch. 44, 1960, 52-56

SCHLETTE 1969

Schlette F., Das Siedlungswesen der Becherkulturen. In: Behrens H./ Schlette F. (Hrsg.), Die neolithischen Becherkulturen im Gebiet der DDR und ihre europäischen Beziehungen. Veröff. Landesmus. Vorgesch. Halle 24 (Berlin 1969), 155-168

SCHNEIDER 1989

Schneider G., Naturwissenschaftliche Kriterien und Verfahren zur Beschreibung von Keramik. Acta Praehist. et Arch. 21, 1989, 9-ß

SCHNEIDER 1932

Schneider M., Die Urkeramiker (Leipzig 1932)

SCHNURKERAMIK SYMPOSION HALLE 1981

Schnurkeramik Symposion Halle 1979. Halle 1979. Jahresschr. Mitteldt. Vorgesch. 64, 1981

SCHRICKEL 1966

Schrickel W., Westeuropäische Elemente im neolithischen Grabbau Mitteldeutschlands und die Galeriegräber Westdeutschlands und ihre Inventare. Beitr. z. Ur- und Frühgesch. Arch. d. Mittelmeer-Kulturraumes (Bonn 1966)

SCHRICKEL 1969

Schrickel W., Die Funde vom Wartberg in Hessen. Kasseler Beitr. Vor- und Frühgesch. 1 (Marburg 1969)

SCHUMACHER 1898

Schumacher K., Zur prähistorischen Archäologie Südwest-Deutschlands. Fundber. Schwaben VI, 1898, 16-36

SCHWELLNUS 1979
Schwellnus W., Wartberg-Gruppe und hessische Megalithik. Ein Beitrag zum späten Neolithikum des Hessischen Berglandes. Mat. zur Vor- und Frühgesch. von Hessen 4 (Wiesbaden 1979)

SIELMANN 1971
Sielmann B., Der Einfluß der Umwelt auf die neolithische Besiedlung Südwestdeutschlands. Acta Praehist. et Arch. 2, 1971, 65-197

SIMONSEN 1987
Simonsen J., Settlements from the Single-Graves-Cultures in North-West Jutland. Journal Danish Arch. 1986 (1987)

SPENNEMANN 1984
Spennemann D.R., Burgerroth, eine spätneolithische Höhensiedlung in Unterfranken. BAR Inter. Ser. 219 (Oxford 1984)

SPROCKHOFF 1954
Sprockhoff E., Kammerlose Hünenbetten im Sachsenwald. Offa 13, 1954, 1-16

STRAHM 1971
Strahm Chr., Die Gliederung der schnurkeramischen Kultur in der Schweiz (Bern 1971)

STRAHM 1992
Strahm Chr. (Hrsg.), Internationales Symposion: Die kontinentaleuropäischen Gruppen der Kultur mit Schnurkeramik Prag 1990. Praehistorica 19 (Prag 1992)

STRAHM 1992
Strahm Chr., Chronologie der Pfahlbauten. In: Schlichtherle H. (Hrsg.), Pfahlbauten rund um die Alpen. AiD Sonderheft 1997 (Stuttgart 1997), 124-126

STRIGEL 1927
Strigel A., Geologische Gestaltung der Landschaft um Mannheim. Bad. Heimat 14, 1927, 13-28

STRUVE 1955
Struve K.W., Die Einzelgrabkultur in Schleswig-Holstein und ihre kontinentalen Beziehungen. Offa Bücher 11 (Neumünster 1955)

VAN DER WAALS/ GLASBERGEN 1955
Van der Waals J.D./ Glasbergen W., Beaker Types and their Distribution in the Netherlands. Palaeohistoria 4, 1955, 5-46

WAGNER 1911
Wagner E., Fundstätten und Funde im Großherzogtum Baden (Tübingen 1911)

WAHLE 1933
Wahle E., Steinzeit: Ilvesheim. Bad. Fundber. III/2, 1933, 38

WAMSER 1981
Wamser L., Begräbnisplätze der Becherkultur im Main-Tauber-Gebiet und ihr Bezug zur Schnurkeramik. Schnurkeramik Symposion Halle 1979. Jahresschr. Mitteldt. Vorgesch. 64, 1981, 143-165

WETZEL 1979
Wetzel G., Die Schönfelder Kultur (Berlin 1979)

ZALAI-GAÁL 1983
Zalai-Gaál I., A mórágy-tüzködombi Horog. Arch. Ért. 110, 1983, 231-241

ENDNEOLITHISCHE UND FRÜHBRONZEZEITLICHE GRÄBER AUF DEM ATZELBERG

Ein Auflistung der auf dem Atzelberg aufgefundenen endneolithischen und frühbronzezeitlichen Gräber. Einige der hier aufgeführten Gräber sind bereits in den Katalogteilen von Chr. Köster und W. Gebers enthalten. Auf die dort beschriebenen Beigaben wird in diesem Rahmen nicht mehr näher eingegangen. Neue Informationen zu den schon publizierten Gräbern das Bekanntwerden von weiteren Bestattungen lassen es sinnvoll erscheinen, noch einmal eine Liste der Gräber vom Atzelberg zu erstellen.

Grab I

Fundort:	Ilvesheim-Atzelberg
Funddatum:	1910
Fundlage:	?
Orientierung:	?
Totenhaltung:	Hocker
Geschlecht:	weiblich
Beigaben:	Zonenverzierter Becher mit Metopenband
Datierung:	GBK (eher spät)
Literatur:	Barthel 1912, 136, Abb. 61; Sangmeister 1951, Taf. 5, 11; Gerhardt 1953, 2 Nr. 8; Köster 1963b, 41, Taf. 11.12; Köster 1965/66, Taf. 23.6; Gebers 1978, 129 Nr.193a, Taf. 50.5 (Grab 1).

Grab II

Fundort:	Ilvesheim-Atzelberg
Funddatum:	18. Juli 1925
Fundlage:	Bei Abräumarbeiten der schnurkeramischen Schicht, die damals noch nicht bekannt war.
Orientierung:	?
Totenhaltung:	Körperbestattung
Geschlecht:	?
Beigaben:	Ohrring
Datierung:	FBZ?
Literatur:	Tagebuch Gember 2b, 4

Grab III

Fundort:	Ilvesheim-Atzelberg
Funddatum:	08. Mai 1928
Fundlage:	Bei Grabungsarbeiten wurde ein römisches Brandgrab entdeckt und darunter in 1,80 m Tiefe stieß K. Hormuth auf dieses Grab.
Orientierung:	O-W
Totenhaltung:	gestreckte Rückenlage
Geschlecht:	?
Beigaben:	2 Kugelkopfnadeln, 2 Armspiralen, 3 aufgerollte Bronzebleche
Datierung:	FBZ (Bz A2)

Literatur: Hormuth 1930, 214-216 Abb. 89-90; Gropengießer/ Holste 1939, 9; W. Dehn 1952, 182 Anm. 34; Köster 1966, Taf. 8, 10-13; Gebers 1978, 121 Nr, 193a, Taf. 55.9-12 (Grab 2).

Grab IV
Fundort: Ilvesheim-Atzelberg
Funddatum: Mai (?) 1930
Orientierung: ?
Totenhaltung: ?
Geschlecht: Kind
Beigaben: Tasse
Datierung: GBK/ Adlerberg
Literatur: Köster 1965/66, Taf. 11,23; Gebers 1978, 121 Nr. 193a, Taf. 54.6 (Grab 3).

Grab V
Fundort: Ilvesheim-Atzelberg
Funddatum: 7./8. Mai 1930
Fundlage: In der Wohnstelle der Schnurkeramik.
Orientierung: ?
Totenhaltung: gestreckte Rückenlage (Erhaltungszustand der Knochen sehr schlecht)
Geschlecht: Kind; Größe: 1,15 m
Beigaben: Pfeilspitze, schnurverzierte Scherben und Schaber. Schnurverzierte Scherben und Schaber sind als Grabfüllung und nicht als Beigaben zu werten.
Datierung: Nach Schnurkeramik, vielleicht GBK.
Literatur: Gember 1932, 268

Grab VI
Fundort: Ilvesheim-Atzelberg
Funddatum: 1930
Fundlage: In der Nähe vom Grab IV mit der Tasse.
Orientierung: ?
Totenhaltung: ?
Geschlecht: ?
Beigaben: Bronzepfriem
Datierung: Nicht unbedingt als Grab zu identifizieren, sonst GBK/ FBZ.
Literatur: Köster 1963b, 42; Gebers 1978, 121 Nr. 193a (Grab 4).

Grab VII
Fundort: Ilvesheim-Atzelberg
Funddatum: 1. Juni 1931
Fundlage: In die schnurkeramische Schicht eingetieft.
Orientierung: ?
Totenhaltung: ?
Geschlecht: Kind
Beigaben: Bronzetutulus in der Nähe der Knie.
Datierung: FBZ
Literatur: Gember 1932, 369

Grab VIII

Fundort:	Ilvesheim-Atzelberg
Funddatum:	24. September 1931
Fundlage:	An der Ostseite in der Mitte der Sandgrube. Grabsohle ca. 1,50 m unter Oberfläche und 0,50 m unter der üblichen steinzeitlichen Schicht auf dem gelben Sand. 10 cm über dem obersten Knie lagen verbrannte Knochen eines Menschen (Dm:. 0,50 cm).
Orientierung:	NO-SW
Totenhaltung:	linker Hocker
Geschlecht:	männlich
Beigaben:	Am Rücken fand sich eine Klinge mit Steilretusche und ein fast quadratischer Schaber.
Datierung:	Nach Totenlage und Orientierung möglicherweise glockenbecheradlerbergzeitlich. Die Beigaben geben keine eindeutigen Hinweise auf die Datierung.
Literatur:	Tagebuch Gember; Gember 1932, 368; Gebers 1978, 121 Nr. 193a (Grab 5)

Grab IX

Fundort:	Ilvesheim-Atzelberg
Funddatum:	16. Mai 1934
Fundlage:	Beim Autobahnbau 1934.
Orientierung:	?
Totenhaltung:	rechter Hocker
Geschlecht:	weiblich
Beigaben:	Zwei Becher: Ein kleiner Becher, dessen Zonen mit Kammstichen verziert war und ein großer Becher, der vollständig mit Kammstempelreihen verziert war.
Datierung:	GBK (frühe Phase)
Literatur:	Gropengießer 1935, 311 Taf. 3 (oben); Gerhardt 1953, 2 Nr. 9; Köster 1965/66, Taf. 19.5-6; Gebers 1978, 121 Nr. 193a, Taf. 36.4-5 (Grab 6)

Grab X

Fundort:	Ilvesheim-Atzelberg
Funddatum:	1934/35
Fundlage:	Beim Autobahnbau: Neben Grab IX.
Orientierung:	?
Totenhaltung:	Hocker
Geschlecht:	?
Beigaben:	Ohne Beigaben
Datierung:	möglicherweise endneolithisch
Literatur:	Gropengießer 1935, 311

Grab XI

Fundort:	Ilvesheim-Atzelberg
Funddatum:	09. Februar 1938
Fundlage:	?
Orientierung:	S-N
Totenhaltung:	rechter Hocker

Geschlecht:	?
Beigaben:	keine Beigaben
Datierung:	Orientierung spricht für GBK, aber Beigabenlosigkeit macht die Datierung sehr spekulativ.
Literatur:	1939/40, 11; Köster 1963b, 43; Gebers 1978, 121 Nr. 193a (Grab7)

Grab XII

Fundort:	Ilvesheim-Atzelberg
Funddatum:	21. Februar 1938
Fundlage:	Ostseite des Atzelberges ca. 10 m nördlich der mesolithschen Fundstelle. Ungefähr 1 m unter der Oberfläche.
Orientierung:	?
Totenhaltung:	Körperbestattung
Geschlecht:	Kind
Beigaben:	Ohne Beigaben
Datierung:	endneolithisch?
Literatur:	Tagebuch Gember 16, 35

Grab XIII

Fundort:	Ilvesheim-Atzelberg
Funddatum:	29. März 1938
Fundlage:	Gestört, nur noch die Beine in situ (extrem gehockt). Hände direkt vor dem Gesicht. In 1,20 m Tiefe, 32 m südlich von Mast II.
Orientierung:	N-S
Totenhaltung:	linker Hocker
Geschlecht:	?
Beigaben:	Ohne Beigaben
Datierung:	Orientierung spricht für GBK, aber Beigabenlosigkeit macht Datierung sehr spekulativ.
Literatur:	Tagebuch Gember 16, 39; Köster 1963b, 43-44; Gebers 1978, 121 Nr. 193a (Grab 8)

18.April 1929[508]
Auf dem Wohnplatz der Schnurkeramik in 1,00 m Tiefe. Absenkung auf 3,00x2,00 m.
Eine Steinpackung von faustgroßen und kleineren Steinen; 0,55 m Durchmesser möglicherweise Feuerstelle oder Herd.
Aber: Keine Holzkohle, weder über noch zwischen den Steinen. Diese könnte ausgeblasen sein.

24.April 1929[509]
In der Mitte der Sandgrube, ungefähr bei dem späteren Verbrennungsplatz und dem sueb. Brandgrubengrab mit Schere und Messer neben einem größeren Stein. Dieser Stein neben dem Feuersteinabsplisse und Scherben zutage kamen, könnte ein Werkstein der Schnurkeramik gewesen sein.

12.März - 1.April 1937[510]
Profil- und Planumsskizze[511].
Nach Absenkung des Sandes und der nach Osten abfallenden schnurkeramischen Schicht die hier sehr mächtig ist, aber sehr wenige Einschlüsse hat, mittlerer wie ??? und Sandsteinbruchstücke, ??? eine kleine Scherbe (nur ohne Schnurmuster). ??? die waagerecht verlaufende Sandschicht. In der wir bei früherer Bearbeitung? an der Westseite auf eine sterile Sandschicht ???, aber getrennt ??? an der Ostseite. Die obere Schicht ??? herunter ??? nur ???.
Wir teilten die unterste waagerechte Stufe in zwei Teile in einen oberen und unteren.
1.) aus dem oberen Teil bei A kam eine kleine mesol.? Pfeilspitze ? (Westseite der Grabung).
2.) in der Mitte bei B ein kleiner Rundkratzer, ein großer Schaber, einige kleine Klingen und kleine Abfallstücke, Knochenstücke und klein gebrannte Knöchelchen. Wir sind hier in der Richtung der Feuerstelle vom Juli 1936.
3.) Bei C oberer Teil der unteren Stufe: einige formlose Feuersteinstücke und kleine verbrannte Knöchelchen.
4.) Bei C: ??? aus der zweiten untersten Schicht fast auf dem unteren Dünensand eine größere Klinge, eine kleine Klinge und aufeinanderliegend zwei sehr große Hornsteinstücke ohne Form.
5.) Holzkohle: In der unteren und oberen Stufe von Zeit zu Zeit (?? Meter) haselnussgroße Holzkohleteile.
2. April Als die Grabung nach der Ostseite ging hörten alle Funde auf. Die gleiche Situation wie bei der ersten Grabung.

---

[508] Tagebuch Gember 2a, 55.
[509] Tagebuch Gember 2a, 56.
[510] Tagebuch Gember 15, 29-31. Die Fragezeichen markieren Stellen, die nicht zu lesen waren.
[511] Tagebuch Gember 15, 29.

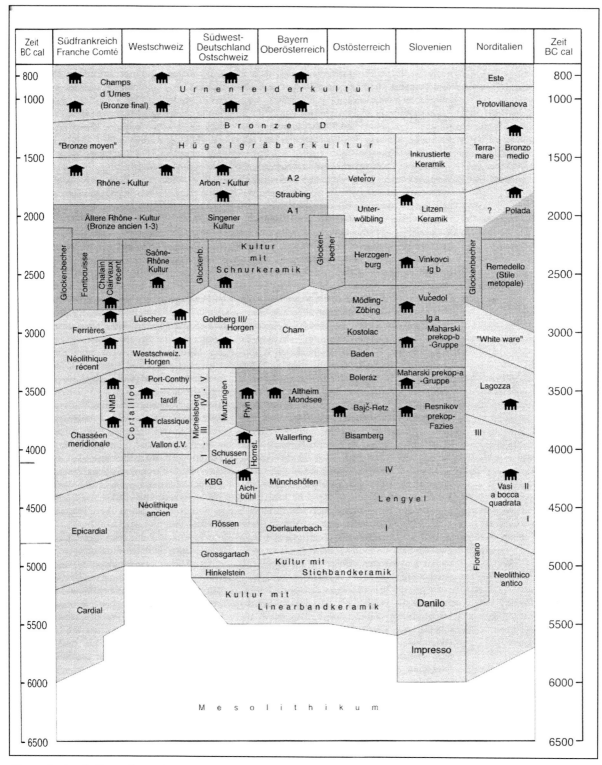

Chronologietabelle nach Strahm 1997.

Abbildungsnachweise

Abb.1: Grundlage: Topographische Karte 1:50000 Baden-Württemberg © Landesvermessungsamt Baden-Württemberg (www.lv-bw.de), vom 19.05.03, Az.: 2851.2-A/538."

Abb. 2-5; 8: Archäologische Sammlung des Reiss-Museum Mannheim. Mit freundlicher Erlaubnis vom Reiss-Museum Mannheim.

Abb. 6: Strigel 1927, Abb.1.

Abb. 7: Thürach 1905, 21.

Abb. 9-10: Verfasser nach Gember Skizzen. Gember Tagebücher im Reiss-Museum Mannheim.

Abb. 11: Skizze von Gember; von Verfasser ergänzt. Gember Tagebücher im Reiss-Museum Mannheim.

Abb. 12: Verfasser.

Abb. 13: Köster 1965/66, Taf. 16,2.

Abb. 14: Köster 1965/66, Taf. 16,3-4.

Abb. 15: Rieth 1940, Abb. 2.

Abb. 16: Verfasser.

Abb. 17: ÜK 500 Blatt Südwest. 1:500.000. Bundesamt für Kartographie und Geodäsie.3. Auflage (Frankfurt 1994). © Bundesamt für Kartographie und Geodäsie 2003.

Anhang C: Strahm 1997, Abb. 150.

II. Teil: Katalog und Tafeln

KATALOG

KERAMIK

Nr. 001: 1.) 02.11.1933/08.1934; 2.) RS; 3.) Becher; 4.) 15 cm; 5.) weich; 6.) schiefrig, splittrig; 7.) mineralisch; 8.) Sand, Kalk, Quarzbruch, Gesteinsgrus; 9.) mittel; 10.) mittelstark; 11.) regelmäßig; 12.) 2,5 YR 1 schwarz; 13.) 2,5 YR 1 schwarz; 14.) schwarz; 15.) leicht verwittert und versintert; 16.) 9 horizontale Schnurreihen; 17.) keine; 18.) feinsandig; 19.) Zwei Scherben zusammengehörend; 20.) 1,1

Nr. 002: 1.) 11.11.1932; 2.) RS; 3.) Becher; 4.) 15 cm; 5.) hart; 6.) schiefrig, splittrig; 7.) mineralisch; 8.) Sand, Kalk, Glimmer, zerstoßene Keramik; 9.) mittel; 10.) stark; 11.) regelmäßig; 12.) 7,5 YR 4/1 dunkelgrau / 7,5 YR 3/1 sehr dunkelgrau; 13.) 7,5 YR 4/1 dunkelgrau / 7,5 YR 3/1 sehr dunkelgrau; 14.) schwarz; 15.) teilweise versintert und verwittert; 16.) 5 horizontale Schnurreihen; 17.) keine; 18.) feinsandig; 19.) ; 20.) 1,2

Nr. 003: 1.) 11.11.1932; 2.) RS; 3.) Becher; 4.) 15 cm; 5.) hart; 6.) schiefrig, splittrig; 7.) mineralisch; 8.) Sand, Kalk, Gesteinsgrus; 9.) mittel; 10.) stark; 11.) regelmäßig; 12.) 7,5 YR 2,5/1 schwarz; 13.) 7,5 YR 2,5/1 schwarz; 14.) schwarz; 15.) teilweise versintert; 16.) 4 horizontale Schnurreihen; 17.) keine; 18.) grobsandig; 19.) ; 20.) 1,3

Nr. 004: 1.) 11.11.1932; 2.) RS; 3.) Becher; 4.) ca. 10-12 cm; 5.) weich; 6.) körnig; 7.) mineralisch; 8.) Sand, Kalk, Quarzbruch, zerstoßene Flußgerölle; 9.) grob; 10.) stark; 11.) regelmäßig; 12.) 2,5 YR 5/8 rot; 13.) 2,5 YR 5/8 bis 2,5 YR 4/1 dunkelrotes Grau; 14.) rot; 15.) Feuereinwirkung; 16.) 6 horizontale Schnurreihen; 17.) leichte Glättspuren am Rand; 18.) feinsandig; 19.) Abdrücke von organischen Bestandteilen. Paßt mit 5 zusammen.; 20.) 1,4

Nr. 005: 1.) 11.11.1932; 2.) RS; 3.) Becher; 4.) ca. 10-12 cm; 5.) weich; 6.) körnig; 7.) mineralisch; 8.) Sand, Kalk, Quarzbruch, zerstoßene Flußgerölle; 9.) grob; 10.) stark; 11.) regelmäßig; 12.) 2,5 YR 5/8 rot; 13.) 2,5 YR 5/8 rot bis 2,5 YR 4/1 dunkelrotes Grau; 14.) rot; 15.) Zur Hälfte verwittert, Feuereinwirkung; 16.) 7 horizontale Schnurreihen; 17.) keine; 18.) feinsandig; 19.) paßt mit 4 zusammen; 20.) 1,5

Nr. 006: 1.) 11.11.1932; 2.) RS; 3.) Becher; 4.) ca. 10 cm; 5.) weich; 6.) schiefrig, splittrig; 7.) mineralisch; 8.) Sand, Glimmer; 9.) mittel; 10.) mittelstark; 11.) regelmäßig; 12.) 7,5 YR 2,5/1 schwarz; 13.) 7,5 YR 2,5/1 schwarz; 14.) schwarz; 15.) außen leicht verwittert; 16.) 2 horizontale Schnurreihen; 17.) keine; 18.) feinsandig; 19.) ; 20.) 1,6

Nr. 007: 1.) 11.11.1932; 2.) RS; 3.) Becher; 4.) ca. 10 cm; 5.) weich; 6.) schiefrig, splittrig; 7.) organisch/mineralisch; 8.) Sand, Kalk, Quarzbruch, zerstoßene Keramik, Steinchen; 9.) grob; 10.) stark; 11.) regelmäßig; 12.) 10 YR 3/2 sehr dunkelgraues braun; 13.) 10 YR 3/2 sehr dunkelgraues braun; 14.)

schwarz; 15.) verwittert; 16.) 1 horizontale Schnurreihen; 17.) keine; 18.) feinsandig; 19.) gehört mögl. zu 8; 20.) 1,7

Nr. 008: 1.) 11.11.1932; 2.) RS; 3.) Becher; 4.) ca. 10-12 cm; 5.) weich; 6.) schiefrig, splittrig; 7.) organisch/mineralisch; 8.) Sand, Kalk, Quarzbruch, zerstoßene Keramik, Gestein; 9.) grob; 10.) stark; 11.) regelmäßig; 12.) 10 YR 3/2 sehr dunkelgraues braun; 13.) 10 YR 3/2 sehr dunkelgraues braun; 14.) schwarz; 15.) verwittert; 16.) 2 horizontale Schnurreihe; 17.) keine; 18.) feinsandig; 19.) gehört mögl. zu 7; 20.) 1,8

Nr. 009: 1.) 1935; 2.) WS; 3.) Becher; 4.) -.-; 5.) weich; 6.) schiefrig, splittrig; 7.) mineralisch; 8.) Sand, Kalk, Quarzbruch, zerstoßene Keramik; 9.) grob; 10.) stark; 11.) regelmäßig; 12.) 5 YR 4/4 rötliches Braun; 13.) 5 YR 4/4 rötliches Braun; 14.) schwarz; 15.) verwittert; 16.) 3 horizontale Schnurreihen; 17.) keine; 18.) feinsandig; 19.) ; 20.) 1,9

Nr. 010: 1.) 1935; 2.) WS; 3.) Becher; 4.) -.-; 5.) weich; 6.) schiefrig, splittrig; 7.) organisch/ mineralisch; 8.) Sand, Kalk, Gesteinsgrus; 9.) mittel; 10.) stark; 11.) regelmäßig; 12.) 2,5 YR 2,5/2 sehr schwärzliches Rot; 13.) 2,5 YR 3/2 schwärzliches Rot; 14.) schwarz; 15.) leicht verwittert; 16.) 2 horizontale Schnurreihen; 17.) keine; 18.) grobsandig; 19.) ; 20.) 1,10

Nr. 011: 1.) 11.11.1932; 2.) WS; 3.) Becher; 4.) -.-; 5.) mittelhart; 6.) körnig; 7.) mineralisch; 8.) Sand, Kalk, Glimmer, zerstoßene Keramik; 9.) mittel; 10.) stark; 11.) regelmäßig; 12.) 7,5 YR 3/1 sehr dunkelgrau; 13.) 7,5 YR 3/1 sehr dunkelgrau; 14.) schwarz; 15.) gut erhalten; 16.) 2 horizontale Schnurreihen; 17.) keine; 18.) kreidig; 19.) ; 20.) 1,11

Nr. 012: 1.) 11.11.1932; 2.) WS; 3.) Becher; 4.) -.-; 5.) weich; 6.) schiefrig, splittrig; 7.) mineralisch; 8.) Sand, Kalk, zerstoßene Keramik, Glimmer; 9.) mittel; 10.) stark; 11.) regelmäßig; 12.) 7,5 YR 3/1 sehr dunkelgrau; 13.) 7,5 YR 2,5/1 schwarz; 14.) schwarz; 15.) außen Feuereinwirkung; 16.) 3 horizontale Schnurreihen; 17.) innen Fingerabdruck; 18.) feinsandig; 19.) ; 20.) 1,13

Nr. 013: 1.) 11.11.1932; 2.) WS; 3.) Becher; 4.) -.-; 5.) weich; 6.) schiefrig, splittrig; 7.) mineralisch; 8.) Sand, Kalk, zerstoßene Keramik, Glimmer; 9.) mittel; 10.) stark; 11.) regelmäßig; 12.) 7,5 YR 3/1 sehr dunkelgrau; 13.) 7,5 YR 2,5/1 schwarz; 14.) schwarz; 15.) außen Feuereinwirkung; 16.) 3 horizontale Schnurreihen; 17.) innen Fingerabdruck; 18.) feinsandig; 19.) ; 20.) 1,13

Nr. 014: 1.) 1935; 2.) WS; 3.) Becher; 4.) -.-; 5.) weich; 6.) schiefrig, splittrig; 7.) organisch/mineralisch; 8.) Sand, Glimmer, zerstoßene Keramik; 9.) mittel; 10.) mittelstark; 11.) regelmäßig; 12.) 10 YR 5/6 gelbliches Braun; 13.) 5 B 4/1 dunkelblaues Grau; 14.) schwarz; 15.) versintert; sonst ein wenig verwittert; 16.) 8 horizontale Schnurreihen; 17.) keine; 18.) grobsandig; 19.) Korneindruck auf der Innenseite; 20.) 1,14

Nr. 015: 1.) 02.11.1933?; 2.) WS; 3.) Becher; 4.) -.-; 5.) weich; 6.) körnig; 7.) mineralisch; 8.) Sand, Kalk, Quarzbruch; 9.) grob; 10.) mittelstark; 11.) regelmäßig; 12.) 7,5 YR 3/2 Dunkelbraun; 13.) 7,5 YR 3/1 stark Dunkelgrau; 14.) schwarz; 15.) außen leicht verwittert, innen abblätternd; 16.) 3 horizontale Schnurreihen; 17.) innen geglättet; 18.) grobsandig; 19.) ; 20.) 1,15

Nr. 016: 1.) 11.11.1932; 2.) RS; 3.) Becher, Schüssel; 4.) ca. 14 cm; 5.) hart; 6.) schiefrig, splittrig; 7.) mineralisch; 8.) Sand, Kalk; 9.) mittel; 10.) mittelstark; 11.) regelmäßig; 12.) 10 YR 5/3 braun; 13.) 10 YR 6/6 bräunliches Gelb; 14.) schwarz; 15.) gut erhalten; 16.) gruppierte Schnurreihen; 17.) braungelber Überzug; 18.) glatt (außen), feinsandig (innen); 19.) gehört mögl. zu 17, 18 und 19; 20.) 2,1

Nr. 017: 1.) 11.11.1932; 2.) RS; 3.) Becher, Schüssel; 4.) -.-; 5.) hart; 6.) schiefrig, splittrig; 7.) mineralisch; 8.) Sand, Kalk, zerstoßene Keramik, Steingrus; 9.) mittel; 10.) mittelstark; 11.) regelmäßig; 12.) 10 YR 5/4 gelbliches Braun; 13.) 10 YR 5/4 gelbliches Braun; 14.) schwarz; 15.) Oberfläche leicht verwittert; 16.) gruppierte Schnurreihen; 17.) Bräunlicher Überzug; 18.) glatt (außen), feinsandig (innen); 19.) gehört mögl. zu 16,18 und 19; 20.) 2,2

Nr. 018: 1.) 11.11.1932; 2.) WS; 3.) Becher, Schüssel; 4.) -.-; 5.) hart; 6.) schiefrig, splittrig; 7.) mineralisch; 8.) Sand, Kalk; 9.) mittel; 10.) mittelstark; 11.) regelmäßig; 12.) 10 YR 5/3 braun; 13.) 10 YR 5/3 braun; 14.) schwarz; 15.) gut erhalten; 16.) gruppierte Schnurreihen; 17.) brauner Überzug; 18.) glatt (außen), feinsandig (innen); 19.) gehört mögl. zu 16, 17 und 19; 20.) 2,3

Nr. 019: 1.) 11.11.1932; 2.) WS; 3.) Becher, Schüssel; 4.) -.-; 5.) hart; 6.) schiefrig, splittrig; 7.) mineralisch; 8.) Kalk, Quarz; 9.) mittel; 10.) mittelstark; 11.) regelmäßig; 12.) 10 YR 5/3 braun; 13.) 10 YR 5/3 braun; 14.) schwarz; 15.) gut erhalten; 16.) gruppierte Schnurreihen; 17.) brauner Überzug; 18.) kreidig; 19.) gehört mögl. zu 16, 17 und 18; 20.) 2,4

Nr. 020: 1.) 02.11.1933?; 2.) RS; 3.) Becher; 4.) ca. 12 cm; 5.) weich; 6.) schiefrig, splittrig; 7.) mineralisch; 8.) Sand, Kalk, Glimmer; 9.) grob; 10.) stark; 11.) unregelmäßig; 12.) 5 YR 5/6 gelbliches Rot bis 5 YR 3/1 sehr dunkles Grau; 13.) 5 YR 5/6 gelbliches Rot bis 5 YR 3/1 sehr dunkles Grau; 14.) schwarz; 15.) leicht verwittert; 16.) Fischgrätenmuster aus Schnureindrücken; 17.) brauner Überzug; 18.) feinsandig; 19.) ; 20.) 2,5

Nr. 021: 1.) 11.11.1932; 2.) RS; 3.) Becher, Schüssel ?; 4.) -.-; 5.) weich; 6.) körnig; 7.) mineralisch; 8.) Sand, Kalk, Glimmer; 9.) mittel; 10.) stark; 11.) regelmäßig; 12.) 10 YR 5/2 gräuliches Braun; 13.) 10 YR 5/2 gräuliches Braun; 14.) schwarz; 15.) leicht verwittert; 16.) Fischgrätenmuster aus Schnureindrücken; 17.) Glättspuren innen; 18.) grobsandig; 19.) ; 20.) 2,6

Nr. 022: 1.) 11.11.1932; 2.) WS; 3.) Amphore ?; 4.) -.-; 5.) weich; 6.) schiefrig, splittrig; 7.) mineralisch; 8.) Sand, Kalk, zerstoßene Keramik; 9.) mittel; 10.) mittelstark; 11.) regelmäßig; 12.) 7,5 YR 2,5/1 schwarz; 13.) 2,5 YR 3/4 dunkelrotes Braun; 14.) schwarz; 15.) gut erhalten; 16.) Fischgrätenmuster aus Schnureindrücken; 17.) keine; 18.) kreidig; 19.) ; 20.) 2,7

Nr. 023: 1.) 11.11.1932; 2.) WS; 3.) Becher; 4.) -.-; 5.) mittelhart; 6.) schiefrig, splittrig; 7.) mineralisch; 8.) Sand, Kalk, Quarzbruch, zerstoßene Keramik; 9.) mittel-grob; 10.) stark; 11.) regelmäßig; 12.) 5 YR 5/6 gelbliches Rot; 13.) 5 YR 5/6 gelbliches Rot; 14.) schwarz; 15.) gut erhalten; 16.) Fischgrätenmuster aus Schnureindrücken; 17.) keine; 18.) feinsandig; 19.) ; 20.) 2,8

Nr. 024: 1.) 11.11.1932; 2.) WS; 3.) Becher; 4.) -.-; 5.) weich; 6.) schiefrig, splittrig; 7.) mineralisch; 8.) Sand, Kalk, Quarzbruch, zerstoßene Keramik; 9.) grob; 10.) stark; 11.) regelmäßig; 12.) 7,5 YR 5/2 braun; 13.) 7,5 YR 5/6 kräftiges Braun; 14.) schwarz; 15.) leicht verwittert; 16.) Fischgrätenmuster aus Schnureindrücken; 17.) keine; 18.) feinsandig; 19.) E. Sangmeister 1965, Taf. 3.22; 20.) 2,9

Nr. 025: 1.) 1931; 2.) RS; 3.) Becher; 4.) ca. 12 cm; 5.) hart; 6.) körnig; 7.) mineralisch; 8.) Kalk, Quarz, zerstoßene Keramik, Flußgeröll; 9.) grob; 10.) stark; 11.) regelmäßig; 12.) 2,5 YR 4/1 dunkelrotes Grau; 13.) 2,5 YR 4/1 dunkelrotes Grau; 14.) schwarz; 15.) verwittert; 16.) Schnurbündel mit Schnurzone; 17.) keine; 18.) feinsandig; 19.) ; 20.) 2,10

Nr. 026: 1.) 11.11.1932; 2.) WS; 3.) Becher?; 4.) -.-; 5.) weich; 6.) körnig; 7.) mineralisch; 8.) Sand, Kalk, Gesteinsgrus; 9.) mittel-grob; 10.) stark; 11.) regelmäßig; 12.) 10 R 4/8 Rot; 13.) 2,5 YR 4/3 rötliches Braun / 2,5 YR 3/1 dunkelrotes Braun; 14.) schwarz; 15.) außen Feuereinwirkung, sonst versintert; 16.) Schnurbündel; 17.) keine; 18.) grobsandig; 19.) Schnurbündel/Sparrenmuster; 20.) 2,11

Nr. 027: 1.) 11.11.1932; 2.) WS; 3.) Becher, Amphore?; 4.) -.-; 5.) weich; 6.) körnig; 7.) mineralisch; 8.) Sand, Glimmer, zerstoßene Steinchen; 9.) mittel; 10.) mittelstark; 11.) regelmäßig; 12.) 5 YR 2,5/1 schwarz; 13.) 2,5 YR 4/2 schwaches Rot; 14.) schwarz; 15.) gut erhalten; 16.) 3 diagonal angeordnete, horizontale Schnureindrücke; 17.) keine; 18.) feinsandig; 19.) ; 20.) 2,12

Nr. 028: 1.) 11.11.1932; 2.) Öse; 3.) Amphore?; 4.) -.-; 5.) weich; 6.) splittrig; 7.) mineralisch; 8.) Sand, Glimmer, zerstoßene Keramik, kleine Steinchen; 9.) mittel; 10.) mittelstark; 11.) regelmäßig; 12.) 7,5 YR 5/2 braun; 13.) 7,5 YR 5/2 braun; 14.) schwarz; 15.) leicht versintert; 16.) 3 diagonal gestellte, kurze Schnureindrücke; 17.) Überzug; 18.) kreidig; 19.) ; 20.) 2,13

Nr. 029: 1.) 11.11.1932; 2.) WS; 3.) Amphore; 4.) -.-; 5.) weich; 6.) schiefrig, splittrig; 7.) mineralisch; 8.) Sand, Kalk, Quarzbruch, zerstoßene Keramik, Steingrus; 9.) grob; 10.) mittelstark; 11.) regelmäßig; 12.) 5 YR 4/1 dunkelgrau; 13.) 5 YR 4/1 dunkelgrau; 14.) Dunkelgrau; 15.) leicht verwittert; 16.) 3 diagonal angeordnete, horizontale Schnureindrücke; 17.) keine; 18.) kreidig; 19.) Henkel- bzw. Knubbenansatz; 20.) 2,14

Nr. 030: 1.) 11.11.1932; 2.) WS; 3.) Becher; 4.) -.-; 5.) weich; 6.) schiefrig, splittrig; 7.) mineralisch; 8.) Sand, Kalk, Quarzbruch, Glimmer, zerstoßene Keramik, Gestein; 9.) grob; 10.) stark; 11.) regelmäßig;

12.) 10 YR 2/1 schwarz; 13.) 10 YR 4/2 dunkelgraues braun; 14.) schwarz; 15.) außen verwittert, innen gut erhalten; 16.) Schnurdreieck mit 4 horizontalen Schnurreihen; 17.) innen Fingerabdruck; 18.) kreidig; 19.) ; 20.) 3,1

Nr. 031: 1.) 11.11.1932; 2.) WS; 3.) Becher; 4.) -.-; 5.) weich; 6.) schiefrig, splittrig; 7.) mineralisch; 8.) Sand, Kalk, zerstoßene Keramik; 9.) mittel; 10.) stark; 11.) regelmäßig; 12.) 10 YR 3/1 sehr dunkelgrau; 13.) 10 YR 3/1 sehr dunkelgrau; 14.) schwarz; 15.) gut erhalten; 16.) Schnurdreieck mit 2 horizontalen Schnurreihen; 17.) keine; 18.) feinsandig; 19.) ; 20.) 3,2

Nr. 032: 1.) 11.11.1932; 2.) WS; 3.) Becher; 4.) -.-; 5.) weich; 6.) schiefrig, splittrig; 7.) mineralisch; 8.) Sand, Kalk; 9.) mittel; 10.) stark; 11.) regelmäßig; 12.) 7,5 YR 2,5/1 schwarz; 13.) 5 YR 4/1 dunkelgrau; 14.) schwarz; 15.) gut erhalten; 16.) Schnurdreieck mit 3 horizontalen Schnurreihen; 17.) keine; 18.) kreidig; 19.) ; 20.) 3,3

Nr. 033: 1.) 11.11.1932; 2.) WS; 3.) Becher; 4.) -.-; 5.) weich; 6.) körnig, bröselig; 7.) mineralisch; 8.) Sand, Kalk, Quarzbruch, Steingrus; 9.) grob; 10.) stark; 11.) regelmäßig; 12.) 5 YR 3/2 dunkelrotes Braun; 13.) 5 YR 3/2 dunkelrotes Braun; 14.) dunkelrotes Braun; 15.) sehr stark verwittert; 16.) Schnurdreieck mit 4 horizontalen Schnurreihen; 17.) keine; 18.) kreidig; 19.) ; 20.) 3,4

Nr. 034: 1.) 11.11.1932; 2.) WS; 3.) Becher; 4.) -.-; 5.) weich; 6.) schiefrig, splittrig; 7.) mineralisch; 8.) Sand, Kalk, zerstoßenes Gestein; 9.) mittel-grob; 10.) stark; 11.) regelmäßig; 12.) 10 YR 3/2 sehr dunkelgraues braun; 13.) 10 YR 3/2 sehr dunkelgraues braun; 14.) schwarz; 15.) innen versintert, außen verwittert; 16.) Schnurdreieck mit 4 horizontalen Schnurreihen; 17.) keine; 18.) feinsandig; 19.) ; 20.) 3,5

Nr. 035: 1.) 11.11.1932; 2.) WS; 3.) Becher; 4.) -.-; 5.) weich; 6.) körnig, bröselig; 7.) mineralisch; 8.) Sand, Kalk, Quarzbruch, zerstoßene Steinchen; 9.) grob; 10.) stark; 11.) regelmäßig; 12.) 5 YR 3/2 dunkelrotes Braun; 13.) 5 YR 3/2 dunkelrotes Braun; 14.) dunkelrotes Braun; 15.) sehr stark verwittert; 16.) Schnurdreieck mit 1 horizontalen Schnurreihe; 17.) keine; 18.) grobsandig; 19.) ; 20.) 3,6

Nr. 036: 1.) 11.11.1932; 2.) WS; 3.) Becher; 4.) -.-; 5.) weich; 6.) körnig; 7.) mineralisch; 8.) Sand, Kalk, zerstoßene Keramik; 9.) mittel; 10.) stark; 11.) regelmäßig; 12.) 7,5 YR 2,5/1 schwarz; 13.) 7,5 YR 3/1 sehr dunkelgrau; 14.) schwarz; 15.) gut erhalten; 16.) Schnurdreiecke; 17.) innen Fingerabdruck; 18.) feinsandig; 19.) ; 20.) 3,7

Nr. 037: 1.) 11.11.1932; 2.) WS; 3.) Becher; 4.) -.-; 5.) mittelhart; 6.) körnig; 7.) mineralisch; 8.) Sand, Kalk, zerstoßene Flußgerölle; 9.) mittel; 10.) mittelstark; 11.) regelmäßig; 12.) 5 YR 2,5/1 Schwarz; 13.) 5 YR 2,5/1 Schwarz; 14.) schwarz; 15.) gut erhalten; 16.) Schnurdreiecke; 17.) keine; 18.) feinsandig; 19.) ; 20.) 3,8

Nr. 038: 1.) 11.11.1932; 2.) WS; 3.) Becher; 4.) -.-; 5.) mittelhart; 6.) körnig; 7.) mineralisch; 8.) Sand, Kalk, Quarz, zerstoßene Keramik, Gesteinsgrus; 9.) mittel; 10.) stark; 11.) regelmäßig; 12.) 7,5 YR 2.5/1 schwarz; 13.) 7,5 YR 4/1 dunkelgrau; 14.) schwarz; 15.) gut erhalten; 16.) ausgespartes Winkelband; 17.) keine; 18.) feinsandig; 19.) ; 20.) 3,9

Nr. 039: 1.) ; 2.) WS; 3.) Becher; 4.) -.-; 5.) ?; 6.) ?; 7.) ?; 8.) ?; 9.) ?; 10.) ?; 11.) ?; 12.) ?; 13.) ?; 14.) ?; 15.) ?; 16.) Schnurdreiecke mit Fransenabschluß; 17.) ?; 18.) ?; 19.) ; 20.) 3,10

Nr. 040: 1.) 11.11.1932; 2.) WS; 3.) Becher; 4.) -.-; 5.) hart; 6.) schiefrig, splittrig; 7.) mineralisch; 8.) Sand, Kalk, Quarzbruch, Gesteinsgrus; 9.) grob; 10.) stark; 11.) regelmäßig; 12.) 10 YR 5/4 gelbliches Braun; 13.) 10 YR 5/4 gelbliches Braun; 14.) schwarz; 15.) gut erhalten; 16.) Schnurzonen mit Schnurdreiecken dazwischen; 17.) gelblichbrauner Überzug; 18.) feinsandig; 19.) E. Sangmeister 1965, Taf. 3.16; Keine Schnur, geflochtene Gräser; 20.) 3,11

Nr. 041: 1.) ; 2.) RS; 3.) Becher; 4.) ?; 5.) ?; 6.) ?; 7.) ?; 8.) ?; 9.) ?; 10.) ?; 11.) ?; 12.) ?; 13.) ?; 14.) ?; 15.) ?; 16.) Schnurzone mit Schnurdreiecken; 17.) ?; 18.) ?; 19.) ; 20.) 3,12

Nr. 042: 1.) 11.11.1932; 2.) WS; 3.) Becher; 4.) -.-; 5.) mittelhart; 6.) schiefrig, splittrig; 7.) mineralisch; 8.) Sand, Kalk, Glimmer, zerstoßene Keramik, Gestein; 9.) mittel; 10.) stark; 11.) regelmäßig; 12.) 5 YR 2,5/1 schwarz; 13.) 2,5 YR 4/6 rot; 14.) schwarz; 15.) teilweise versintert; 16.) Fransenabschluß; 17.) keine; 18.) kreidig; 19.) gehört mögl. zu K. 054; 20.) 4,1

Nr. 043: 1.) 11.11.1932; 2.) WS; 3.) Becher; 4.) -.-; 5.) weich; 6.) schiefrig, splittrig; 7.) mineralisch; 8.) Sand, Kalk, zerstoßene Keramik; 9.) mittel; 10.) mittelstark; 11.) regelmäßig; 12.) 7,5 YR 3/1 sehr dunkles grau; 13.) 7,5 YR 3/1 sehr dunkles grau; 14.) schwarz; 15.) versintert; 16.) Fransenabschluß; 17.) Fingerabdruck auf Innenseite; 18.) feinsandig; 19.) ; 20.) 4,2

Nr. 044: 1.) 11.11.1932; 2.) WS; 3.) Becher; 4.) -.-; 5.) mittelhart; 6.) körnig; 7.) mineralisch; 8.) Sand, Kalk; 9.) mittel; 10.) stark; 11.) regelmäßig; 12.) 10 YR 5/2 gräuliches Braun; 13.) 10 YR 4/2 dunkelgräuliches Braun / 10 YR 5/2 gräuliches Braun; 14.) gräuliches Braun; 15.) gut erhalten; 16.) Fransenabschluß; 17.) keine; 18.) kreidig; 19.) ; 20.) 4,3

Nr. 045: 1.) 11.11.1932; 2.) WS; 3.) Becher; 4.) -.-; 5.) mittelhart; 6.) schiefrig, splittrig; 7.) mineralisch; 8.) Sand, Kalk, Glimmer, zerstoßene Keramik, Gestein; 9.) mittel; 10.) stark; 11.) regelmäßig; 12.) 5 YR 2,5/1 schwarz; 13.) 2,5 YR 4/6 rot; 14.) schwarz; 15.) teilweise versintert und verwittert; 16.) Fransenabschluß; 17.) keine; 18.) feinsandig; 19.) gehört mögl. zu K. 055; 20.) 4,4

Nr. 046: 1.) ?; 2.) WS; 3.) Topf, Kugelamphore??; 4.) -.-; 5.) weich; 6.) körnig; 7.) mineralisch; 8.) Sand, Kalk, zerstoßene Steinchen; 9.) grob; 10.) stark; 11.) regelmäßig; 12.) 7,5 YR 2,5/1 schwarz; 13.) 7,5 YR 2,5/1 schwarz ; 7,5 YR 5/6 kräftiges Braun; 14.) schwarz; 15.) teilweise versintert, sekundär gebrannt; 16.) Mattenrauhung; 17.) keine; 18.) kreidig; 19.) ; 20.) 4,5

Nr. 047: 1.) 1932; 11.11.1932?; 2.) WS; 3.) Becher; 4.) -.-; 5.) weich; 6.) splittrig, schiefrig; 7.) mineralisch; 8.) Sand, Kalk; 9.) mittel; 10.) schwach; 11.) regelmäßig; 12.) 7,5 YR 4/2 Braun; 13.) 7,5 YR 4/2 Braun; 14.) schwarz; 15.) außen leicht verwittert; 16.) Gewebeabdruck, Ritzlinien und runden Einstichen; 17.) Überzug; 18.) glatt; 19.) ; 20.) 4,6

Nr. 048: 1.) 11.11.1932; 2.) WS; 3.) Becher; 4.) -.-; 5.) weich; 6.) splittrig, schiefrig; 7.) mineralisch; 8.) Sand, Kalk; 9.) mittel; 10.) schwach; 11.) regelmäßig; 12.) 5 YR 5/2 rötliches Grau; 13.) 5 YR 5/4 rötliches Braun; 14.) schwarz; 15.) außen z.T. verschliffen; 16.) Gewebeabdruck; 17.) Überzug innen und außen; 18.) glatt; 19.) ; 20.) 4,7

Nr. 049: 1.) 1932; 2.) WS; 3.) Becher; 4.) -.-; 5.) hart; 6.) körnig; 7.) mineralisch; 8.) Sand, Kalk, zerstoßene Keramik; 9.) mittel; 10.) mittelstark; 11.) regelmäßig; 12.) 7,5 YR 4/3 Braun; 13.) 7,5 YR 4/3 Braun; 14.) Braun; 15.) teilweise stark verwittert; 16.) 5 horizontale Kammstichreihen; 17.) keine; 18.) grobsandig; 19.) ; 20.) 4,8

Nr. 050: 1.) 1935; 2.) WS; 3.) Becher; 4.) -.-; 5.) hart; 6.) schiefrig, splittrig; 7.) organisch/mineralisch; 8.) Sand, Kalk; 9.) mittel; 10.) mittelstark; 11.) regelmäßig; 12.) 10 YR 5/3 braun; 13.) 10 YR 2/1 schwarz; 14.) schwarz; 15.) außen verwittert, innen bräunlicher Überzug; 16.) Kombination: Kammstich-Einstich-Schnur; 17.) keine; 18.) feinsandig; 19.) ; 20.) 4,9

Nr. 051: 1.) 11.11.1932; 2.) WS; 3.) Becher; 4.) -.-; 5.) mittelhart; 6.) glatt; 7.) mineralisch; 8.) Sand, Kalk, Quarzbruch, Glimmer, zerstoßene Steinchen; 9.) mittel; 10.) stark; 11.) regelmäßig; 12.) 5 YR 6/6 rötliches Gelb; 13.) 5 YR 6/6 rötliches Gelb; 14.) wie außen; 15.) gut erhalten; 16.) 3 senkrechte Kammstichreihen und geritztes, schraffiertes Dreieck; 17.) keine; 18.) außen glatt, innen kreidig; 19.) ; 20.) 4,10

Nr. 052: 1.) 11.11.1932; 2.) RS; 3.) Becher; 4.) ca. 12 cm; 5.) weich; 6.) splittrig, schiefrig; 7.) mineralisch; 8.) Sand, Kalk, Quarzbruch, Glimmer, zerstoßene Keramik, Flußgerölle; 9.) grob; 10.) stark; 11.) regelmäßig; 12.) 2,5 YR 3/1 dunkelrotes Grau; 13.) 2,5 YR 5/6 rot; 14.) schwarz; 15.) verwittert; 16.) eingestochenes Zickzackband mit rundem Einstich; 17.) keine; 18.) feinsandig; 19.) ; 20.) 4,11

Nr. 053: 1.) 11.11.1932; 2.) WS; 3.) Becher; 4.) -.-; 5.) mittelhart; 6.) körnig; 7.) mineralisch; 8.) Sand, Kalk; 9.) mittel; 10.) mittelstark; 11.) regelmäßig; 12.) 5 YR 6/6 rötliches Gelb; 13.) 5 YR 5/8 gelbliches Rot; 14.) schwarz; 15.) gut erhalten; 16.) eingestochenes Fischgrätenmuster; 17.) keine; 18.) kreidig; 19.) E. Sangmeister 1965, Taf. 3.20; 20.) 4,12

Nr. 054: 1.) 11.11.1932; 2.) WS; 3.) Becher; 4.) -.-; 5.) hart; 6.) schiefrig, splittrig; 7.) organisch/mineralisch; 8.) Sand, Kalk, Quarzbruch; 9.) mittel; 10.) stark; 11.) regelmäßig; 12.) 7,5 YR 2,5/1 schwarz; 13.) 7,5 YR 5/1 grau; 14.) schwarz; 15.) gut erhalten; 16.) eingestochenes

Fischgrätenmuster; 17.) außen grauer Überzug; 18.) feinsandig; 19.) E. Sangmeister 1965, Taf. 3.21; 20.) 4,13

Nr. 055: 1.) 02.11.1933?; 2.) WS; 3.) ?; 4.) -.-; 5.) hart; 6.) schiefrig, splittrig; 7.) mineralisch; 8.) Sand, Kalk, Quarzbruch, zerstoßene Steinchen; 9.) grob; 10.) stark; 11.) regelmäßig; 12.) 5 YR 2,5/1 schwarz; 13.) 10 YR 5/3 braun; 14.) schwarz; 15.) leicht verwittert; 16.) 2 Reihen länglicher, senkrechter Eindrücke; 17.) keine; 18.) feinsandig; 19.) außen mögl. Pflanzenabdrücke; 20.) 4,14

Nr. 056: 1.) 11.11.1932; 2.) WS; 3.) Topf?; 4.) -.-; 5.) hart; 6.) schiefrig, splittrig; 7.) mineralisch; 8.) Quarz, Kalk, zerstoßene Steinchen; 9.) grob; 10.) stark; 11.) regelmäßig; 12.) 10 YR 2/1 schwarz; 13.) 10 YR 4/2 dunkelgraues Braun; 14.) schwarz; 15.) gut erhalten; 16.) schräggestellte, längliche Einstiche; 17.) Überzug; 18.) grobsandig; 19.) gehört mögl. zu 133, 135; 20.) 4,15

Nr. 057: 1.) 11.11.1932; 2.) WS; 3.) Topf?; 4.) -.-; 5.) hart; 6.) schiefrig, splittrig; 7.) mineralisch; 8.) Quarz, Kalk, zerstoßene Steinchen; 9.) grob; 10.) stark; 11.) regelmäßige; 12.) 10 YR 2/1 schwarz; 13.) 10 YR 4/2 dunkelgraues Braun; 14.) schwarz; 15.) gut erhalten; 16.) schräggestellte, längliche Einstiche; 17.) Überzug, Fingerabdrücke; 18.) grobsandig; 19.) gehört mögl. zu 133, 134; 20.) ohne Abb.

Nr. 058: 1.) 02.11.1933?; 2.) WS; 3.) Topf?; 4.) -.-; 5.) mittelhart; 6.) schiefrig, splittrig; 7.) mineralisch; 8.) Sand, Kalk, Quarzbruch, zerstoßene Keramik; 9.) grob; 10.) stark; 11.) unregelmäßig; 12.) 10 YR 4/3 Braun; 13.) 10 YR 4/2 dunkelgraues Braun; 14.) schwarz; 15.) teils verwittert, teils erhalten; 16.) 2 parallele Reihen länglicher, diagonaler Einstiche; 17.) keine; 18.) grobsandig; 19.) ; 20.) 4,16

Nr. 059: 1.) 11.11.1932; 2.) WS; 3.) Topf?; 4.) -.-; 5.) hart; 6.) schiefrig, splittrig; 7.) mineralisch; 8.) Quarz, zerstoßene Steinchen; 9.) 3grob-; 10.) stark; 11.) regelmäßig; 12.) 10 YR 3/1 sehr dunkles Grau; 13.) 10 YR 4/2 dunkelgraues Braun; 14.) schwarz; 15.) gut erhalten; 16.) schräggestellte, längliche Einstiche; 17.) außen Überzug; 18.) grobsandig; 19.) gehört mögl. zu 134, 135; vermutlich Spelzabdruck; 20.) 4,17

Nr. 060: 1.) 02.11.1933?; 2.) WS; 3.) ?; 4.) -.-; 5.) weich; 6.) körnig; 7.) mineralisch; 8.) Sand, Kalk, Quarzbruch, Glimmer, Gesteinsbruch; 9.) grob; 10.) stark; 11.) unregelmäßig; 12.) 7,5 YR 4/1 dunkelgrau; 13.) 5 YR 6/6 rötliches Gelb; 14.) dunkelgrau; 15.) gut erhalten; 16.) horizontale Ritzlinie; 17.) Überzug; 18.) kreidig; 19.) Bruchkanten an der Außenseite teilweise geschwärzt; 20.) 4,18

Nr. 061: 1.) 11.11.1932; 2.) WS; 3.) Becher, Topf; 4.) -.-; 5.) weich; 6.) schiefrig, splittrig; 7.) mineralisch; 8.) Kalk, Quarz; 9.) mittel; 10.) mittelstark; 11.) regelmäßig; 12.) 7,5 YR 2,5/1 schwarz; 13.) 7,5 YR 5/3 braun; 14.) schwarz; 15.) innere Oberfläche nicht mehr erhalten; außen verwittert; 16.) senkrechte Ritzungen; 17.) keine; 18.) kreidig; 19.) ; 20.) 4,19

Nr. 062: 1.) 1932; 2.) WS; 3.) Becher; 4.) -.-; 5.) weich; 6.) körnig; 7.) mineralisch; 8.) Sand; 9.) mittel; 10.) schwach; 11.) regelmäßig; 12.) 7,5 YR 6/4 hellbraun; 13.) 7,5 YR 6/4 hellbraun; 14.) schwarz; 15.) leicht verwittert; 16.) 6 schräge Ritzlinien mit waagerechter Ritzlinie als Abschluß; 17.) Überzug; 18.) kreidig; 19.) ; 20.) 4,20

Nr. 063: 1.) 11.11.1932; 2.) RS; 3.) Becher, Topf; 4.) 21 cm; 5.) hart; 6.) schiefrig, splittrig; 7.) mineralisch; 8.) Sand, Kalk, Quarzbruch, Glimmer, zerstoßene Keramik, Flußgeröll; 9.) mittel-sehr grob; 10.) stark; 11.) regelmäßig; 12.) 5 YR 4/2 dunkelrotes Grau; 13.) 5 YR 4/2 dunkelrotes Grau; 14.) schwarz; 15.) verwittert; 16.) Glatte Einfachleiste; 17.) keine; 18.) grobsandig; 19.) ; 20.) 5,1

Nr. 064: 1.) 02.11.1933?; 2.) RS; 3.) Becher, Topf; 4.) 26 cm; 5.) hart; 6.) körnig; 7.) mineralisch; 8.) Sand, Kalk, Quarzbruch; 9.) mittel-sehr grob; 10.) stark; 11.) regelmäßig; 12.) 5 YR 4/2 dunkelrotes Grau; 13.) 5 YR 5/4 rötliches Braun; 14.) rötlich; 15.) verwittert; 16.) Glatte Einfachleiste; 17.) keine; 18.) grobsandig; 19.) ; 20.) 5,2

Nr. 065: 1.) 11.11.1932; 2.) RS; 3.) Becher, Schüssel; 4.) 20 cm; 5.) hart; 6.) glatt, körnig; 7.) mineralisch; 8.) Sand, Quarz, zerstoßene Steinchen; 9.) grob; 10.) stark; 11.) regelmäßig; 12.) 2,5 YR 4/4 rötliches Braun; 13.) 2,5 YR 5/2 rötliches Braun; 14.) schwarz; 15.) gut erhalten; 16.) Glatte Einfachleiste; 17.) Verstreichspuren in der Riefe unter dem Rand, Überzug; 18.) kreidig; 19.) Spelzabdrücke; 20.) 5,3

Nr. 066: 1.) 02.11.1933; 2.) WS; 3.) ?; 4.) -.-; 5.) weich; 6.) schiefrig, splittrig; 7.) mineralisch; 8.) Sand, Kalk, Quarzbruch, zerstoßene Keramik, Gesteinsgrus; 9.) mittel-sehr grob; 10.) stark-sehr stark; 11.) regelmäßig; 12.) 7,5 YR 5/8 kräftiges Braun; 13.) 7,5 YR 5/8 kräftiges Braun; 14.) schwarz; 15.) gut erhalten; 16.) Glatte Einfachleiste; 17.) Glättspuren über und unter der Leiste; 18.) grobsandig; 19.) ; 20.) 5,4

Nr. 067: 1.) 02.11.1933; 2.) WS; 3.) ?; 4.) -.-; 5.) weich; 6.) schiefrig, splittrig; 7.) mineralisch; 8.) Sand, Kalk, Quarzbruch; 9.) mittel; 10.) stark; 11.) regelmäßig; 12.) N 2/5 schwarz; 13.) 2,5 YR 4/4 rötliches Braun; 14.) schwarz; 15.) leicht versintert; innen Feuereinwirkung, Ruß; 16.) Glatte Einfachleiste; 17.) keine; 18.) feinsandig; 19.) ; 20.) 5,5

Nr. 068: 1.) 02.11.1933?; 2.) RS; 3.) ?; 4.) -.-; 5.) weich; 6.) schiefrig, splittrig; 7.) mineralisch; 8.) Sand, Kalk, Quarzbruch, Glimmer, zerstoßene Keramik, Gesteinsgrus; 9.) mittel-sehr grob; 10.) stark; 11.) regelmäßig; 12.) 10 YR 6/6 bräunliches Gelb; 13.) 5YR 4/4 rötliches Braun; 14.) schwarz; 15.) gut erhalten, oberer Teil des Randes fehlt; 16.) aufgesetzte, glatte Einfachleiste; 17.) außen geglättet; 18.) kreidig; 19.) Pflanzenabdrücke unter der Lippe; 20.) 5,6

Nr. 069: 1.) 02.11.1933?; 2.) RS; 3.) Becher, Schüssel; 4.) ca. 26 cm; 5.) hart; 6.) schiefrig, splittrig; 7.) mineralisch; 8.) Sand, Kalk, Quarzbruch, zerstoßene Keramik; 9.) grob; 10.) stark; 11.) regelmäßig; 12.) 5 YR 5/2 rötliches Grau; 13.) 10 YR 6/8 bräunliches Gelb; 14.) dunkelgrau bis schwarz; 15.) gut erhalten; 16.) einstichverzierte Einfachleiste; 17.) hellbrauner Überzug, Glättspuren; 18.) kreidig; 19.) ; 20.) 5,7

Nr. 070: 1.) 02.11.1933?; 2.) RS; 3.) Becher, Schüssel; 4.) 27 cm; 5.) hart; 6.) schiefrig, splittrig; 7.) mineralisch; 8.) Sand, Kalk, Quarzbruch, zerstoßene Keramik; 9.) grob; 10.) stark; 11.) regelmäßig; 12.) 5 YR 5/4 rötliches Braun; 13.) 5 YR 5/6 gelbliches Braun; 14.) schwarz; 15.) gut erhalten; 16.) einstichverzierte Einfachleiste; 17.) Glättspuren unter dem Rand (waagerechte Riefen); 18.) kreidig; 19.) ; 20.) 5,8

Nr. 071: 1.) 02.11.1933?; 2.) WS; 3.) ?; 4.) -.-; 5.) hart; 6.) schiefrig, splittrig; 7.) mineralisch; 8.) Sand, Kalk, zerstoßene Keramik und Steinchen; 9.) grob; 10.) stark; 11.) regelmäßig; 12.) 5 YR 5/3 rötliches Braun; 13.) 5 YR 5/3 rötliches Braun; 14.) schwarz; 15.) gut erhalten; 16.) fingernagelverzierte Einfachleiste; 17.) Glättspuren unter der Leiste; 18.) kreidig bis feinsandig; 19.) vermutlich Eindrücke von Körnern auf der Innenseite; 20.) 5,9

Nr. 072: 1.) ?; 2.) Leiste; 3.) ?; 4.) -.-; 5.) weich; 6.) schiefrig, splittrig; 7.) mineralisch; 8.) Sand, Kalk, zerstoßene Steinchen; 9.) mittel; 10.) mittelstark; 11.) regelmäßig; 12.) 7,5 YR 6/2 rosagrau; 13.) 7,5 YR 6/2 rosagrau; 14.) grau; 15.) gut erhalten; 16.) einstichverzierte Einfachleiste; 17.) Fingereindrücke; 18.) kreidig; 19.) ; 20.) 5,10

Nr. 073: 1.) 11.11.1932; 2.) WS; 3.) Becher?; 4.) -.-; 5.) mittelhart; 6.) körnig; 7.) mineralisch; 8.) Sand, Quarzbruch, zerstoßene Steinchen; 9.) mittel-sehr grob; 10.) mittelstark; 11.) regelmäßig; 12.) 2,5 YR 4/3 rötliches Braun; 13.) 2,5 YR 4/4 rötliches Braun; 14.) wie außen; 15.) verwittert; 16.) Glatte Mehrfachleisten; 17.) keine; 18.) feinsandig; 19.) ; 20.) 5,11

Nr. 074: 1.) 24.-25.06.1935; 2.) WS; 3.) Becher?; 4.) -.-; 5.) hart; 6.) splittrig; 7.) mineralisch; 8.) Sand, Kalk, Glimmer; 9.) grob; 10.) stark; 11.) regelmäßig; 12.) 5 YR 4/2 dunkelrotes Grau; 13.) 5 YR 4/2 dunkelrotes Grau; 14.) schwarz; 15.) gut erhalten; 16.) Glatte Mehrfachleisten; 17.) außen Verstreichspuren; 18.) kreidig; 19.) ; 20.) 5,12

Nr. 075: 1.) 11.11.1932; 2.) WS; 3.) Becher?; 4.) -.-; 5.) weich; 6.) körnig; 7.) mineralisch; 8.) Sand, Kalk, Quarzbruch, Glimmer, zerstoßene Steinchen; 9.) mittel-sehr grob; 10.) stark; 11.) regelmäßig; 12.) 2,5 YR 5/3 rötliches Braun; 13.) 2,5 YR 4/1 dunkelrotes Grau; 14.) schwarz; 15.) leicht verwittert; 16.) Glatte Mehrfachleisten; 17.) innen Verstreichspuren; 18.) kreidig; 19.) ; 20.) 5,13

Nr. 076: 1.) 11.11.1932; 2.) WS; 3.) Becher?; 4.) -.-; 5.) weich; 6.) splittrig; 7.) mineralisch; 8.) Sand, Quarzbruch, Glimmer; 9.) grob; 10.) mittelstark; 11.) regelmäßig; 12.) 7,5 YR 2,5/1 schwarz; 13.) 7,5 YR 5/6 kräftiges Braun; 14.) wie innen; 15.) versintert; 16.) Glatte Mehrfachleisten; 17.) Überzug, Schlickrauhung im unteren Teil; 18.) feinsandig; 19.) Fingertupfen auf der Leiste; 20.) 5,14

Nr. 077: 1.) 24.-25.06. 1935; 2.) WS; 3.) Becher; 4.) -.-; 5.) hart; 6.) splittrig; 7.) mineralisch; 8.) Sand, Kalk, Glimmer; 9.) grob; 10.) stark; 11.) regelmäßig; 12.) 5 YR 4/2 dunkelrotes Grau; 13.) 5 YR 4/2 dunkelrotes Grau; 14.) schwarz; 15.) gut erhalten; 16.) Glatte Mehrfachleisten; 17.) außen Verstreichspuren; 18.) kreidig; 19.) gehört mögl. zu 113 und 115; 20.) 5,15

Nr. 078: 1.) 02.11.1933?; 2.) WS; 3.) Becher; 4.) -.-; 5.) hart; 6.) schiefrig, splittrig; 7.) mineralisch; 8.) Sand, Kalk, Quarzbruch, Glimmer; 9.) mittel-sehr grob; 10.) stark; 11.) regelmäßig; 12.) 5 YR 5/6 gelblich Rot; 13.) 5 YR 3/1 stark dunkelgrau; 14.) schwarz; 15.) außen verwittert, innen gut erhalten; 16.) Glatte Mehrfachleisten (Rippenbecher); 17.) keine; 18.) grobsandig; 19.) Brandspuren; 20.) 6,1

Nr. 079: 1.) 02.11.1933?; 2.) WS; 3.) Becher; 4.) -.-; 5.) hart; 6.) schiefrig, splittrig; 7.) mineralisch; 8.) Sand, Kalk, Quarzbruch, Glimmer; 9.) mittel-sehr grob; 10.) stark; 11.) regelmäßig; 12.) 2,5 YR 5/3 rötliches Braun; 13.) 10 YR 4/1 Dunkelgrau; 14.) schwarz; 15.) verwittert; 16.) Glatte Mehrfachleisten (Rippenbecher); 17.) keine; 18.) grobsandig; 19.) ; 20.) 6,2

Nr. 080: 1.) 24.-25.06.1935; 2.) WS; 3.) Becher; 4.) -.-; 5.) weich; 6.) schiefrig, splittrig; 7.) mineralisch; 8.) Sand, Quarzbruch, Glimmer; 9.) sehr grob; 10.) sehr stark; 11.) unregelmäßig; 12.) 2,5 YR 4/3 rötliches Braun; 13.) 2,5 YR 4/1 dunkelrotes Grau; 14.) geschichtet; 15.) stark verwittert; 16.) Glatte Mehrfachleisten (Rippenbecher); 17.) auf der Innenseite Fingereindrücke; 18.) feinsandig; 19.) ; 20.) 6,3

Nr. 081: 1.) 24.-25.06.1935; 2.) WS; 3.) Becher; 4.) -.-; 5.) hart; 6.) schiefrig, splittrig; 7.) mineralisch; 8.) Sand, Kalk, Quarzbruch, Glimmer; 9.) grob; 10.) stark; 11.) regelmäßig; 12.) 2,5 YR 5/3 rötliches Braun; 13.) 2,5 YR 3/1 dunkelrötliches Grau; 14.) schwarz; 15.) verwittert, außen Feuereinwirkung; 16.) Glatte Mehrfachleisten (Rippenbecher); 17.) keine; 18.) grobsandig; 19.) ; 20.) 6,4

Nr. 082: 1.) 11.11.1932; 2.) WS; 3.) Becher; 4.) -.-; 5.) hart; 6.) schiefrig, splittrig; 7.) mineralisch; 8.) Sand, Kalk, Quarzbruch, Glimmer; 9.) grob; 10.) sehr stark; 11.) regelmäßig; 12.) 5 YR 5/4 rötliches Braun; 13.) 5 YR 5/3 rötliches Braun bis 5 YR 4/1 dunkelgrau; 14.) rötliches Braun; 15.) leicht verwittert; 16.) Glatte Mehrfachleisten (Rippenbecher); 17.) Glättspuren; 18.) feinsandig; 19.) ; 20.) 6,5

Nr. 083: 1.) 11.11.1932; 2.) WS; 3.) Becher; 4.) -.-; 5.) hart; 6.) körnig; 7.) mineralisch; 8.) Sand, Kalk, Quarzbruch, Glimmer, zerstoßene Steinchen; 9.) grob; 10.) sehr stark; 11.) regelmäßig; 12.) 2,5 YR 5/4 rötliches Braun; 13.) 2,5 YR 4/2 schwaches Rot bis 2,5 YR 2,5/1 rötliches Schwarz; 14.) schwarz; 15.) außen verwittert und Brandspuren, innen teilweise versintert; 16.) Glatte Mehrfachleisten (Rippenbecher); 17.) keine; 18.) feinsandig; 19.) ; 20.) 6,6

Nr. 084: 1.) 11.11.1932; 2.) WS; 3.) Becher; 4.) -.-; 5.) mittelhart; 6.) schiefrig, splittrig; 7.) mineralisch; 8.) Sand, Kalk, Quarzbruch, Glimmer, zerstoßene Keramik, Steine; 9.) mittel-sehr grob; 10.) stark; 11.) regelmäßig; 12.) 2,5 YR 5/3 rötliches Braun bis 5 YR 2,5/1 Schwarz; 13.) 5 YR 5/3 rötliches Braun bis 5 YR 4/1 dunkelgrau; 14.) geschichtet; 15.) verwittert; 16.) Glatte Mehrfachleisten (Rippenbecher); 17.) keine; 18.) grobsandig; 19.) ; 20.) 6,7

Nr. 085: 1.) ?; 2.) WS; 3.) Becher; 4.) -.-; 5.) weich; 6.) körnig; 7.) mineralisch; 8.) Sand, Kalk, Quarzbruch, Glimmer, zerstoßene Keramik; 9.) grob; 10.) stark; 11.) regelmäßig; 12.) 7,5 YR 2,5/1 schwarz; 13.) 7,5 YR 6/4 hellbraun; 14.) schwarz; 15.) leicht verwittert; 16.) Glatte Mehrfachleisten (Rippenbecher); 17.) außen brauner Überzug; 18.) feinsandig; 19.) ; 20.) 6,8

Nr. 086: 1.) ?; 2.) WS; 3.) Becher; 4.) -.-; 5.) mittelhart; 6.) schiefrig, splittrig; 7.) mineralisch; 8.) Sand, Kalk, Quarzbruch, Glimmer, zerstoßene Keramik, Steine; 9.) mittel-sehr grob; 10.) stark; 11.) regelmäßig; 12.) 2,5 YR 5/3 rötliches Braun; 13.) 5 YR 4/2 dunkelrotes Grau; 14.) geschichtet; 15.) verwittert, Brandspuren; 16.) Glatte Mehrfachleisten (Rippenbecher); 17.) Glätt- bzw. Verstreichspuren; 18.) grobsandig; 19.) ; 20.) 6,9

Nr. 087: 1.) 11.11.1932; 2.) WS; 3.) Becher; 4.) -.-; 5.) weich; 6.) körnig; 7.) mineralisch; 8.) Sand, Kalk, Quarzbruch, Glimmer, zerstoßene Steinchen; 9.) sehr grob; 10.) stark; 11.) regelmäßig; 12.) 5 YR 2,5/1 schwarz; 13.) 5 YR 6/6 rötliches Gelb; 14.) wie außen; 15.) innen verbrannt, außen stark versintert; 16.) Glatte Mehrfachleisten (Rippenbecher); 17.) innen Fingereindrücke (Leisten herausgedrückt); 18.) feinsandig, innen uneben; 19.) gehört zu 143; wahrscheinlich Bauchumbruch; Unterteil ohne Leisten ?; 20.) 6,10

Nr. 088: 1.) 11.11.1932; 2.) WS; 3.) Becher; 4.) -.-; 5.) hart; 6.) körnig; 7.) mineralisch; 8.) Sand, Kalk, Quarzbruch, Glimmer; 9.) mittel-sehr grob; 10.) sehr stark; 11.) regelmäßig; 12.) 10 YR 2/1 schwarz; 13.) 2,5 YR 3/4 dunkelrotes Braun; 14.) schwarz bis rotbraun; 15.) gut erhalten, leichte Brandspuren; 16.) Glatte Mehrfachleisten (Rippenbecher); 17.) 1 Fingerabdruck außen; 18.) feinsandig; 19.) ; 20.) 6,11

Nr. 089: 1.) 11.11.1932; 2.) WS; 3.) Becher; 4.) -.-; 5.) mittelhart; 6.) schiefrig, splittrig; 7.) mineralisch; 8.) Sand, Kalk, Quarzbruch, Glimmer, zerstoßene Flußgerölle; 9.) grob; 10.) stark; 11.) regelmäßig; 12.) 5 YR 2,5/1 schwarz; 13.) 5 YR 6/4 leicht rötliches Braun; 14.) schwarz; 15.) stark verwittert; 16.) Glatte Mehrfachleisten (Rippenbecher); 17.) 2 Fingereindrücke; 18.) feinsandig; 19.) ; 20.) 6,12

Nr. 090: 1.) 02.11.1933; 2.) WS; 3.) Becher; 4.) -.-; 5.) mittelhart; 6.) schiefrig, splittrig; 7.) mineralisch; 8.) Sand, Kalk, Quarzbruch, zerstoßener Sandstein; 9.) sehr grob; 10.) sehr stark; 11.) regelmäßig; 12.) 7,5 YR 5/6 kräftiges Braun 10 YR 4/2 dunkelgräuliches Braun; 13.) 5 YR 3/2 dunkelrotes Braun; 14.) schwarz; 15.) verwittert; 16.) Glatte Mehrfachleisten (Rippenbecher); 17.) keine; 18.) grobsandig; 19.) ; 20.) 7,1

Nr. 091: 1.) 11.11.1932; 2.) WS; 3.) Becher; 4.) -.-; 5.) weich; 6.) körnig, kümelig; 7.) mineralisch; 8.) Sand, Kalk, Quarzbruch; 9.) grob; 10.) sehr stark; 11.) unregelmäßig; 12.) 5 YR 5/4 rötliches Braun; 13.) 5 YR 4/4 rötliches Braun bis 10 YR 6/2 leicht bräunliches Grau; 14.) grau bis schwarz; 15.) stark verwittert; 16.) Glatte Mehrfachleisten (Rippenbecher); 17.) keine; 18.) grobsandig; 19.) ; 20.) 7,2

Nr. 092: 1.) 11.11.1932; 2.) WS; 3.) Becher; 4.) -.-; 5.) hart; 6.) körnig; 7.) mineralisch; 8.) Sand, Kalk, Quarzbruch, Glimmer, zerstoßene Keramik; 9.) grob; 10.) sehr stark; 11.) regelmäßig; 12.) 2,5 YR 4/3 rötliches Braun bis 5 YR 2,5/1 schwarz; 13.) 2,5 YR 4/3 rötliches Braun; 14.) schwarz; 15.) verwittert; 16.) Glatte Mehrfachleisten (Rippenbecher); 17.) keine; 18.) feinsandig; 19.) Innen Abdrücke von organischem Material; 20.) 7,3

Nr. 093: 1.) 02.11.1933; 2.) WS; 3.) Becher; 4.) -.-; 5.) hart; 6.) körnig; 7.) mineralisch; 8.) Sand, Kalk; 9.) mittel; 10.) mittelstark; 11.) regelmäßig; 12.) 2,5 YR 5/8 Rot; 13.) 2,5 YR 5/8 Rot; 14.) schwarz; 15.) außen gut erhalten, innen verwittert; 16.) Glatte Mehrfachleisten (Rippenbecher); 17.) feiner Überzug; waagerechte Glättspuren; 18.) kreidig; 19.) außen Pflanzenabdrücke; 20.) 7,4

Nr. 094: 1.) 11.11.1932; 2.) WS; 3.) Becher; 4.) -.-; 5.) hart; 6.) schiefrig, splittrig; 7.) mineralisch; 8.) Sand, Kalk, Quarzbruch, Glimmer, zerstoßene Keramik, Flußgerölle; 9.) grob; 10.) stark; 11.) regelmäßig; 12.) 5 YR 4/3 rötliches Braun bis 5 YR 2,5/1 schwarz; 13.) 10 YR 5/3 braun über 5 YR 5/4 rötliches Braun zu 10 YR 5/2 gräuliches Braun; 14.) 50 : 50; 15.) Oberfläche verwittert, innen schwarze Brandspuren; 16.) Glatte Mehrfachleisten (Rippenbecher); 17.) keine; 18.) grobsandig; 19.) ; 20.) 7,5

Nr. 095: 1.) 11.11.1932; 2.) WS; 3.) Becher; 4.) -.-; 5.) weich; 6.) körnig; 7.) mineralisch; 8.) Sand, Kalk, Quarzbruch, zerstoßene Steinchen; 9.) mittel-sehr grob; 10.) stark-sehr stark; 11.) regelmäßig; 12.) 7,5 YR 5/4 braun; 13.) 2,5 YR 4/3 rötliches Braun; 14.) gräulich; 15.) gut erhalten; 16.) Glatte Mehrfachleisten (Rippenbecher); 17.) Verstreich- und Glättspuren; 18.) grobsandig; 19.) ; 20.) 7,6

Nr. 096: 1.) 02.11.1933; 2.) WS; 3.) Becher; 4.) -.-; 5.) hart; 6.) körnig; 7.) mineralisch; 8.) Sand, Kalk, Quarzbruch, Gesteinsgrus; 9.) mittel-sehr grob; 10.) stark; 11.) regelmäßig; 12.) 2,5 YR 4/3 rötliches Braun; 13.) 5 YR 5/4 rötliches Braun; 14.) wie außen; 15.) versintert; 16.) Glatte Mehrfachleisten (Rippenbecher); 17.) Leisten scheinen poliert; 18.) feinsandig; 19.) ; 20.) 7,7

Nr. 097: 1.) 11.11.1932; 2.) RS; 3.) Becher?; 4.) -.-; 5.) weich; 6.) schiefrig, splittrig; 7.) mineralisch; 8.) Sand, Kalk, Quarzbruch, Glimmer; 9.) sehr grob; 10.) sehr stark; 11.) unregelmäßig; 12.) 7,5 YR 5/3 braun bis 7,5 YR 4/1 dunkelgrau; 13.) 2,5 YR 3/3 sehr dunkles rötliches Braun; 14.) geschichtet; 15.) innen stark verwittert, außen gut erhalten; 16.) 3 senkrechte Leisten; 17.) keine; 18.) grobsandig; 19.) ; 20.) 7,8

Nr. 098: 1.) ?; 2.) WS; 3.) ?; 4.) -.-; 5.) mittelhart; 6.) splittrig, schiefrig; 7.) mineralisch; 8.) Sand, Kalk, Quarzbruch, Glimmer, zerstoßene Steinchen; 9.) sehr grob; 10.) stark; 11.) regelmäßig; 12.) 2,5 YR 4/4 rötliches Braun; 13.) 2,5 YR 4/1 dunkelrotes Grau; 14.) geschichtet; 15.) gut erhalten; 16.) "Riefe"; 17.) keine; 18.) feinsandig; 19.) ; 20.) 7,9

Nr. 099: 1.) 11.11.1932; 2.) WS; 3.) Schüssel?; 4.) -.-; 5.) weich; 6.) blätterteigartig; 7.) mineralisch; 8.) Sand, Kalk, Quarzbruch, zerstoßene Keramik, Steine; 9.) mittel-sehr grob; 10.) stark; 11.) unregelmäßig; 12.) 7,5 YR 4/1 dunkelgrau; 13.) 7,5 YR 5/3 braun; 14.) schwarz; 15.) stark verwittert; 16.) gekerbte Mehrfachleiste; 17.) keine; 18.) grobsandig; 19.) ; 20.) 7,10

Nr. 100: 1.) 11.11.1932; 2.) WS; 3.) ?; 4.) -.-; 5.) hart; 6.) schiefrig, splittrig; 7.) mineralisch; 8.) Sand, Kalk, Quarz, zerstoßene Keramik, Steinchen; 9.) mittel; 10.) mittelstark; 11.) unregelmäßig; 12.) 2,5 YR 2,5/1 schwarz; 13.) 2,5 YR 4/2 schwach rot; 14.) schwarz; 15.) leicht verwittert; 16.) "Korbeindrücke"; 17.) keine; 18.) kreidig; 19.) ; 20.) 7,11

Nr. 101: 1.) 11.11.1932; 2.) RS; 3.) Becher?; 4.) 26 cm; 5.) mittelhart; 6.) körnig; 7.) mineralisch; 8.) Sand, Kalk, Quarzbruch, Glimmer; 9.) grob; 10.) stark-sehr stark; 11.) regelmäßig; 12.) 2,5 YR 2,5/1 Schwarz; 13.) 7,5 YR 5/4 Braun; 14.) geschichtet; 15.) gut erhalten; 16.) Fingerstrichriefe mit Fingertupfen; 17.) Verstreichspuren; 18.) grobsandig; 19.) ; 20.) 7,12

Nr. 102: 1.) 11.11.1932; 2.) RS; 3.) ?; 4.) -.-; 5.) weich; 6.) schiefrig, splittrig; 7.) mineralisch; 8.) Sand, Quarzbruch, zerstoßene Flußgerölle; 9.) sehr grob; 10.) stark-sehr stark; 11.) unregelmäßig; 12.) 2,5 YR 4/2 schwaches Rot; 13.) 2,5 YR 4/4 rötliches Braun; 14.) schwarz; 15.) verwittert; 16.) Fingerstrichriefe; 17.) keine; 18.) feinsandig; 19.) ; 20.) 7,13

Nr. 103: 1.) ?; 2.) RS; 3.) Schüssel, Topf?; 4.) -.-; 5.) weich; 6.) körnig; 7.) mineralisch; 8.) Sand, Kalk, Quarzbruch, Glimmer, zerstoßene Flußgerölle; 9.) mittel-sehr grob; 10.) stark; 11.) regelmäßig; 12.) 2,5 YR 4/4 rötliches Braun; 13.) 2,5 YR 4/4 rötliches Braun; 14.) innen wie außen; 15.) leicht verwittert; 16.) Fingertupfenleiste mit Fingerstrich; 17.) keine; 18.) feinsandig; 19.) ; 20.) 8,1

Nr. 104: 1.) ?; 2.) RS; 3.) Schüssel, Topf?; 4.) -.-; 5.) weich; 6.) körnig; 7.) mineralisch; 8.) Sand, Quarz- und Gesteinsbruch; 9.) sehr grob; 10.) stark; 11.) regelmäßig; 12.) 2,5 YR 3/1 dunkelrotes Grau; 13.) 2,5 YR 5/4 rötliches Braun; 14.) innen wie außen; 15.) leicht verwittert; 16.) Fingertupfenleiste mit Fingerstrich; 17.) Verstreichspuren; 18.) grobsandig; 19.) ; 20.) 8,2

Nr. 105: 1.) 11.11.1932; 2.) WS; 3.) Schüssel; 4.) -.-; 5.) hart; 6.) schiefrig, splittrig; 7.) mineralisch; 8.) Sand, Kalk, Quarzbruch, zerstoßene Keramik; 9.) mittel; 10.) stark; 11.) regelmäßig; 12.) 7,5 YR 2,5/1 schwarz; 13.) 7,5 YR 6/6 rötliches Gelb bis 7,5 YR 5/2 braun; 14.) schwarz; 15.) gut erhalten; 16.) Fingertupfenleiste; 17.) brauner Überzug, Glättspuren; 18.) kreidig; 19.) gehört mögl. zu K. 001 und K. 004; 20.) 8,3

Nr. 106: 1.) 11.11.1932; 2.) RS; 3.) Topf?; 4.) ca. 31 cm; 5.) hart; 6.) körnig; 7.) mineralisch; 8.) Sand, Kalk, Glimmer; 9.) grob; 10.) sehr stark; 11.) unregelmäßig; 12.) 2,5 YR 4/3 rötliches Braun; 13.) 2,5 YR 3/1 dunkelrotes Grau; 14.) geschichtet; 15.) gut erhalten; 16.) Arkadenrand; 17.) Glättspuren; 18.) feinsandig; 19.) ; 20.) 8,4

Nr. 107: 1.) 11.11.1932; 2.) RS; 3.) Becher; 4.) 28 cm; 5.) weich; 6.) splittrig; 7.) mineralisch; 8.) Sand, Quarzbruch, zerstoßene Steinchen; 9.) sehr grob; 10.) sehr stark; 11.) regelmäßig; 12.) 2,5 YR 5/6 Rot; 13.) 2,5 YR 5/6 Rot; 14.) innen wie außen; 15.) stark verwittert; 16.) Fingerkniffverzierung; 17.) keine; 18.) uneben, rauh; 19.) ; 20.) 8,5

Nr. 108: 1.) 02.11.1933?; 2.) RS; 3.) Becher; 4.) ca. 30 cm; 5.) weich; 6.) körnig; 7.) mineralisch; 8.) Sand, Kalk, Quarzbruch, zerstoßene Steinchen; 9.) mittel-sehr grob; 10.) sehr stark; 11.) regelmäßig; 12.) 5 YR 5/8 gelbliches Rot; 13.) 5YR 5/8 gelbliches Rot; 14.) dunkelgrau; 15.) stark verwittert; 16.) Fingerkniffverzierung mit Fingerabdrücken; 17.) keine; 18.) grobsandig; 19.) ; 20.) 8,6

Nr. 109: 1.) 11.11.1932; 2.) RS; 3.) ?; 4.) ca. 15 cm; 5.) weich; 6.) schiefrig, splittrig; 7.) mineralisch; 8.) Sand, Kalk, Quarzbruch, Glimmer, zerstoßene Keramik, Gesteinsgrus; 9.) mittel-grob; 10.) stark; 11.) regelmäßig; 12.) 2,5 YR 4/4 rötliches Braun; 13.) 2,5 YR 3/2 schwärzliches Rot; 14.) schwarz; 15.) verwittert, innen Feuereinwirkung; 16.) Fingerkniffverzierung; 17.) keine; 18.) feinsandig; 19.) ; 20.) 8,7

Nr. 110: 1.) 02.11.1933?; 2.) RS; 3.) ?; 4.) -.-; 5.) weich; 6.) körnig; 7.) mineralisch; 8.) Sand, Kalk, Quarzbruch, Glimmer; 9.) grob; 10.) stark; 11.) regelmäßig; 12.) 5 YR 4/6 gelbliches Rot; 13.) 5YR 4/6 gelbliches Rot; 14.) schwarz; 15.) verwittert; 16.) Fingerkniffverzierung; 17.) keine; 18.) grobsandig; 19.) innen Brandspuren; 20.) 8,8

Nr. 111: 1.) ?; 2.) RS; 3.) Schale; 4.) ca. 16 cm; 5.) weich; 6.) körnig; 7.) mineralisch; 8.) Sand, Kalk, Quarzbruch; 9.) mittel; 10.) stark; 11.) regelmäßig; 12.) 2,5 YR 3/1 dunkelrotes Grau; 13.) 2,5 YR 4/2 schwaches Rot; 14.) schwarz; 15.) gut erhalten; 16.) Fingerkniffleiste mit Fingerstrichriefen; 17.) Verstreichspuren; 18.) grobsandig; 19.) ; 20.) 8,9

Nr. 112: 1.) 02.11.1933?; 2.) RS; 3.) Becher; 4.) 26 cm; 5.) weich; 6.) körnig; 7.) mineralisch; 8.) Sand, Kalk, Quarzbruch, Glimmer; 9.) grob; 10.) sehr stark; 11.) regelmäßig; 12.) 10 YR 5/4 gelbliches Braun; 13.) 10 YR 5/4 gelbliches Braun, 7,5 YR 4/1 Dunkelgrau; 14.) schwarz; 15.) verwittert; 16.) Fingerkniffleiste; 17.) keine; 18.) feinsandig, innen leicht gewellt, außen rauh; 19.) ; 20.) 8,10

Nr. 113: 1.) ?; 2.) RS; 3.) Becher?; 4.) -.-; 5.) weich; 6.) schiefrig, splittrig; 7.) mineralisch; 8.) Sand, Kalk, Quarzbruch, zerstoßene Steinchen; 9.) grob; 10.) stark; 11.) regelmäßig; 12.) 2,5 YR 5/6 Rot bis 2,5 YR 2,5/1 rötliches Schwarz; 13.) 2,5 YR 5/6 Rot bis 2,5 YR 4/2 schwaches Rot; 14.) schwarz; 15.) Brandspuren; 16.) Fingerkniffleiste; 17.) keine; 18.) grobsandig; 19.) ; 20.) 8,11

Nr. 114: 1.) 02.11.1933?; 2.) RS; 3.) Becher, Schüssel?; 4.) 25 cm; 5.) weich; 6.) schiefrig, splittrig; 7.) mineralisch; 8.) Sand, Kalk, Quarzbruch, Glimmer, zerstoßene Keramik; 9.) sehr grob; 10.) sehr stark; 11.) regelmäßig; 12.) 10 YR 4/2 dunkelgraues Braun; 13.) 10 YR 4/2 dunkelgraues Braun; 14.) schwarz; 15.) gut erhalten; 16.) 2 Knubben; 17.) an Randlippe waagerechte, leichte Verstreichspuren; 18.) grobsandig; 19.) Verstreichspuren; 20.) 8,12

Nr. 115: 1.) 02.11.1933?; 2.) WS; 3.) Becher, Schüssel?; 4.) -.-; 5.) hart; 6.) körnig; 7.) mineralisch; 8.) Sand, Kalk, Quarzbruch, Glimmer, zerstoßene Keramik, Steinchen; 9.) grob; 10.) stark; 11.) unregelmäßig; 12.) 2,5 YR 3/2 dunkelrot; 13.) 2,5 YR 3/2 dunkelrot; 14.) dunkelgrau; 15.) verwittert; 16.) 2 Knubben; 17.) keine; 18.) grobsandig; 19.) möglicher Korneindruck; 20.) 8,13

Nr. 116: 1.) 11.11.1932; 2.) WS; 3.) ?; 4.) -.-; 5.) mittelhart; 6.) schiefrig, splittrig; 7.) mineralisch; 8.) Sand, Kalk, Quarzbruch, Glimmer, zerstoßene Keramik; 9.) grob; 10.) stark; 11.) regelmäßig; 12.) 7,5 YR 5/2 braun; 13.) 7,5 YR 5/2 braun; 14.) schwarz; 15.) gut erhalten, innen versintert; 16.) Knubbenleiste; 17.) keine; 18.) feinsandig; 19.) Spelzabdruck; 20.) 8,14

Nr. 117: 1.) 11.11.1932; 2.) RS; 3.) ?; 4.) -.-; 5.) weich; 6.) körnig; 7.) mineralisch; 8.) Sand, Kalk, Quarzbruch, Glimmer, zerstoßene Keramik, Steinchen; 9.) mittel-sehr grob; 10.) stark; 11.) regelmäßig; 12.) 2,5 YR 3/1 dunkelrotes Grau; 13.) 2,5 YR 3/1 dunkelrotes Grau; 14.) rötlichbraun; 15.) verwittert; 16.) "Knubbe"; 17.) keine; 18.) grobsandig; 19.) ; 20.) 8,15

Nr. 118: 1.) 11.11.1932; 2.) RS; 3.) Becher; 4.) 24 cm; 5.) mittelhart; 6.) körnig; 7.) mineralisch; 8.) Sand, Quarzbruch, Glimmer, zerstoßene Steinchen; 9.) mittel-sehr grob; 10.) sehr stark; 11.) regelmäßig; 12.) 5 YR 5/2 rötliches Grau; 13.) 5 YR 5/3 rötliches Braun; 14.) schwarz; 15.) teilweise verwittert; 16.) Knubbe; 17.) Überzug, Verstreichspuren; 18.) grobsandig; 19.) innen ein größerer Hohlraum; 20.) 8,16

Nr. 119: 1.) 02.11.1933?; 2.) RS; 3.) ?; 4.) 24 cm; 5.) hart; 6.) schiefrig, splittrig; 7.) mineralisch; 8.) Sand, Kalk, Quarzbruch, Glimmer; 9.) grob; 10.) stark; 11.) unregelmäßig; 12.) 2,5 YR 2/5 rötliches Schwarz; 13.) 2,5 YR 3/2 rötliches Schwarz; 14.) schwarz; 15.) verwittert; 16.) Knubbe; 17.) keine; 18.) grobsandig; 19.) ; 20.) 8,17

Nr. 120: 1.) 1935; 2.) RS; 3.) becherartig; 4.) -.-; 5.) weich; 6.) schiefrig, splittrig; 7.) organisch/mineralisch; 8.) Sand, Kalk, Quarzbruch, Glimmer; 9.) grob; 10.) mittelstark; 11.) regelmäßig; 12.) 5 YR 5/4 rötliches Braun; 13.) 5 YR 5/4 rötliches Braun; 14.) schwarz; 15.) verwittert; 16.) rautenförmige Einstiche; 17.) keine; 18.) feinsandig; 19.) ; 20.) 9,1

Nr. 121: 1.) 11.11.1932; 2.) WS; 3.) becherartig; 4.) -.-; 5.) mittelhart; 6.) splittrig, schiefrig; 7.) mineralisch; 8.) Sand, Kalk, zerstoßene Keramik; 9.) grob; 10.) stark; 11.) regelmäßig; 12.) 5 YR 6/6 rötliches gelb; 13.) 5 YR 2,5/1 schwarz; 14.) schwarz; 15.) leicht verwittert; 16.) quadratische Einstiche; 17.) keine; 18.) feinsandig; 19.) Innenseite Spelzabdruck; 20.) 9,2

Nr. 122: 1.) 1932; 2.) WS; 3.) becherartig; 4.) -.-; 5.) weich; 6.) splittrig, schiefrig; 7.) mineralisch; 8.) Sand; 9.) mittel; 10.) schwach; 11.) regelmäßig; 12.) 5 YR 5/6 gelbliches Rot; 13.) 5 YR 5/6 gelbliches

Rot; 14.) schwarz; 15.) leicht verwittert; 16.) längliche Einstiche; 17.) Überzug; 18.) kreidig; 19.) ; 20.) 9,3

Nr. 123: 1.) 1932; 2.) WS; 3.) becherartig; 4.) -.-; 5.) hart; 6.) schiefrig, splittrig; 7.) mineralisch; 8.) Sand, Kalk; 9.) mittel; 10.) mittelstark; 11.) regelmäßig; 12.) 5 YR 2,5/1 schwarz; 13.) 5 YR 6/6 rötliches Gelb; 14.) schwarz; 15.) leicht verwittert; 16.) runde Eindrücke; 17.) keine; 18.) kreidig; 19.) auf Innenseite mög. Eindrücke von Körnern; 20.) 9,4

Nr. 124: 1.) 11.11.1932; 2.) WS; 3.) ?; 4.) -.-; 5.) weich; 6.) schiefrig, splittrig; 7.) mineralisch; 8.) Sand, Kalk, Quarzbruch, zerstoßene Flußgerölle; 9.) sehr grob; 10.) stark; 11.) regelmäßig; 12.) 5 YR 2,5/1 schwarz; 13.) 5 YR 5/3 rötliches Braun bis 7,5 YR 5/4 braun; 14.) schwarz; 15.) verwittert; 16.) runde Eindrücke; 17.) keine; 18.) kreidig; 19.) ; 20.) 9,5

Nr. 125: 1.) 11.11.1932; 2.) WS; 3.) Becher; 4.) -.-; 5.) weich; 6.) körnig; 7.) mineralisch; 8.) Sand, Kalk, Quarzbruch, Glimmer; 9.) mittel-grob; 10.) mittelstark; 11.) regelmäßig; 12.) 5 YR 3/1 stark dunkelgrau; 13.) 7,5 YR 5/2 Braun; 14.) schwarz; 15.) gut erhalten; 16.) parallel Fingernageleinstiche; 17.) Überzug; 18.) kreidig; 19.) ; 20.) 9,6

Nr. 126: 1.) 11.11.1932; 2.) WS; 3.) ?; 4.) -.-; 5.) mittelhart; 6.) schiefrig, splittrig; 7.) mineralisch; 8.) Sand, Quarzbruch, Glimmer, zerstoßene Keramik, Steinchen; 9.) mittel-sehr grob; 10.) stark; 11.) regelmäßig; 12.) 5 YR 2,5/1 schwarz; 13.) 5 YR 5/1 grau; 14.) geschichtet; 15.) gut erhalten; 16.) tiefe Fingernageleinstiche; 17.) außen Überzug; 18.) grobsandig; 19.) ; 20.) 9,7

Nr. 127: 1.) 02.11.1933?; 2.) WS; 3.) becherartig; 4.) -.-; 5.) weich; 6.) schiefrig, splittrig; 7.) mineralisch; 8.) Sand, Kalk, Glimmer, zerstoßene Keramik, Steinchen; 9.) grob; 10.) stark; 11.) regelmäßig; 12.) 2,5 YR 5/6 Rot; 13.) 2,5 YR 5/6 Rot; 14.) schwarz; 15.) verwittert; 16.) Fingernageleindrücke; 17.) keine; 18.) feinsandig; 19.) ; 20.) 9,8

Nr. 128: 1.) ?; 2.) WS; 3.) Knickwandschüssel; 4.) -.-; 5.) hart; 6.) körnig; 7.) mineralisch; 8.) Sand, Quarzbruch, Glimmer; 9.) mittel-sehr grob; 10.) stark; 11.) unregelmäßig; 12.) 10 YR 3/1 stark dunkelgrau; 13.) 10 YR 4/1 dunkelgrau bis 10 YR 5/2 gräuliches Braun; 14.) dunkelgrau; 15.) gut erhalten; 16.) quadratische Einstichreihe; 17.) Überzug; innen geglättet; außen poliert und schlickgerauht; 18.) kreidig bis glatt; 19.) ; 20.) 9,9

Nr. 129: 1.) ?; 2.) Fuß; 3.) Füßchenschale; 4.) -.-; 5.) mittelhart; 6.) schiefrig, splittrig; 7.) mineralisch; 8.) Sand, Kalk, zerstoßene Flußgerölle; 9.) mittel; 10.) mittelstark; 11.) regelmäßig; 12.) 7,5 YR 5/4 braun; 13.) 7,5 YR 5/4 braun; 14.) schwarz; 15.) gut erhalten; 16.) keine; 17.) Überzug; 18.) feinsandig; 19.) gehört zu 128; 20.) 9,10

Nr. 130: 1.) 1932; 2.) Fuß; 3.) Füßchenschale; 4.) -.-; 5.) hart; 6.) körnig; 7.) mineralisch; 8.) Sand, Kalk, Glimmer; 9.) mittel; 10.) schwach; 11.) regelmäßig; 12.) -; 13.) 5 YR 2,5/1 Schwarz; 14.) schwarz; 15.) leicht verwittert; 16.) keine; 17.) Knetspuren; 18.) kreidig; 19.) ; 20.) 9,11

Nr. 131: 1.) ?; 2.) Henkel; 3.) Amphore; 4.) -.-; 5.) hart; 6.) körnig bis glatt; 7.) mineralisch; 8.) Sand, Kalk, Quarzbruch, Glimmer; 9.) sehr grob; 10.) sehr stark; 11.) regelmäßig; 12.) 5 YR 2,5/1 schwarz; 13.) 5 YR 5/6 gelbliches Rot, 7,5 YR 6/6 rötliches Gelb, 7,5 YC 3/1 stark dunkelgrau; 14.) wie außen; 15.) gut erhalten; 16.) Hohlkehle und zwei senkrechte Einstichreihen aus ovalen Eindrücken; 17.) Überzug, Fingereindrücke; 18.) feinsandig; 19.) ; 20.) 9,12

Nr. 132: 1.) ?; 2.) Fuß; 3.) Füßchenschale; 4.) -.-; 5.) mittelhart; 6.) schiefrig, splittrig; 7.) mineralisch; 8.) Sand, Kalk, zerstoßene Flußgerölle; 9.) mittel; 10.) mittelstark; 11.) regelmäßig; 12.) 7,5 YR 5/4 braun; 13.) 7,5 YR 5/4 braun; 14.) schwarz; 15.) gut erhalten; 16.) keine; 17.) Überzug; 18.) feinsandig; 19.) gehört zu 127; 20.) 9,13

Nr. 133: 1.) ?; 2.) Henkel; 3.) ?; 4.) -.-; 5.) weich; 6.) körnig, blasig; 7.) mineralisch; 8.) Sand, Kalk, Quarzbruch, zerstoßene Flußgerölle; 9.) mittel-sehr grob; 10.) stark; 11.) regelmäßig; 12.) 2 for gley 5 PB 5/1; 13.) 7,5 YR 6/6 rötliches Gelb; 14.) schwarz; 15.) stark verwittert; 16.) 3 Kanneluren; 17.) keine; 18.) kreidig, körnig; 19.) ; 20.) 9,14

Nr. 134: 1.) ?; 2.) Fuß; 3.) Füßchenschale; 4.) -.-; 5.) hart; 6.) splittrig, schiefrig; 7.) mineralisch; 8.) Sand, Quarz, zerstoßene Steinchen; 9.) mittel; 10.) mittelstark; 11.) regelmäßig; 12.) -; 13.) 5 YR 2,5/1 schwarz; 5 YR 6/4 hellrotes Braun; 14.) schwarz; 15.) gut erhalten; 16.) keine; 17.) Knetspuren; 18.) feinsandig; 19.) ; 20.) 9,15

Nr. 135: 1.) 19.-23.08.1966; 2.) Boden; 3.) ?; 4.) -.-; 5.) weich; 6.) schiefrig, splittrig; 7.) mineralisch; 8.) Kalk, Quarzbruch, zerstoßene Keramik; 9.) grob; 10.) ; 11.) regelmäßig; 12.) 5 YR 5/2 rötliches Grau; 13.) 2,5 YR 5/4 rötliches Braun; 14.) grauschwarz; 15.) Oberfläche gut erhalten; 16.) keine; 17.) Formspuren vom Kneten; 18.) uneben, rauh; 19.) ; 20.) 9,16

Nr. 136: 1.) ?; 2.) RS; 3.) Becher; 4.) ca. 22 cm; 5.) hart; 6.) körnig; 7.) mineralisch; 8.) Sand, Kalk, Quarzbruch; 9.) mittel-grob; 10.) mittelstark; 11.) regelmäßig; 12.) 5 YR 4/1 Dunkelgrau bis 7,5 YR 7/6 rötliches Gelb; 13.) 5 YR 4/1 Dunkelgrau bis 5 YR 5/8 gelbliches Rot; 14.) schwarz; 15.) gut erhalten; 16.) keine; 17.) Überzug, Verstreichspuren; 18.) kreidig; 19.) Spelzabdrücke; 20.) 10,1

Nr. 137: 1.) 02.11.1933?; 2.) RS; 3.) becherartig; 4.) ca. 28 cm; 5.) hart; 6.) schiefrig, splittrig; 7.) mineralisch; 8.) Sand, Kalk, Quarzbruch, Glimmer; 9.) mittel-sehr grob; 10.) 4 sehr stark; 11.) regelmäßig; 12.) 2,5 YR 2,5/1 rötliches Schwarz; 13.) 7,5 YR 4/4 braun, 7,5 YR 2,5/1 schwarz; 14.) schwarz; 15.) teilweise erhalten; 16.) keine; 17.) Glättspuren; 18.) grobsandig; 19.) äußere Oberfläche wellig; 20.) 10,2

Nr. 138: 1.) 24.-25.06.1935; 2.) RS; 3.) ?; 4.) -.-; 5.) mittelhart; 6.) schiefrig, splittrig; 7.) mineralisch; 8.) Sand, Kalk, Quarz, Glimmer; 9.) mittel-grob; 10.) 2 mittelstark; 11.) regelmäßig; 12.) 5 YR 4/1 dunkelgrau; 13.) 5 YR 4/3 rötliches Braun; 14.) schwarz; 15.) gut erhalten; 16.) keine; 17.) waagerechte Glättspuren; 18.) feinsandig; 19.) ; 20.) 10,3

Nr. 139: 1.) 11.11.1932; 2.) RS; 3.) becherartig; 4.) 14 cm; 5.) weich; 6.) schiefrig, splittrig; 7.) mineralisch; 8.) Sand, Kalk, Quarzbruch, Glimmer, zerstoßene Keramik; 9.) grob; 10.) stark; 11.) regelmäßig; 12.) 2,5 YR 4/3 rötliches Braun; 13.) 2,5 YR 4/3 rötliches Braun; 14.) rötliches Braun; 15.) gut erhalten; 16.) keine; 17.) Glättspuren außen; 18.) feinsandig; 19.) ; 20.) 10,4

Nr. 140: 1.) ?; 2.) RS; 3.) Schüssel?; 4.) -.-; 5.) weich; 6.) splittrig; 7.) mineralisch; 8.) Sand Kalk, Quarzbruch, zerstoßene Steinchen; 9.) sehr grob; 10.) sehr stark; 11.) regelmäßig; 12.) 2,5 YR 6/6 hellrot; 13.) 2,5 YR 6/6 hellrot; 14.) schwarz; 15.) stark verwittert; 16.) keine; 17.) keine; 18.) grobsandig; 19.) ; 20.) 10,5

Nr. 141: 1.) 11.11.1932; 2.) RS; 3.) Schüssel; 4.) -.-; 5.) hart; 6.) schiefrig, splittrig; 7.) mineralisch; 8.) Sand, Kalk, Quarzbruch, Glimmer, zerstoßene Keramik; 9.) grob; 10.) stark; 11.) regelmäßig; 12.) 7,5 YR 3/1 stark dunkelgrau; 13.) 7,5 YR 3/1 stark dunkelgrau; 14.) stark dunkelgrau; 15.) verwittert und Brandspuren; 16.) keine; 17.) keine; 18.) grobsandig; 19.) ; 20.) 10,6

Nr. 142: 1.) 11.11.1932; 2.) RS; 3.) Schüssel; 4.) -.-; 5.) hart; 6.) schiefrig, splittrig; 7.) mineralisch; 8.) Sand, Kalk, Quarzbruch, Glimmer; 9.) grob; 10.) stark; 11.) unregelmäßig; 12.) 7,5 YR 4/2 braun bis 7,5 YR 2,5/1 schwarz; 13.) 7,5 YR 4/2 braun bis 7,5 YR 2,5/1 schwarz; 14.) schwarz; 15.) versintert, starke Brandeinwirkung; 16.) keine; 17.) keine; 18.) grobsandig; 19.) ; 20.) 10,7

Nr. 143: 1.) 11.11.1932; 2.) RS; 3.) Schale; 4.) 20 cm; 5.) mittelhart; 6.) schiefrig, splittrig; 7.) mineralisch; 8.) Sand, Kalk, Quarzbruch, zerstoßene Keramik, Flußgeröll; 9.) grob; 10.) stark; 11.) regelmäßig; 12.) 5 YR 4/2 dunkelrotes Grau; 13.) 10 R 5/4 schwach Rot bis 5 YR 6/4 schwach rötliches Braun; 14.) dunkelrotes Grau; 15.) gut erhalten; 16.) keine; 17.) Glättspuren außen; 18.) grobsandig; 19.) ; 20.) 10,8

Nr. 144: 1.) 11.11.1932; 2.) RS; 3.) Schale; 4.) -.-; 5.) mittelhart; 6.) körnig; 7.) mineralisch; 8.) Sand, Quarzbruch, Glimmer, zerstoßene Steinchen; 9.) grob; 10.) stark; 11.) regelmäßig; 12.) 2,5 YR 4/1 dunkelrotes Grau; 13.) 7,5 YR 6/4 hellbraun bis 7,5 YR 5/2 braun; 14.) schwarz; 15.) gut erhalten; 16.) keine; 17.) außen Überzug, Verstreichspuren; 18.) kreidig; 19.) ; 20.) 10,9

Nr. 145: 1.) 11.11.1932; 2.) RS; 3.) ?; 4.) 22 cm; 5.) mittelhart; 6.) schiefrig, splittrig; 7.) organisch/mineralisch; 8.) Sand, Kalk, Quarzbruch, zerstoßene Steinchen; 9.) grob; 10.) mittelstark; 11.)

regelmäßig; 12.) 2,5 YR 6/6 hellrot; 13.) 2,5 YR 6/6 hellrot; 14.) schwarz; 15.) gut erhalten; 16.) keine; 17.) Glätt-/ Verstreichspuren, Überzug; 18.) feinsandig; 19.) ; 20.) 10,10

Nr. 146: 1.) 02.11.1933?; 2.) RS; 3.) ?; 4.) 20 cm; 5.) mittelhart; 6.) körnig; 7.) mineralisch; 8.) Sand, Kalk, Quarzbruch, zerstoßene Keramik, Steinchen; 9.) mittel-grob; 10.) stark; 11.) regelmäßig; 12.) 2,5 YR 4/4 rötliches Braun; 13.) 2,5 YR 4/4 rötliches Braun; 14.) rötliches Braun; 15.) Kalksinter; 16.) keine; 17.) Lippe wellig durch Fingerdruck; 18.) feinsandig; 19.) mögliche Eindrücke von Körnern; Profil leicht wellig; 20.) 10,11

Nr. 147: 1.) 02.11.1933?; 2.) RS; 3.) ?; 4.) -.-; 5.) weich; 6.) glatt; 7.) mineralisch; 8.) Sand, Kalk, Glimmer, zerstoßene Keramik; 9.) mittel-grob; 10.) stark; 11.) regelmäßig; 12.) 10 YR 5/3 Braun; 13.) 10 YR 5/3 Braun; 14.) schwarz; 15.) verwittert; Kalksinter; 16.) keine; 17.) keine; 18.) kreidig; 19.) ; 20.) 10,12

Nr. 148: 1.) 11.11.1932; 2.) RS; 3.) ?; 4.) -.-; 5.) weich; 6.) körnig; 7.) mineralisch; 8.) Sand, Kalk, Quarzbruch, zerstoßene Keramik; 9.) grob; 10.) sehr stark; 11.) unregelmäßig; 12.) 7,5 YR 6/4 hellbraun; 13.) 7,5 YR 6/4 hellbraun; 14.) schwarz; 15.) verwittert; 16.) keine; 17.) keine; 18.) grobsandig; 19.) ; 20.) 10,13

Nr. 149: 1.) 02.11.1933?; 2.) RS; 3.) ?; 4.) -.-; 5.) hart; 6.) schiefrig, splittrig; 7.) organisch/mineralisch; 8.) Sand, Kalk, Quarzbruch, zerstoßene Keramik, Steinchen; 9.) grob; 10.) stark; 11.) regelmäßig; 12.) 2,5 YR 4/3 rötliches Braun; 13.) 2,5 YR 4/4 rötliches Braun; 14.) schwarz; 15.) verwittert; 16.) keine; 17.) keine; 18.) feinsandig; 19.) ; 20.) 10,14

Nr. 150: 1.) 24.-25.06.1935; 2.) RS; 3.) ?; 4.) -.-; 5.) weich; 6.) splittrig; 7.) mineralisch; 8.) Sand; 9.) grob; 10.) mittel; 11.) regelmäßig; 12.) 7,5 YR 5/3 Braun; 13.) 7,5 YR 5/3 Braun; 14.) schwarz; 15.) gut erhalten; 16.) keine; 17.) keine; 18.) kreidig; 19.) Spelzabdrücke; 20.) 10,15

Nr. 151: 1.) 02.11.1933?; 2.) RS; 3.) ?; 4.) -.-; 5.) hart; 6.) geschichtet, blätterteigartig; 7.) mineralisch; 8.) Sand, Kalk, Quarzbruch; 9.) mittel-grob; 10.) stark; 11.) regelmäßig; 12.) 10 YR 2,5/1 schwarz; 13.) 10 YR 2,5/1 schwarz; 14.) schwarz; 15.) gut erhalten; 16.) keine; 17.) Wulsttechnik; 18.) feinsandig; 19.) ; 20.) 10,16

Nr. 152: 1.) 1935; 2.) RS; 3.) ?; 4.) -.-; 5.) weich; 6.) körnig; 7.) mineralisch; 8.) Sand, Kalk, zerstoßene Keramik; 9.) mittel; 10.) mittelstark; 11.) regelmäßig; 12.) 2,5 YR 5/2 schwach rot; 13.) 2,5 YR 5/8 rot; 14.) rot; 15.) versintert; 16.) keine; 17.) keine; 18.) feinsandig; 19.) Lippe leicht gekehlt und ein wenig überhängend; 20.) ohne Abb.

Nr. 153: 1.) 02.11.1933?; 2.) WS; 3.) topfartig; 4.) -.-; 5.) weich; 6.) körnig; 7.) mineralisch; 8.) Sand, Kalk, Quarzbruch, Glimmer; 9.) grob; 10.) stark; 11.) regelmäßig; 12.) 7,5 YR 2,5/1 schwarz; 13.) 7,5 YR 6/4 hellbraun; 14.) schwarz; 15.) gut erhalten; 16.) keine; 17.) keine; 18.) kreidig (Schlickrauhung); 19.) Pflanzenabdrücke; 20.) ohne Abb.

Nr. 154: 1.) 02.11.1933?; 2.) WS; 3.) topfähnlich; 4.) -.-; 5.) weich; 6.) schiefrig/splittrig; 7.) mineralisch; 8.) Sand, Kalk, Quarz, Glimmer; 9.) mittel; 10.) stark; 11.) unregelmäßig; 12.) 7,5 YR 2,5/1 schwarz; 13.) 7,5 YR 6/4 hellbraun; 14.) schwarz; 15.) abgeschliffen; 16.) keine; 17.) stellenweise geglättet/ verstrichen; 18.) glatt, uneben (Schlickrauhung); 19.) Eindrücke von Gräsern und anderen Pflanzen; 20.) ohne Abb.

Nr. 155: 1.) 02.11.1933?; 2.) WS; 3.) topfähnlich; 4.) -.-; 5.) weich; 6.) schiefrig/splittrig; 7.) mineralisch; 8.) Sand, Kalk, Quarz, Glimmer; 9.) mittel; 10.) stark; 11.) unregelmäßig; 12.) 7,5 YR 2,5/1 schwarz; 13.) 7,5 YR 6/4 hellbraun; 14.) schwarz; 15.) abgeschliffen; 16.) keine; 17.) stellenweise geglättet/ verstrichen; 18.) grobsandig; 19.) ; 20.) ohne Abb.

Nr. 156: 1.) 02.11.1933?; 2.) WS; 3.) ?; 4.) -.-; 5.) weich; 6.) glatt; 7.) mineralisch; 8.) Sand, Kalk, Quarzbruch; 9.) mittel-sehr grob; 10.) stark; 11.) unregelmäßig; 12.) 7,5 YR 6/6 rötliches Gelb; 13.) 7,5 YR 6/6 rötliches Gelb; 14.) schwarz; 15.) gut erhalten; 16.) keine; 17.) außen Glättspuren; 18.) außen grobsandig, innen glatt; 19.) ; 20.) ohne Abb.

Nr. 157: 1.) 24.-25.06.1935; 2.) WS; 3.) ?; 4.) -.-; 5.) weich; 6.) körnig; 7.) mineralisch; 8.) Sand, Kalk, Quarz, Glimmer; 9.) grob; 10.) mittel; 11.) regelmäßig; 12.) 5 YR 4/2 dunkelrotes Grau; 13.) 5 YR 4/2 dunkelrotes Grau; 14.) schwarz; 15.) Innenseite abgeplatzt; 16.) keine; 17.) keine; 18.) kreidig; 19.) ; 20.) ohne Abb.

Nr. 158: 1.) 24.-25.06.1935; 2.) WS; 3.) ?; 4.) -.-; 5.) weich; 6.) schiefrig, splittrig; 7.) mineralisch; 8.) Sand, Quarzbruch, Kalk, zerstoßene Steinchen; 9.) sehr grob; 10.) sehr stark; 11.) unregelmäßig; 12.) 2,5 YR 3/1 dunkelrotes Grau; 13.) 2,5 YR 5/6 Rot; 14.) geschichtet; 15.) verwittert; 16.) keine; 17.) keine; 18.) grobsandig; 19.) ; 20.) ohne Abb.

Nr. 159: 1.) 24.-25.06.1935; 2.) WS; 3.) ?; 4.) -.-; 5.) weich; 6.) schiefrig, splittrig; 7.) mineralisch; 8.) Sand, Quarzbruch, Kalk, zerstoßene Steinchen; 9.) sehr grob; 10.) sehr stark; 11.) unregelmäßig; 12.) 2,5 YR 3/1 dunkelrotes Grau; 13.) 2,5 YR 5/6 Rot; 14.) geschichtet; 15.) verwittert; 16.) keine; 17.) keine; 18.) grobsandig; 19.) ; 20.) ohne Abb.

Nr. 160: 1.) 24.-25.06.1935; 2.) WS; 3.) ?; 4.) -.-; 5.) weich; 6.) schiefrig, splittrig; 7.) mineralisch; 8.) Sand, Quarzbruch, Kalk, zerstoßene Steinchen; 9.) sehr grob; 10.) sehr stark; 11.) unregelmäßig; 12.) 2,5 YR 3/1 dunkelrotes Grau; 13.) 2,5 YR 5/6 Rot; 14.) geschichtet; 15.) verwittert; 16.) keine; 17.) keine; 18.) grobsandig; 19.) ; 20.) ohne Abb.

Nr. 161: 1.) 24.-25.06.1935; 2.) WS; 3.) ?; 4.) -.-; 5.) weich; 6.) schiefrig, splittrig; 7.) mineralisch; 8.) Sand, Quarzbruch, Kalk, zerstoßene Steinchen; 9.) sehr grob; 10.) sehr stark; 11.) unregelmäßig; 12.) 2,5 YR 3/1 dunkelrotes Grau; 13.) 2,5 YR 5/6 Rot; 14.) geschichtet; 15.) verwittert; 16.) keine; 17.) keine; 18.) grobsandig; 19.) ; 20.) ohne Abb.

Nr. 162: 1.) 24.-25.06.1935; 2.) WS; 3.) ?; 4.) -.-; 5.) weich; 6.) schiefrig, splittrig; 7.) mineralisch; 8.) Sand, Quarzbruch, Kalk, zerstoßene Steinchen; 9.) sehr grob; 10.) sehr stark; 11.) unregelmäßig; 12.) 2,5 YR 3/1 dunkelrotes Grau; 13.) 2,5 YR 5/6 Rot; 14.) geschichtet; 15.) verwittert; 16.) keine; 17.) keine; 18.) grobsandig; 19.) ; 20.) ohne Abb.

Nr. 163: 1.) 02.11.1933; 2.) WS; 3.) ?; 4.) -.-; 5.) weich; 6.) schiefrig, splittrig; 7.) mineralisch; 8.) Sand, Kalk, Quarzbruch, zerstoßene Keramik, Flußgerölle; 9.) mittel-sehr grob; 10.) stark; 11.) regelmäßig; 12.) 10 YR 4/2 dunkelgraues braun; 13.) 5 YR 2,5/1 schwarz bis 5 YR 4/1 dunkelgrau; 14.) geschichtet; 15.) verwittert bis versintert; 16.) keine; 17.) keine; 18.) uneben, rauh; 19.) ; 20.) ohne Abb.

Nr. 164: 1.) 02.11.1933; 2.) WS; 3.) ?; 4.) -.-; 5.) weich; 6.) schiefrig, splittrig; 7.) mineralisch; 8.) Sand, Kalk, Quarzbruch, zerstoßene Keramik, Flußgerölle; 9.) mittel-sehr grob; 10.) stark; 11.) regelmäßig; 12.) 10 YR 4/2 dunkelgraues braun; 13.) 5 YR 2,5/1 schwarz bis 5 YR 4/1 dunkelgrau; 14.) geschichtet; 15.) verwittert bis versintert; 16.) keine; 17.) keine; 18.) grobsandig; 19.) ; 20.) ohne Abb.

Nr. 165: 1.) 02.11.1933; 2.) WS; 3.) ?; 4.) -.-; 5.) weich; 6.) schiefrig, splittrig; 7.) mineralisch; 8.) Sand, Kalk, Quarzbruch, zerstoßene Keramik, Flußgerölle; 9.) mittel-sehr grob; 10.) stark; 11.) regelmäßig; 12.) 10 YR 4/2 dunkelgraues braun; 13.) 5 YR 2,5/1 schwarz bis 5 YR 4/1 dunkelgrau; 14.) geschichtet; 15.) verwittert bis versintert; 16.) keine; 17.) keine; 18.) grobsandig; 19.) ; 20.) ohne Abb.

Nr. 166: 1.) 02.11.1933; 2.) WS; 3.) ?; 4.) -.-; 5.) weich; 6.) schiefrig, splittrig; 7.) mineralisch; 8.) Sand, Kalk, Quarzbruch, zerstoßene Keramik, Flußgerölle; 9.) mittel-sehr grob; 10.) stark; 11.) regelmäßig; 12.) 10 YR 4/2 dunkelgraues braun; 13.) 5 YR 2,5/1 schwarz bis 5 YR 4/1 dunkelgrau; 14.) geschichtet; 15.) verwittert bis versintert; 16.) keine; 17.) keine; 18.) grobsandig; 19.) ; 20.) ohne Abb.

Nr. 167: 1.) 02.11.1933; 2.) WS; 3.) ?; 4.) -.-; 5.) weich; 6.) schiefrig, splittrig; 7.) mineralisch; 8.) Sand, Kalk, Quarzbruch, zerstoßene Keramik, Flußgerölle; 9.) mittel-sehr grob; 10.) stark; 11.) regelmäßig; 12.) 10 YR 4/2 dunkelgraues braun; 13.) 5 YR 2,5/1 schwarz bis 5 YR 4/1 dunkelgrau; 14.) geschichtet; 15.) verwittert bis versintert; 16.) keine; 17.) keine; 18.) grobsandig; 19.) ; 20.) ohne Abb.

Nr. 168: 1.) 02.11.1933; 2.) WS; 3.) ?; 4.) -.-; 5.) weich; 6.) schiefrig, splittrig; 7.) mineralisch; 8.) Sand, Kalk, Quarzbruch, zerstoßene Keramik, Flußgerölle; 9.) mittel-sehr grob; 10.) stark; 11.) regelmäßig; 12.) 10 YR 4/2 dunkelgraues braun; 13.) 5 YR 2,5/1 schwarz bis 5 YR 4/1 dunkelgrau; 14.) geschichtet; 15.) verwittert bis versintert; 16.) keine; 17.) keine; 18.) grobsandig; 19.) ; 20.) ohne Abb.

Nr. 169: 1.) 02.11.1933; 2.) WS; 3.) ?; 4.) -.-; 5.) weich; 6.) schiefrig, splittrig; 7.) mineralisch; 8.) Sand, Kalk, Quarzbruch, zerstoßene Keramik, Flußgerölle; 9.) mittel-sehr grob; 10.) stark; 11.) regelmäßig; 12.) 10 YR 4/2 dunkelgraues braun; 13.) 5 YR 2,5/1 schwarz bis 5 YR 4/1 dunkelgrau; 14.) geschichtet; 15.) verwittert bis versintert; 16.) keine; 17.) keine; 18.) grobsandig; 19.) ; 20.) ohne Abb.

Nr. 170: 1.) 02.11.1933; 2.) WS; 3.) ?; 4.) -.-; 5.) weich; 6.) schiefrig, splittrig; 7.) mineralisch; 8.) Sand, Kalk, Quarzbruch, zerstoßene Keramik, Flußgerölle; 9.) mittel-sehr grob; 10.) stark; 11.) regelmäßig; 12.) 10 YR 4/2 dunkelgraues braun; 13.) 5 YR 2,5/1 schwarz bis 5 YR 4/1 dunkelgrau; 14.) geschichtet; 15.) verwittert bis versintert; 16.) keine; 17.) keine; 18.) grobsandig; 19.) ; 20.) ohne Abb.

Nr. 171: 1.) 02.11.1933; 2.) WS; 3.) ?; 4.) -.-; 5.) weich; 6.) schiefrig, splittrig; 7.) mineralisch; 8.) Sand, Kalk, Quarzbruch, zerstoßene Keramik, Flußgerölle; 9.) mittel-sehr grob; 10.) stark; 11.) regelmäßig; 12.) 10 YR 4/2 dunkelgraues braun; 13.) 5 YR 2,5/1 schwarz bis 5 YR 4/1 dunkelgrau; 14.) geschichtet; 15.) verwittert bis versintert; 16.) keine; 17.) keine; 18.) grobsandig; 19.) ; 20.) ohne Abb.

Nr. 172: 1.) 02.11.1933; 2.) WS; 3.) ?; 4.) -.-; 5.) weich; 6.) schiefrig, splittrig; 7.) mineralisch; 8.) Sand, Kalk, Quarzbruch, zerstoßene Keramik, Flußgerölle; 9.) mittel-sehr grob; 10.) stark; 11.) regelmäßig; 12.) 10 YR 4/2 dunkelgraues braun; 13.) 5 YR 2,5/1 schwarz bis 5 YR 4/1 dunkelgrau; 14.) geschichtet; 15.) verwittert bis versintert; 16.) keine; 17.) keine; 18.) grobsandig; 19.) ; 20.) ohne Abb.

Nr. 173: 1.) 02.11.1933; 2.) WS; 3.) ?; 4.) -.-; 5.) weich; 6.) bröckelig; 7.) mineralisch; 8.) Sand, Quarz, Kalk, zerstoßene Keramik; 9.) grob; 10.) mittel; 11.) unregelmäßig; 12.) 5 YR 4/1 dunkelgrau; 13.) 2,5 YR 4/3 rötliches Braun; 14.) rötliches Braun; 15.) verwittert und versintert; 16.) keine; 17.) keine; 18.) grobsandig; 19.) ; 20.) ohne Abb.

Nr. 174: 1.) 02.11.1933; 2.) WS; 3.) ?; 4.) -.-; 5.) weich; 6.) bröckelig; 7.) mineralisch; 8.) Sand, Quarz, Kalk, zerstoßene Keramik; 9.) grob; 10.) mittel; 11.) unregelmäßig; 12.) 5 YR 4/1 dunkelgrau; 13.) 2,5 YR 4/3 rötliches Braun; 14.) rötliches Braun; 15.) verwittert und versintert; 16.) keine; 17.) keine; 18.) grobsandig; 19.) ; 20.) ohne Abb.

Nr. 175: 1.) 1935; 2.) WS; 3.) ?; 4.) -.-; 5.) weich; 6.) körnig; 7.) mineralisch; 8.) Sand, Kalk, Glimmer, zerstoß. Keramik; 9.) grob; 10.) stark; 11.) regelmäßig; 12.) 10 YR 2/1 schwarz; 13.) 10 YR 2/1 schwarz; 14.) schwarz; 15.) gut erhalten; 16.) keine; 17.) keine; 18.) grobsandig; 19.) ; 20.) ohne Abb.

Nr. 176: 1.) 1935; 2.) WS; 3.) ?; 4.) -.-; 5.) weich; 6.) körnig; 7.) mineralisch; 8.) Sand, Kalk, Glimmer, zerstoß. Keramik; 9.) grob; 10.) stark; 11.) regelmäßig; 12.) 10 YR 2/1 schwarz; 13.) 10 YR 2/1 schwarz; 14.) schwarz; 15.) gut erhalten; 16.) keine; 17.) keine; 18.) grobsandig; 19.) ; 20.) ohne Abb.

Nr. 177: 1.) 02.11.1933; 2.) WS; 3.) ?; 4.) -.-; 5.) hart; 6.) körnig; 7.) mineralisch; 8.) Sand, Kalk; 9.) mittel; 10.) mittelstark; 11.) regelmäßig; 12.) 2,5 YR 5/8 rot; 13.) 2,5 YR 5/8 rot; 14.) schwarz; 15.) gut erhalten; 16.) keine; 17.) keine; 18.) feinsandig; 19.) ; 20.) ohne Abb.

Nr. 178: 1.) 02.11.1933; 2.) WS; 3.) ?; 4.) -.-; 5.) hart; 6.) körnig; 7.) mineralisch; 8.) Sand, Kalk; 9.) mittel; 10.) mittelstark; 11.) regelmäßig; 12.) 2,5 YR 5/8 rot; 13.) 2,5 YR 5/8 rot; 14.) schwarz; 15.) gut erhalten; 16.) keine; 17.) keine; 18.) feinsandig; 19.) ; 20.) ohne Abb.

Nr. 179: 1.) 02.11.1933; 2.) WS; 3.) ?; 4.) -.-; 5.) hart; 6.) körnig; 7.) mineralisch; 8.) Sand, Kalk; 9.) mittel; 10.) mittelstark; 11.) regelmäßig; 12.) 2,5 YR 5/8 rot; 13.) 2,5 YR 5/8 rot; 14.) schwarz; 15.) gut erhalten; 16.) keine; 17.) keine; 18.) feinsandig; 19.) ; 20.) ohne Abb.

Nr. 180: 1.) 02.11.1933; 2.) WS; 3.) ?; 4.) -.-; 5.) hart; 6.) körnig; 7.) mineralisch; 8.) Sand, Kalk; 9.) mittel; 10.) mittelstark; 11.) regelmäßig; 12.) 2,5 YR 5/8 rot; 13.) 2,5 YR 5/8 rot; 14.) schwarz; 15.) gut erhalten; 16.) keine; 17.) keine; 18.) feinsandig; 19.) ; 20.) ohne Abb.

Nr. 181: 1.) 02.11.1933; 2.) WS; 3.) ?; 4.) -.-; 5.) hart; 6.) schiefrig, splittrig; 7.) mineralisch; 8.) Sand, Kalk, Quarzbruch; 9.) mittel-sehr grob; 10.) stark; 11.) unregelmäßig; 12.) 2,5 YR 5/8 rot; 13.) 2,5 YR 5/8 rot; 14.) schwarz; 15.) verwittert; 16.) keine; 17.) keine; 18.) grobsandig; 19.) ; 20.) ohne Abb.

2.) STEINGERÄTE

SCHLÜSSEL

1.) Artefakttyp	7.) Breite
2.) Funddatum	8.) Stärke
3.) Fundumstände	9.) Gewicht
4.) Material	10.) Grundform
5.) Erhaltung	11.) Cortex
6.) Länge	12.) Tafel

2.1. Kleingeräte

Nr. 1: 1.) Gefl. Stielpfeilspitze; 2.) 11. Nov. 1932; 3.) Schnurkeramische. Schicht; 4.) Muschelkalkhornstein; 5.) fragmentarisch; 6.) 1,4 cm; 7.) 1,8 cm; 8.) 0,4 cm; 9.) 1,0 g; 10.) Abschlag; 11.) 0%, 12.) 13,2

Nr. 2: 1.) Stielpfeilspitze; 2.) ?; 3.) Schnurkeramische. Schicht; 4.) Jurahornstein; 5.) vollständig; 6.) 2,4 cm; 7.) 1,7 cm; 8.) 0,5 cm; 9.) 1,4 g; 10.) Abschlag; 11.) 0%, 12.) 13,1

Nr. 3: 1.) asy. Stielpfeilspitze; 2.) ?; 3.) Schnurkeramische. Schicht; 4.) leicht durchsichtiger bräunlicher Silex; 5.) vollständig; 6.) 1,8 cm; 7.) 1,4 cm; 8.) 0,4 cm; 9.) 0,7 g; 10.) Abschlag; 11.) ca. 10%, 12.) 13,3

Nr. 4: 1.) asy. Stielpfeilspitze; 2.) ?; 3.) Schnurkeramische. Schicht; 4.) Muschelkalkhornstein; 5.) vollständig; 6.) 2,1 cm; 7.) 1,1 cm; 8.) 0,5 cm; 9.) 0,8 g; 10.) Abschlag; 11.) ca. 10%, 12.) 13,4

Nr. 5: 1.) rhomb. Pfeilspitze; 2.) ?; 3.) Schnurkeramische. Schicht; 4.) dunkelgrauer Silex; 5.) vollständig; 6.) 3,0 cm; 7.) 1,8 cm; 8.) 0,6 cm; 9.) 3,2 g; 10.) Abschlag; 11.) 0%, 12.) 13,5

Nr. 6: 1.) Spitze; 2.) ?; 3.) Schnurkeramische. Schicht; 4.) weiß gräulich marmorierter Silex; 5.) fragmentiert; 6.) 1,7 cm; 7.) 1,7 cm; 8.) 0,3 cm; 9.) 1,0 g; 10.) Abschlag; 11.) 0%, 12.) 13,6

Nr. 7: 1.) Kern; 2.) ?; 3.) Schnurkeramische. Schicht; 4.) Quarzporphyr; 5.) vollständig; 6.) 3,2 cm; 7.) 2,5 cm; 8.) 1,5 cm; 9.) 17,9 g; 10.) Kern; 11.) -, 12.) 11,1

Nr. 8: 1.) Kern; 2.) ?; 3.) Schnurkeramische. Schicht; 4.) Quarzporphyr; 5.) vollständig; 6.) 3,3 cm; 7.) 2,9 cm; 8.) 1,2 cm; 9.) 12,1 g; 10.) Kern; 11.) -, 12.) 11,2

Nr. 9: 1.) Kern; 2.) ?; 3.) Schnurkeramische. Schicht; 4.) Muschelkalkhornstein; 5.) vollständig; 6.) 2,5 cm; 7.) 1,7 cm; 8.) 0,6 cm; 9.) 3,2 g; 10.) Kern; 11.) 0%, 12.) 11,3

Nr. 10: 1.) Präparationsabschlag.; 2.) ?; 3.) Schnurkeramische. Schicht; 4.) Jurahornstein; 5.) vollständig; 6.) 4,3 cm; 7.) 3,7 cm; 8.) 2,1 cm; 9.) 34,4 g; 10.) Abschlag; 11.) ca. 40%, 12.) 12,1

Nr. 11: 1.) Präparationsabschlag; 2.) ?; 3.) Schnurkeramische. Schicht; 4.) Siltstein; 5.) vollständig; 6.) 5,0 cm; 7.) 2,0 cm; 8.) 1,5 cm; 9.) 13,3 g; 10.) Abschlag; 11.) -, 12.) 12,2

Nr. 12: 1.) Präparationsabschlag; 2.) ?; 3.) Schnurkeramische. Schicht; 4.) Quarzporphyr; 5.) vollständig; 6.) 3,4 cm; 7.) 1,8 cm; 8.) 0,9 cm; 9.) 5,3 g; 10.) Abschlag; 11.) 0%, 12.) 12,3

Nr. 13: 1.) Präparationsabschlag; 2.) ?; 3.) Schnurkeramische. Schicht; 4.) Calcedon; 5.) vollständig; 6.) 3,3 cm; 7.) 1,4 cm; 8.) 0,9 cm; 9.) 3,6 g; 10.) Abschlag; 11.) 0%, 12.) 12,4

Nr. 14: 1.) "Messer"; 2.) ?; 3.) Schnurkeramische. Schicht; 4.) Plattensilex; 5.) vollständig; 6.) 6,1 cm; 7.) 4,1 cm; 8.) 0,8 cm; 9.) 29,7 g; 10.) Abschlag; 11.) ca. 60%, 12.) 14,1

137

Nr. 15: 1.) Schaber; 2.) ?; 3.) Schnurkeramische. Schicht; 4.) Muschelkalkhornstein; 5.) vollständig; 6.) 3,7 cm; 7.) 2,3 cm; 8.) 0,5 cm; 9.) 3,8 g; 10.) Abschlag; 11.) 0%, 12.) 14,2

Nr. 16: 1.) Schaber; 2.) ?; 3.) Schnurkeramische. Schicht; 4.) Muschelkalkhornstein; 5.) vollständig; 6.) 3,4 cm; 7.) 1,4 cm; 8.) 0,4 cm; 9.) 3,2 g; 10.) Abschlag; 11.) 0%, 12.) 14,3

Nr. 17: 1.) Schaber; 2.) ?; 3.) Schnurkeramische. Schicht; 4.) Quarzporphyr; 5.) vollständig; 6.) 2,7 cm; 7.) 1,7 cm; 8.) 0,4 cm; 9.) 2,4 g; 10.) Abschlag; 11.) 0%, 12.) 14,4

Nr. 18: 1.) Kratzer; 2.) ?; 3.) Schnurkeramische. Schicht; 4.) Quarzporphyr; 5.) vollständig; 6.) 2,1 cm; 7.) 1,7 cm; 8.) 0,4 cm; 9.) 2,2 g; 10.) Abschlag; 11.) 0%, 12.) 15,1

Nr. 19: 1.) Kratzer; 2.) ?; 3.) Schnurkeramische. Schicht; 4.) Quarzporphyr; 5.) vollständig; 6.) 1,7 cm; 7.) 1,3 cm; 8.) 0,7 cm; 9.) 2,0 g; 10.) Abschlag; 11.) 0%, 12.) 15,2

Nr. 20: 1.) Bohrer; 2.) ?; 3.) Schnurkeramische. Schicht; 4.) Silex; 5.) vollständig; 6.) 1,8 cm; 7.) 0,7 cm; 8.) 0,2 cm; 9.) 0,4 g; 10.) Klinge; 11.) 0%, 12.) 15,3

Nr. 21: 1.) Rückenmesserchen?; 2.) ?; 3.) Schnurkeramische. Schicht; 4.) Jurahornstein; 5.) distal; 6.) 2,1 cm; 7.) 0,9 cm; 8.) 0,3 cm; 9.) 0,6 g; 10.) Klinge; 11.) 0%, 12.) 15,4

Nr. 22: 1.) Klinge; 2.) ?; 3.) Schnurkeramische. Schicht; 4.) Silex; 5.) vollständig; 6.) 2,0 cm; 7.) 1,0 cm; 8.) 0,3 cm; 9.) 0,6 g; 10.) Klinge; 11.) 0%, 12.) 15,5

Nr. 23: 1.) Klinge (Messer?); 2.) ?; 3.) Schnurkeramische. Schicht; 4.) Quarzporphyr; 5.) basal; 6.) 2,6 cm; 7.) 1,1 cm; 8.) 0,6 cm; 9.) 2,4 g; 10.) Klinge; 11.) 0%, 12.) 15,6

Nr. 24: 1.) Klinge; 2.) ?; 3.) Schnurkeramische. Schicht; 4.) Silex; 5.) distal; 6.) 1,4 cm; 7.) 1,0 cm; 8.) 0,3 cm; 9.) 0,4 g; 10.) Klinge; 11.) 0%, 12.) 15,7

Nr. 25: 1.) Klinge; 2.) ?; 3.) Schnurkeramische. Schicht; 4.) Silex; 5.) medial; 6.) 2,1 cm; 7.) 1,1 cm; 8.) 0,3 cm; 9.) 0,5 g; 10.) Klinge; 11.) 0%, 12.) 15,8

Nr. 26: 1.) "Messer"; 2.) ?; 3.) Schnurkeramische. Schicht; 4.) Quarzporphyr; 5.) vollständig; 6.) 5,7 cm; 7.) 4,4 cm; 8.) 0,9 cm; 9.) 27,3 g; 10.) Abschlag; 11.) 0%, 12.) 16,1

Nr. 27: 1.) "Messer"; 2.) ?; 3.) Schnurkeramische. Schicht; 4.) Quarzporphyr; 5.) vollständig; 6.) 4,9 cm; 7.) 3,4 cm; 8.) 1,2 cm; 9.) 16,3 g; 10.) Abschlag; 11.) 0%, 12.) 16,2

Nr. 28: 1.) "Messer"; 2.) ?; 3.) Schnurkeramische. Schicht; 4.) Quarzporphyr; 5.) vollständig; 6.) 4,8 cm; 7.) 2,9 cm; 8.) 0,9 cm; 9.) 14,0 g; 10.) Abschlag; 11.) 0%, 12.) 16,3

Nr. 29: 1.) "Messer"; 2.) ?; 3.) Schnurkeramische. Schicht; 4.) Quarzporphyr; 5.) vollständig; 6.) 5,3 cm; 7.) 2,4 cm; 8.) 0,7 cm; 9.) 9,5 g; 10.) Abschlag; 11.) 0%, 12.) 16,4

Nr. 30: 1.) "Spitze"; 2.) ?; 3.) Schnurkeramische. Schicht; 4.) Quarzporphyr; 5.) vollständig; 6.) 3,7 cm; 7.) 3,4 cm; 8.) 1,7 cm; 9.) 9,8 g; 10.) Abschlag; 11.) 0%, 12.) 17,1

Nr. 31: 1.) "Spitze"; 2.) ?; 3.) Schnurkeramische. Schicht; 4.) Quarzporphyr; 5.) vollständig; 6.) 3,6 cm; 7.) 2,9 cm; 8.) 1,3 cm; 9.) 9,4 g; 10.) Abschlag; 11.) 0%, 12.) 17,2

Nr. 32: 1.) "Spitze"; 2.) ?; 3.) Schnurkeramische. Schicht; 4.) Quarzporphyr; 5.) vollständig; 6.) 2,9 cm; 7.) 3,4 cm; 8.) 0,5 cm; 9.) 4,6 g; 10.) Abschlag; 11.) 0%, 12.) 17,3

Nr. 33: 1.) "Einsatz"; 2.) ?; 3.) Schnurkeramische. Schicht; 4.) Quarz; 5.) vollständig; 6.) 2,9 cm; 7.) 2,4 cm; 8.) 1,0 cm; 9.) 6,8 g; 10.) Abschlag; 11.) 0%, 12.) 18,1

Nr. 34: 1.) "Einsatz"; 2.) ?; 3.) Schnurkeramische. Schicht; 4.) Jurahornstein; 5.) vollständig; 6.) 2,2 cm; 7.) 1,9 cm; 8.) 0,4 cm; 9.) 1,9 g; 10.) Abschlag; 11.) ca. 30%, 12.) 18,2

Nr. 35: 1.) "Einsatz"; 2.) ?; 3.) Schnurkeramische. Schicht; 4.) Quarzporphyr; 5.) vollständig; 6.) 2,2 cm; 7.) 2,0 cm; 8.) 0,4 cm; 9.) 1,1 g; 10.) Abschlag; 11.) ca. 10%, 12.) 18,3

Nr. 36: 1.) "Einsatz"; 2.) ?; 3.) Schnurkeramische. Schicht; 4.) Quarzporphyr; 5.) vollständig; 6.) 2,0 cm; 7.) 1,7 cm; 8.) 0,4 cm; 9.) 1,4 g; 10.) Abschlag; 11.) 0%, 12.) 18,4

Nr. 37: 1.) Unbestimmt; 2.) ?; 3.) Schnurkeramische. Schicht; 4.) Jurahornstein; 5.) medial; 6.) 1,8 cm; 7.) 3,1 cm; 8.) 0,6 cm; 9.) 3,8 g; 10.) Abschlag; 11.) 0%, 12.) 18,5

Nr. 38: 1.) Unbestimmt; 2.) ?; 3.) Schnurkeramische. Schicht; 4.) Quarzporphyr; 5.) vollständig; 6.) 3,1 cm; 7.) 2,5 cm; 8.) 0,7 cm; 9.) 5,3 g; 10.) Abschlag; 11.) ca. 20%, 12.) 18,6

Nr. 40: 1.) Unbestimmt; 2.) ?; 3.) Schnurkeramische. Schicht; 4.) Quarzporphyr; 5.) basal; 6.) 3,4 cm; 7.) 1,4 cm; 8.) 0,6 cm; 9.) 2,2 g; 10.) Abschlag; 11.) 0%, 12.) 19,2

Nr. 41: 1.) Unbestimmt; 2.) ?; 3.) Schnurkeramische. Schicht; 4.) Quarzporphyr; 5.) vollständig; 6.) 3,8 cm; 7.) 1,5 cm; 8.) 0,4 cm; 9.) 2,9 g; 10.) Abschlag; 11.) 0%, 12.) 19,3

Nr. 42: 1.) Unbestimmt; 2.) 1935; 3.) Schnurkeramische. Schicht; 4.) Quarzporphyr; 5.) vollständig; 6.) 3,1 cm; 7.) 2,3 cm; 8.) 0,8 cm; 9.) 4,9 g; 10.) Abschlag; 11.) 0%, 12.) 19,4

Nr. 43: 1.) Unbestimmt; 2.) ?; 3.) Schnurkeramische. Schicht; 4.) Quarzporphyr; 5.) vollständig; 6.) 2,5 cm; 7.) 1,5 cm; 8.) 0,3 cm; 9.) 2,3 g; 10.) Abschlag; 11.) 0%, 12.) 19,5

Nr. 44: 1.) "Säge/Messer"; 2.) ?; 3.) Schnurkeramische. Schicht; 4.) Quarzporphyr; 5.) vollständig; 6.) 6,4 cm; 7.) 5,9 cm; 8.) 1,1 cm; 9.) 42,9 g; 10.) Abschlag; 11.) 0%, 12.) 19,1

2.2. Großsteingeräte

Beile, Axt und Dechsel

SCHLÜSSEL

1.) Fundkategorie
2.) Funddatum
3.) Fundumstände
4.) Erhaltung
5.) Länge
6.) Breite
7.) Stärke
8.) Breiten-Dicken-Index
9.) Längen-Breiten-Index

10.) Längen-Dicken-Index
11.) Gewicht
12.) Material
13.) Oberfläche
14.) Form
15.) Querschnitt
16.) Schneide
17.) Nacken
18.) Bemerkung
19.) Tafel

Nr. 1: 1.) Steinbeil 1; 2.) 11.11.1932; 3.) Schnurkeramische. Schicht; 4.) in Querrichtung gebrochen; 5.) 6,4 cm; 6.) 5,6 cm; 7.) 2,9 cm; 8.) 1,93; 9.) ?; 10.) ?; 11.) 133,0 g; 12.) Amphibolit; 13.) geschliffen; glatt; 14.) rechteckig; 15.) gerundet rechteckig (polygonal); 16.) leicht s-förmig; 17.) nicht erhalten; 18.) facettiert; 19.) 20,3

Nr. 2: 1.) Steinbeil 2; 2.) 1931; 3.) Schnurkeramische. Schicht; 4.) vollständig; 5.) 6,9 cm; 6.) 5,3 cm; 7.) 2,7 cm; 8.) 1,96; 9.) 1,30; 10.) 2,56; 11.) 191,9 g; 12.) Amphibolit; 13.) geschliffen; glatt; 14.) rechteckig; 15.) gerundet rechteckig (polygonal); 16.) leicht s-förmig; 17.) gerade; 18.) facettiert; 19.) 20,5

Nr. 3: 1.) Steinbeil 3; 2.) ?; 3.) Schnurkeramische. Schicht; 4.) gebrochen; 5.) 4,6 cm; 6.) 3,6 cm; 7.) 0,7 cm; 8.) ?; 9.) ?; 10.) ?; 11.) 18,0 g; 12.) Amphibolit; 13.) geschliffen; glatt; 14.) rechteckig; 15.) gerundet rechteckig?; 16.) gerade?; 17.) nicht erhalten; 18.) -; 19.) 20,6

Nr. 4: 1.) Steinbeil 4; 2.) ?; 3.) Schnurkeramische. Schicht; 4.) umgearbeitet?; 5.) 5,6 cm; 6.) 4,4 cm; 7.) 2,8 cm; 8.) 1,57; 9.) 1,27; 10.) 2,00; 11.) 120,4 g; 12.) Basalt; 13.) geschliffen; kreidig; 14.) trapezförmig; 15.) rechteckig; 16.) hammerförmig; 17.) gebogen; 18.) Schneide und Nacken beschädigt; 19.) 20,2

Nr. 5: 1.) Steinbeil 5; 2.) ?; 3.) Schnurkeramische. Schicht; 4.) vollständig; 5.) 6,9 cm; 6.) 4,9 cm; 7.) 2,1 cm; 8.) 2,33; 9.) 1,41; 10.) 3,29; 11.) 101,2 g; 12.) Siltstein; 13.) geschliffen; kreidig; 14.) trapezförmig; 15.) gerundet rechteckig; 16.) leicht s-förmig?; 17.) gebogen bis rund; 18.) -; 19.) 21,1

Nr. 6: 1.) Steinbeil 6; 2.) ?; 3.) Schnurkeramische. Schicht; 4.) in Längsrichtung gebrochen; 5.) 6,0 cm; 6.) 2,1 cm; 7.) 0,9 cm; 8.) ?; 9.) ?; 10.) ca. 6,60; 11.) 18,1 g; 12.) Amphibolit; 13.) geschliffen; glatt; 14.) rechteckig/trapezförmig?; 15.) gerundet rechteckig?; 16.) gerade; 17.) nicht erhalten; 18.) -; 19.) 20,4

Nr. 7: 1.) Axtfragment?; 2.) 24.04.1934; 3.) NO-Ecke der Sandgrube in der Siedlungsschicht; 4.) fragmentarisch; 5.) 8,4 cm; 6.) 4,2 cm; 7.) 1,1 cm; 8.) ?; 9.) ?; 10.) ?; 11.) 55,2 g; 12.) Amphibolit; 13.) geschliffen; glatt; 14.) ?; 15.) ?; 16.) ?; 17.) ?; 18.) -; 19.) 20,1

Nr. 8: 1.) Dechsel?; 2.) ?; 3.) Schnurkeramische. Schicht; 4.) vollständig; 5.) 6,4 cm; 6.) 5,5 cm; 7.) 3,2 cm; 8.) 1,72; 9.) 1,16; 10.) 2,00; 11.) 103 g; 12.) Quarz; 13.) grob zurechtgeschlagen; 14.) trapezförmig; 15.) d-förmig; 16.) gewellt; 17.) gerade; 18.) ; 19.) 21,2

Klopfsteine, Mahlsteine und Hämatit

Schlüssel

1.) Fundkategorie
2.) Funddatum
3.) Fundumstände
4.) Länge
5.) Breite

6.) Stärke
7.) Gewicht
8.) Material
9.) Form
10.) Tafel

Nr. 1: 1.) Klopfstein; 2.) 1932; 3.) Schnurkeramische. Schicht; 4.) 10,2 cm; 5.) 6,8 cm; 6.) 4,1 cm; 7.) 461,4 g; 8.) Quarzporphyr; 9.) 1; 10.) 22,1

Nr. 2: 1.) Klopfstein; 2.) 1935; 3.) Schnurkeramische. Schicht; 4.) 9,8 cm; 5.) 9,4 cm; 6.) 5,8 cm; 7.) 677,4 g; 8.) Quarzporphyr; 9.) 1; 10.) 22,2

Nr. 3: 1.) Klopfstein; 2.) 30. Mai 1929; 3.) Schnurkeramische. Schicht; 4.) 8,2 cm; 5.) 7,8 cm; 6.) 4,2 cm; 7.) 401,2 g; 8.) Quarzporphyr; 9.) 1; 10.) 23,1

Nr. 4: 1.) Klopfstein; 2.) 1932; 3.) Schnurkeramische. Schicht; 4.) 9,4 cm; 5.) 7,3 cm; 6.) 3,3 cm; 7.) 298,3 g; 8.) Quarzporphyr; 9.) 2; 10.) 23,2

Nr. 5: 1.) Klopfstein; 2.) ?; 3.) Schnurkeramische. Schicht; 4.) 6,9 cm; 5.) 7,2 cm; 6.) 4,3 cm; 7.) 242,6 g; 8.) Sandstein; 9.) 2; 10.) 23,3

Nr. 6: 1.) Läufer?; 2.) ?; 3.) Schnurkeramische. Schicht; 4.) 9,2 cm; 5.) 9,8 cm; 6.) 6,2 cm; 7.) 663,3 g; 8.) Quarzporphyr; 9.) ; 10.) 24,1

Nr. 7: 1.) Mahlstein; 2.) ?; 3.) Schnurkeramische. Schicht; 4.) 18,5 cm; 5.) 14,8 cm; 6.) 5,0 cm; 7.) 1748, 3 g; 8.) Sandstein; 9.) ; 10.) 24,2

Nr. 8: 1.) Hämatit; 2.) ?; 3.) Schnurkeramische. Schicht; 4.) 5,9 cm; 5.) 6,8 cm; 6.) 3,0 cm; 7.) 245,8 g; 8.) Roteisenstein; 9.) ; 10.) 21,3

Sandsteinscheiben

SCHLÜSSEL

1.) Fundkategorie
2.) Funddatum
3.) Fundumstände
4.) Material
5.) Durchmesser

6.) Stärke
7.) Gewicht
8.) Kanten
9.) Oberfläche
10.) Bearbeitung
11.) Tafel

Nr. 1: 1.) Sandsteinscheibe 1; 2.) 1933; 3.) Schnurkeramische Schicht; 4.) Sandstein; 5.) 11,0 cm; 6.) 1,5 cm; 7.) 312g; 8.) gerundet; 9.) wellig; 10.) geschliffen; 11.) 25,1

Nr. 2: 1.) Sandsteinscheibe 2; 2.) 1933; 3.) Schnurkeramische Schicht; 4.) Sandstein; 5.) 10,3-10,7 cm; 6.) 0,9-1,5 cm; 7.) 230 g; 8.) doppelkonisch abgeschrägt; 9.) wellig; konkav; 10.) geschliffen; 11.) 25,2

Nr. 3: 1.) Sandsteinscheibe 3; 2.) 02.11.1933; 3.) Grube; 4.) Sandstein; 5.) 6,3-6,7 cm; 6.) 0,8 cm; 7.) 52,8 g; 8.) abgeschrägt; 9.) konkav; 10.) geschliffen; 11.) 26,1

Nr. 4: 1.) Sandsteinscheibe 4; 2.) 1920-1925; 3.) Schnurkeramische Schicht; 4.) Sandstein; 5.) 4,5-5,0 cm; 6.) 1,2 cm; 7.) 42,3 g; 8.) abgeschrägt; 9.) eben; 10.) geschliffen; 11.) 26,2

Sonstiges

SCHLÜSSEL

1.) Fundkategorie
2.) Funddatum
3.) Fundumstände
4.) Material

5.) Durchmesser
6.) Stärke
7.) Oberfläche
8.) Bearbeitung
9.) Tafel

Nr. 1: 1.) "Tonscheibe"; 2.) 24.-25.06.1935; 3.) Schnurkeramische Schicht; 4.) Ton; 5.) ca. 10 cm; 6.) 2,8 cm erhalten; 7) glatt, kreidig; 8) Knetspuren; 9) 26,4

Nr. 2: 1.) Steinkugel; 2.) 24.-25.06.1935; 3.) Schnurkeramische Schicht; 4.) Diorit; 5.) 6,0-7,0 cm; 7) uneben; 8) verwittert; 9) 26,5

3.) KNOCHEN- UND GEWEIHGERÄTE

SCHLÜSSEL

1.) Fundkategorie	5.) Breite
2.) Funddatum	6.) Stärke
3.) Fundumstände	7.) Funktion
4.) Länge	8.) Tafel

Nr. 1: 1.) Knochen; 2.) 1930/31; 3.) Schnurkeramische Schicht; 4.) 5,4; 5.) 0,5 cm (Spitze) , 1,2 cm; 6.) 0,5 cm (Spitze) , 1,2 cm; 7.) Pfriem; 8.) 27,3

Nr. 2: 1.) Knochen; 2.) 11.11.1932; 3.) Grube/Schnurkeramische Schicht?; 4.) 7,6; 5.) 0,4 cm (Spitze), 2,4 cm (Gelenkkopf); 6.) 0,4 cm (Spitze); 7.) Pfriem; 8.) 27,1

Nr. 3: 1.) Knochen; 2.) ?; 3.) Schnurkeramische Schicht; 4.) 5,0; 5.) 0,8 cm; 6.) 0,8 cm; 7.) Doppelspitze; 8.) 27,2

Nr. 4: 1.) Knochen; 2.) ?; 3.) Schnurkeramische Schicht; 4.) 3,45; 5.) 0,5-0,6 cm; 6.) 0,5-0,6 cm; 7.) Angelhaken; 8.) 27,4

Nr. 5: 1.) Knochen; 2.) ?; 3.) Schnurkeramische Schicht; 4.) 3,15; 5.) 0,8 cm; 6.) 0,2 cm; 7.) Angelhaken; 8.) 27,5

Nr. 6: 1.) Knochen; 2.) ?; 3.) Schnurkeramische Schicht; 4.) 2,8; 5.) 1,8 cm; 6.) 0,8 cm; 7.) Schaber; 8.) 28,1

Nr. 7: 1.) Knochen; 2.) 02.11.1933?; 3.) Grube; 4.) 7,8; 5.) 3,4 cm; 6.) ?; 7.) Glättwerkzeug?; 8.) 28,4

Nr. 8: 1.) Hirschgeweih; 2.) 02.11.1933; 3.) Grube; 4.) 5,0; 5.) 1,3 cm; 6.) 0,4 cm; 7.) Nadel?; 8.) 28,3

Nr. 9: 1.) Knochen; 2.) ?; 3.) Schnurkeramische Schicht; 4.) 5,15; 5.) 3,3 cm; 6.) 0,5-0,7 cm; 7.) Töpferwerkzeug?; 8.) 28,2

Nr. 10: 1.) Hirschgeweih; 2.) ?; 3.) Schnurkeramische Schicht; 4.) 15,1 cm; 5.) 4,8 cm; 6.) 5,0 cm; 7.) Perkussionsgerät; 8.) 29, 2

Nr. 11: 1.) Hirschgeweih; 2.) ?; 3.) Schnurkeramische Schicht; 4.) 17,4 cm; 5.) 3,7 cm; 6.) 2,5 cm; 7.) ?; 8.)29,1

Legende zu den Tafeln

An dieser Stelle sind einige Ausführungen zu den Tafeln notwendig. Bei den Keramikscherben wurde auf die Kennzeichnung der Oberflächenstruktur weitestgehend verzichtet. Ebenso ist auf die Knochenstruktur verzichtet worden, da sie leicht mit Bearbeitungs- und Gebrauchsspuren zu verwechseln ist. Die Oberflächen der Großgeräte sind schematisch ausgeführt, um auf die funktionsrelevanten Flächen hinzuweisen. Die Querschnitte der Stein- und Knochengeräte sind nach dem größtmöglichen Informationsgehalt gewählt worden, während Längsschnitte bei den Kleingeräten nur angelegt wurden, wenn es zum Verständnis des Stückes unbedingt notwendig war.

Keramik

——————— Orientierung gesichert

- - - - - - Orientierung vermutet

. . . . . . Orientierung nicht gesichert

Bruch

Felsgesteingeräte

Geschliffen

Gepickt

Natürliche Oberfläche

Bruch

Kleingeräte

Geschlagen

Bruch

Natürliche Oberfläche

Knochen/ Geweih

Bearbeitungsspuren

Gepickt

Bruch

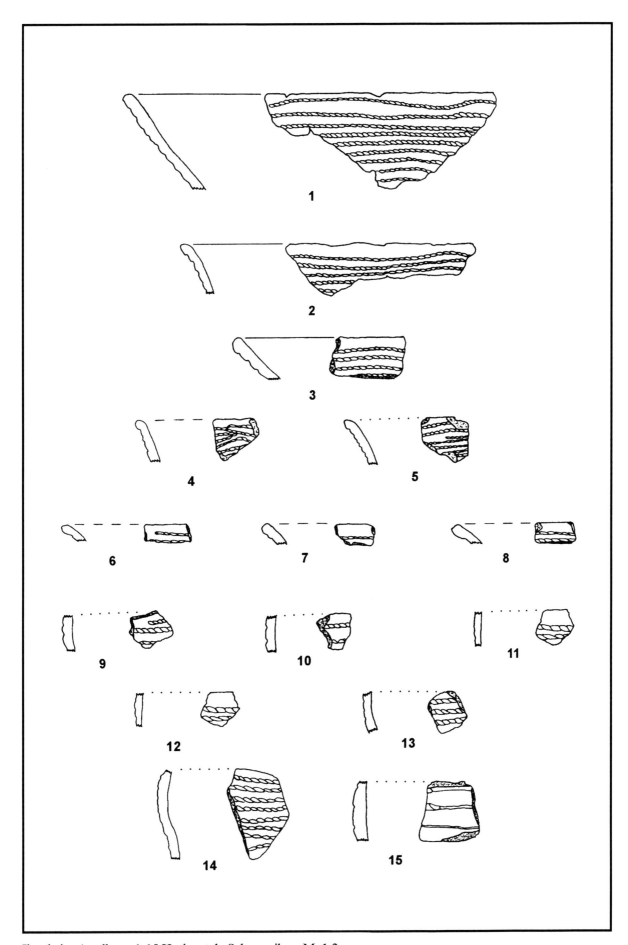

Ilvesheim-Atzelberg. 1-15 Horizontale Schnurreihen. M: 1:2.

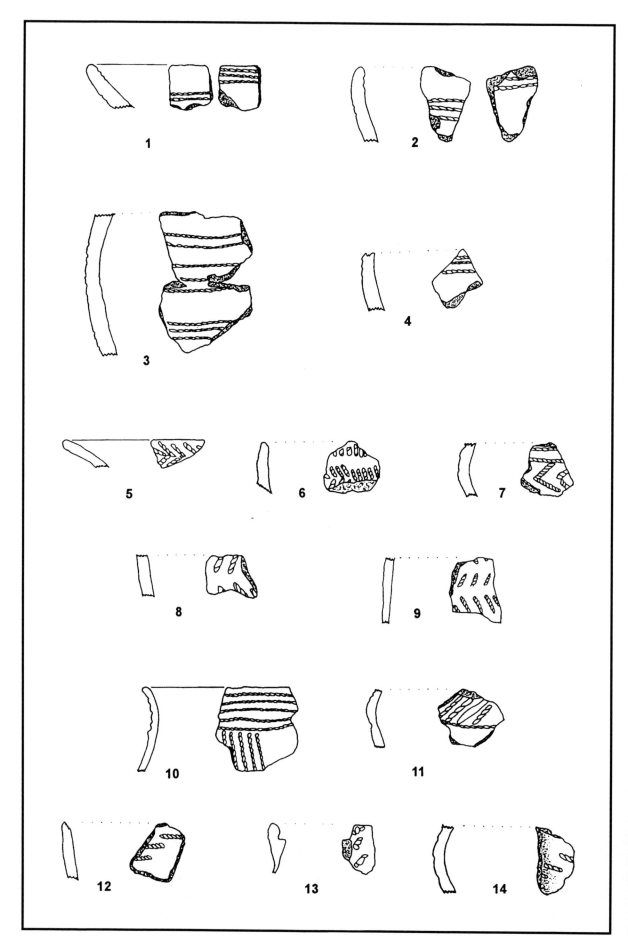

Ilvesheim-Atzelberg. 1-4 Gruppierte Schnurreihen; 5-9 Fischgrätenmuster aus Schnureindrücken; 10-11 Schnurbündel; 12-14 „Schnurstempel". M: 1:2.

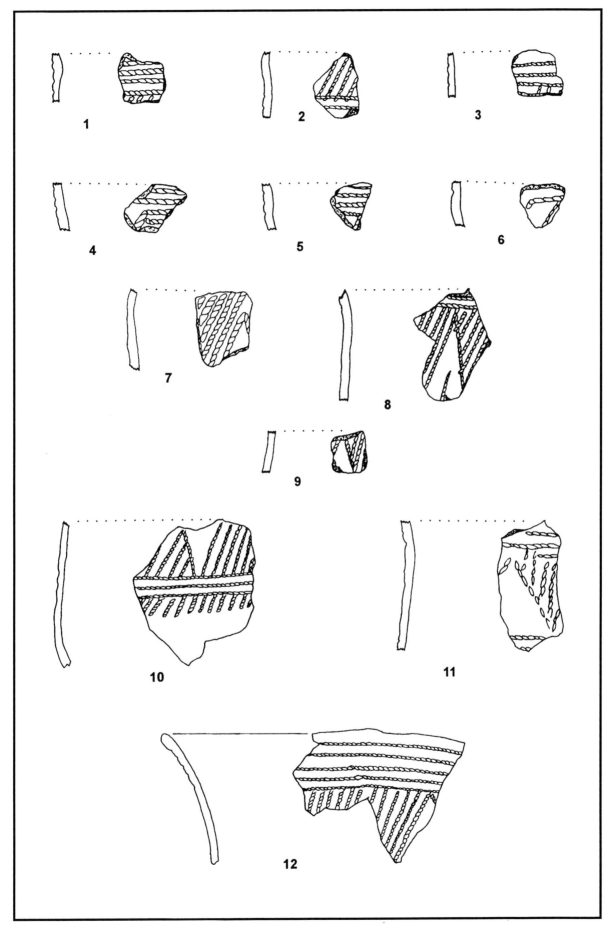

Ilvesheim-Atzelberg. 1-8, 10-12 Hängende/ stehende Schnurdreiecke; 9 Ausgespartes Winkelband. M: 1:2.

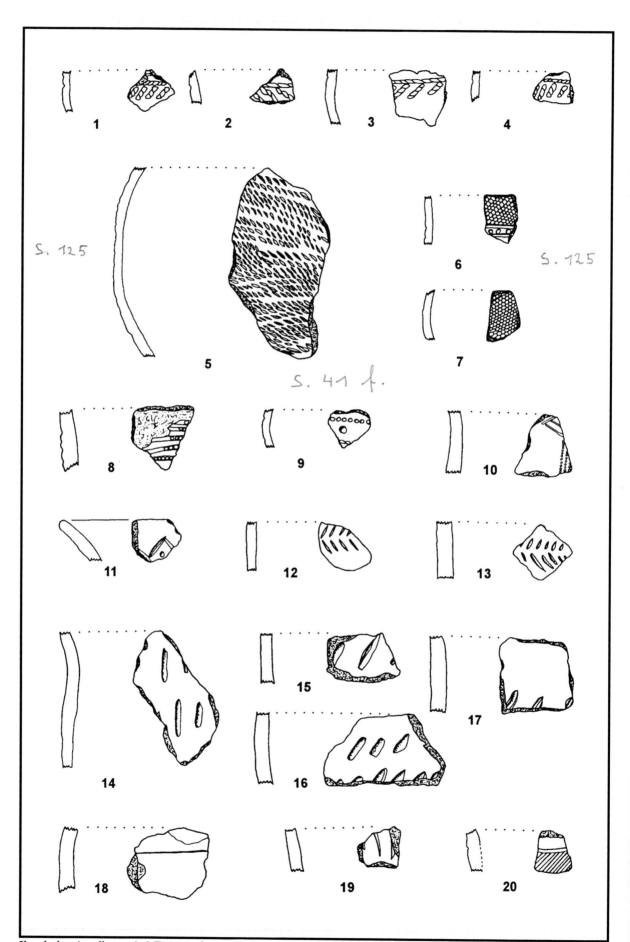

S. 125

S. 125

S. 41 f.

Ilvesheim-Atzelberg. 1-4 Fransenabs.; 5 Mattenrauhung; 6-7 Gewebeabdrücke; 8 Kammstichreihen; 9-10 Kombination; 11 Zickzackmuster; 12-13 Fischgrätmuster; 14-17 Reihen längl. Einstiche; 18-20 Ritzverz.. M: 1:2.

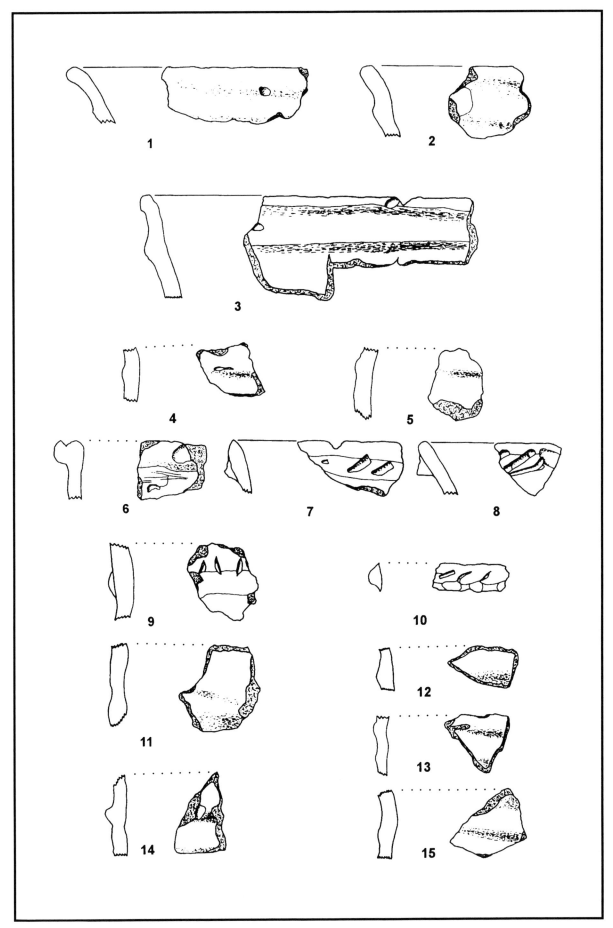

Ilvesheim-Atzelberg. 1-5 Glatte Einfachleisten; 6-10 Verzierte Einfachleisten; 11-15 Glatte Mehrfachleisten. M: 1:2.

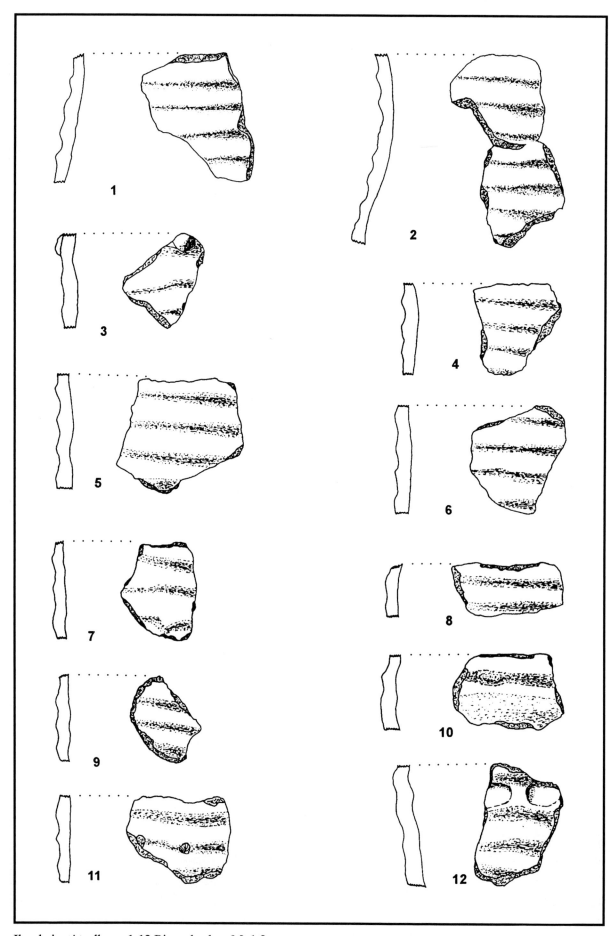

Ilvesheim-Atzelberg. 1-12 Rippenbecher. M: 1:2.

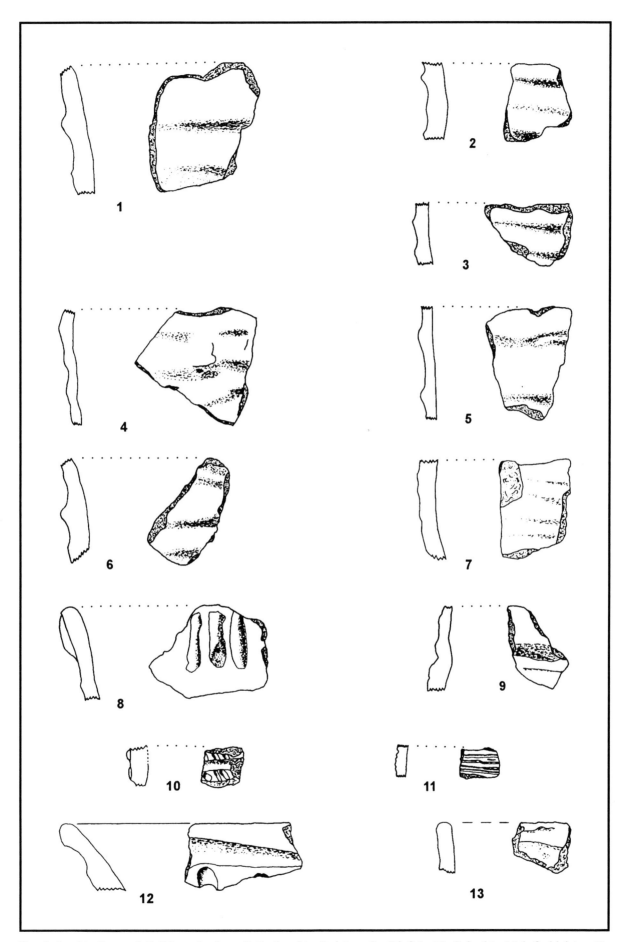

Ilvesheim-Atzelberg. 1-7 Rippenbecher; 8 Senkrechte Leisten; 9 „Riefe"; 10 Gekerbte Mehrfachleiste; 11 „Korbeindrücke"; 12-13 Fingerstrichriefe. M: 1:2.

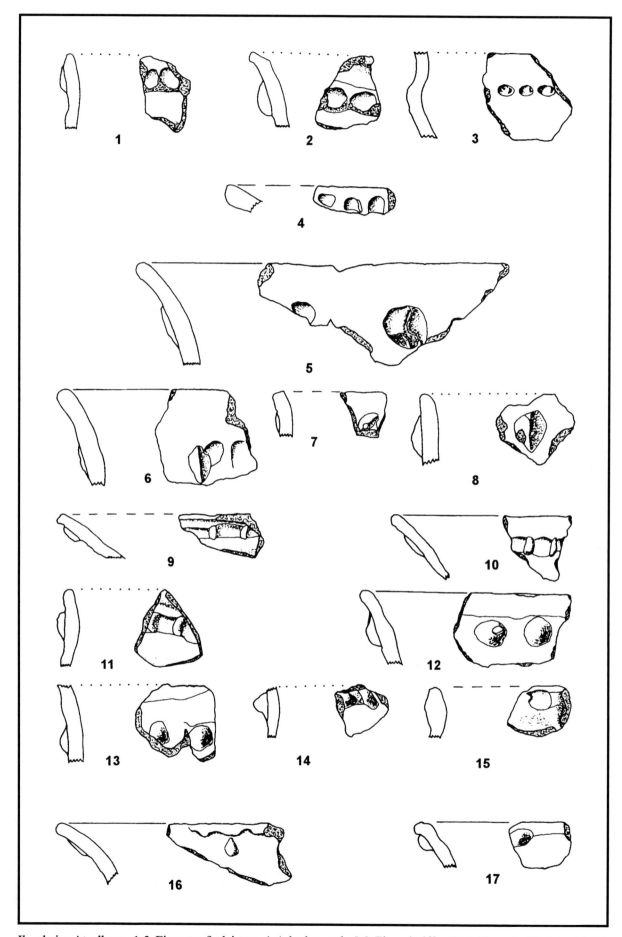

Ilvesheim-Atzelberg. 1-3 Fingertupfenleisten; 4 Arkadenrand; 5-8 Fingerkniffe; 9-11 Fingerkniffleiste; 12-17 Knubben. M: 1:2.

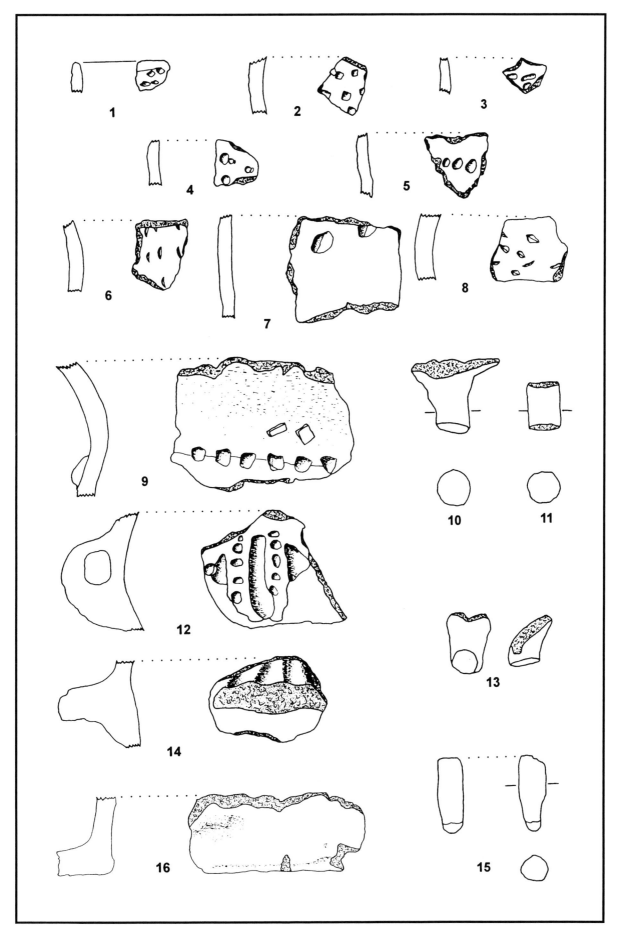

Ilvesheim-Atzelberg. 1-8 Einfache Einstichmuster; 9 „Knickwandschüssel"; 10-11,13,15 Füßchenschale; 12,14 Henkel; 16 Boden. M: 1:2.

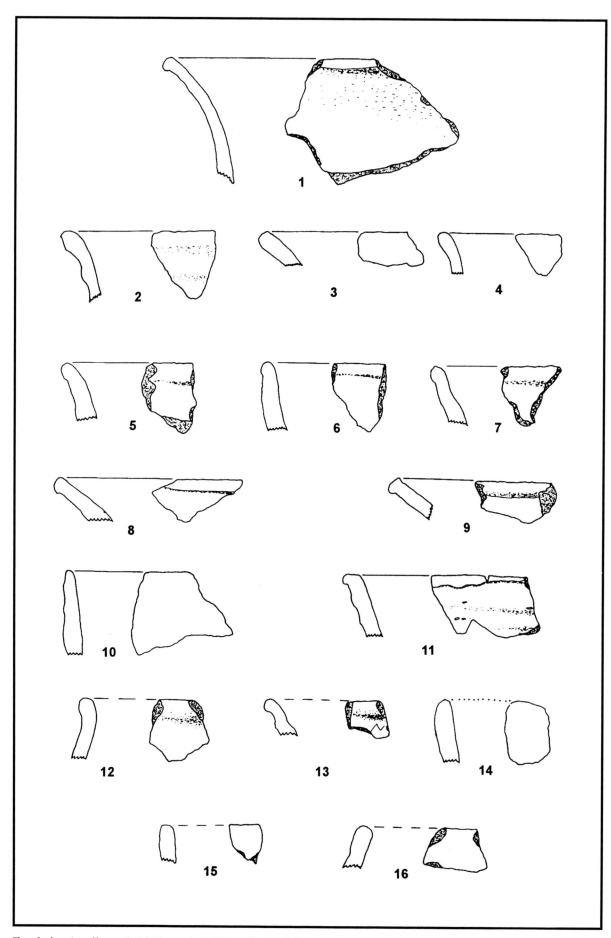

Ilvesheim-Atzelberg. 1-16 Unverzierte Keramik. M: 1:2.

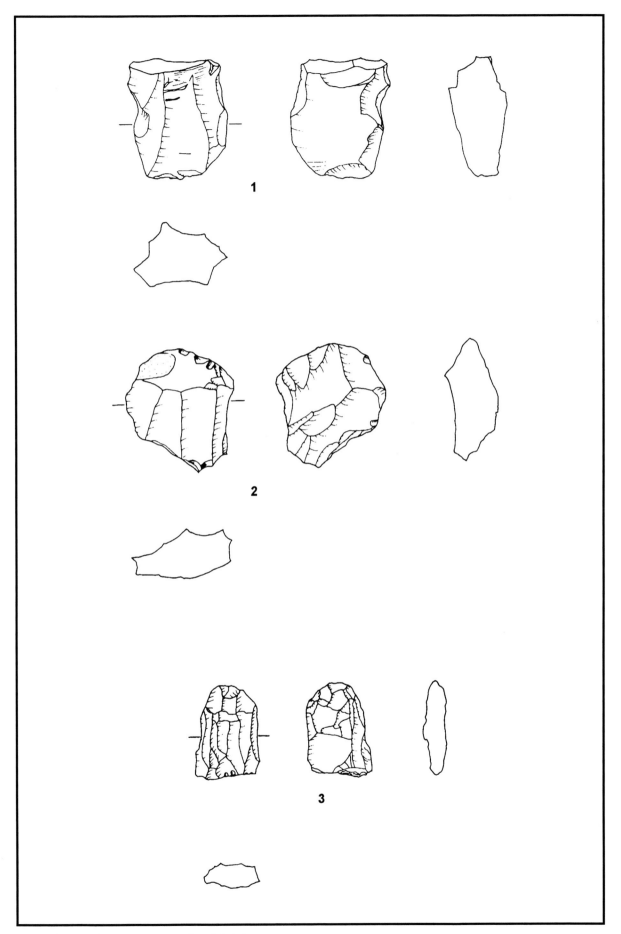

Ilvesheim-Atzelberg. 1-3 Kernsteine. M: 1:1.

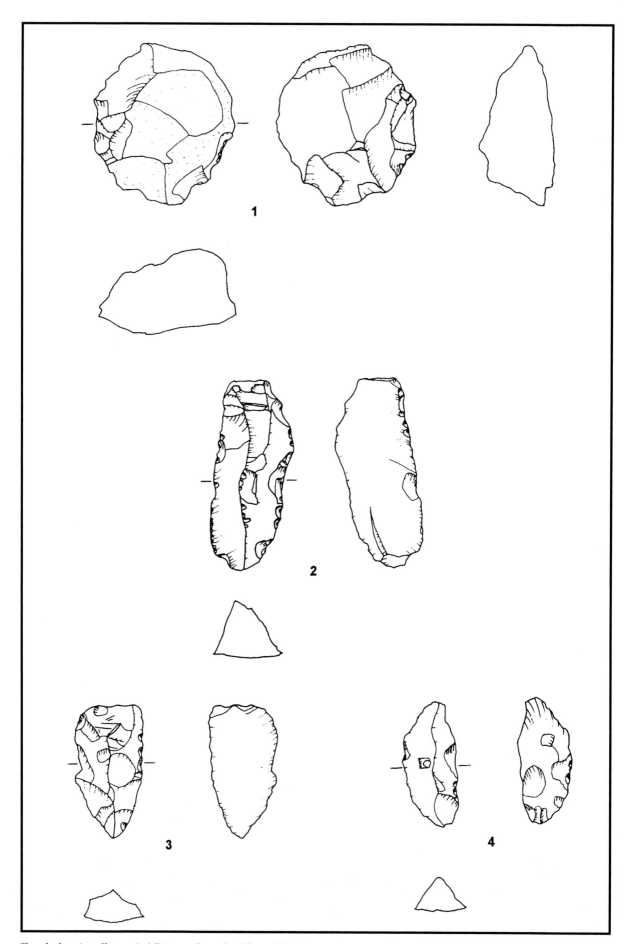

Ilvesheim-Atzelberg. 1-4 Präparationsabschläge. M: 1:1.

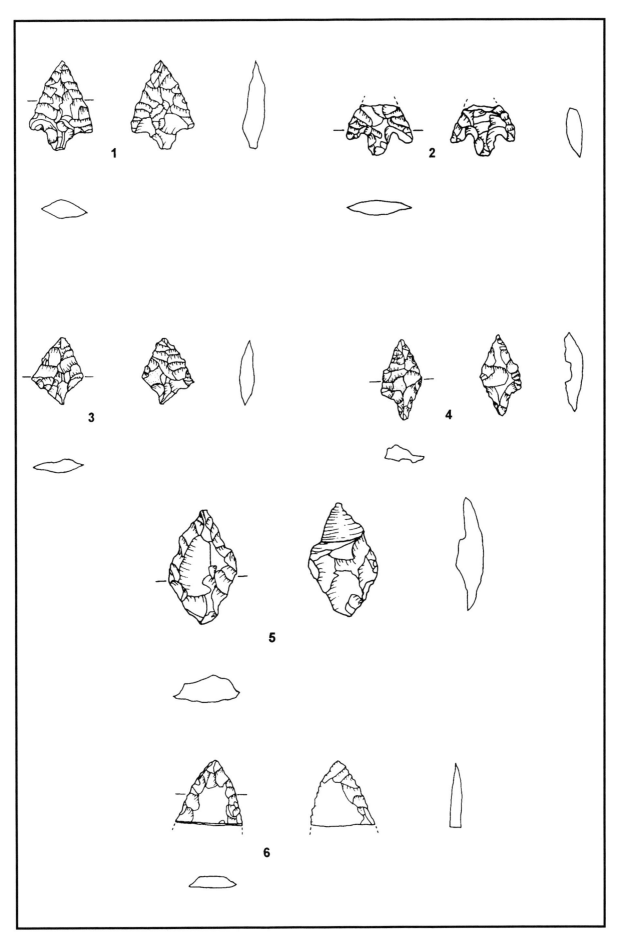

Ilvesheim-Atzelberg. 1-4 Stielpfeilspitzen; 5 Rhombische Pfeilspitze; 6 Spitze ohne Basis. M: 1:1.

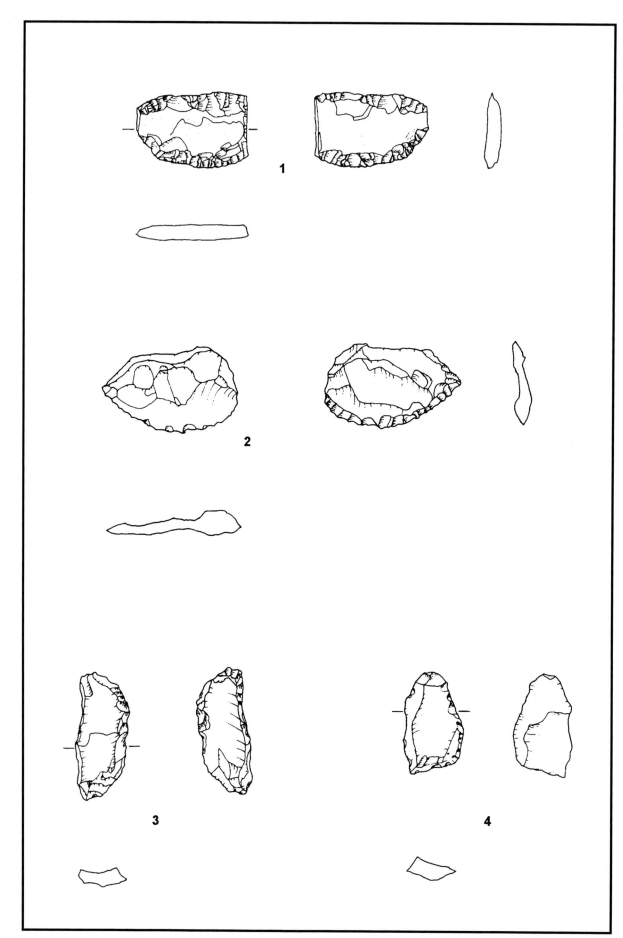

Ilvesheim-Atzelberg. 1 Plattensilexgerät; 2-4 Schaber. 1 M: 1:2; 2-4 M: 1:1.

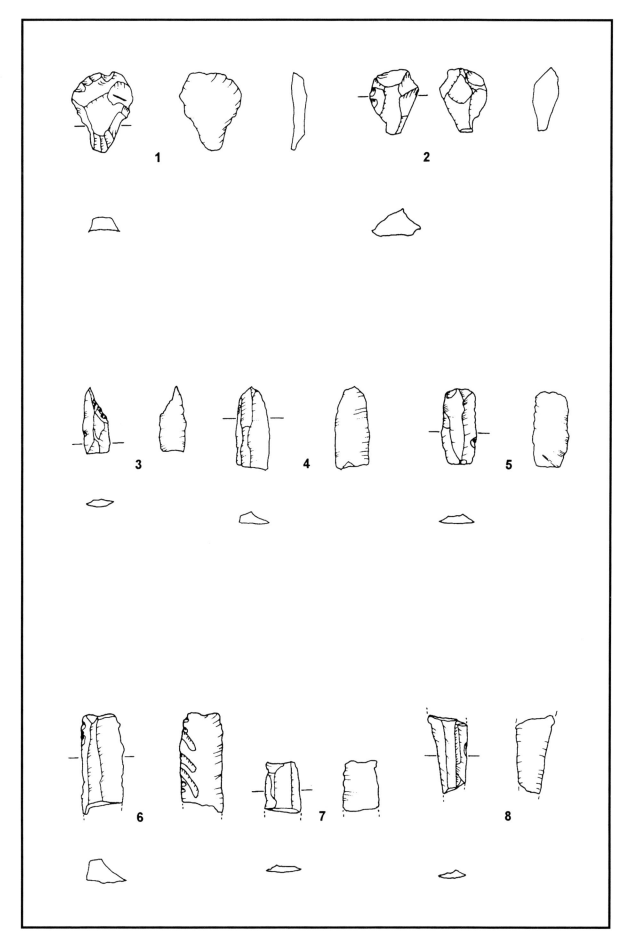

Ilvesheim-Atzelberg. 1-2 Kratzer; 3-8 Klingen. M: 1:1.

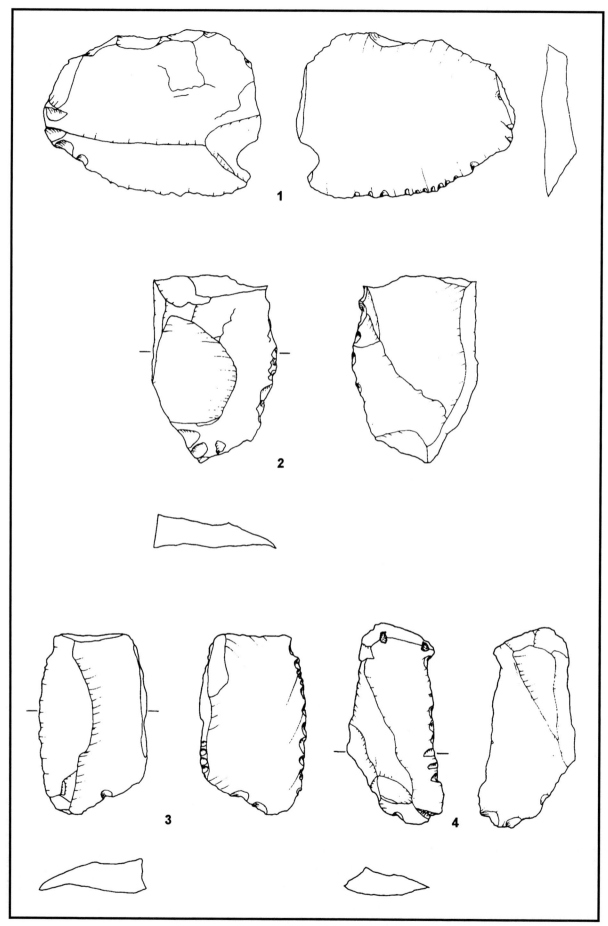

Ilvesheim-Atzelberg. 1-4 Abschläge mit Gebrauchsretusche („Messer"). M: 1:1.

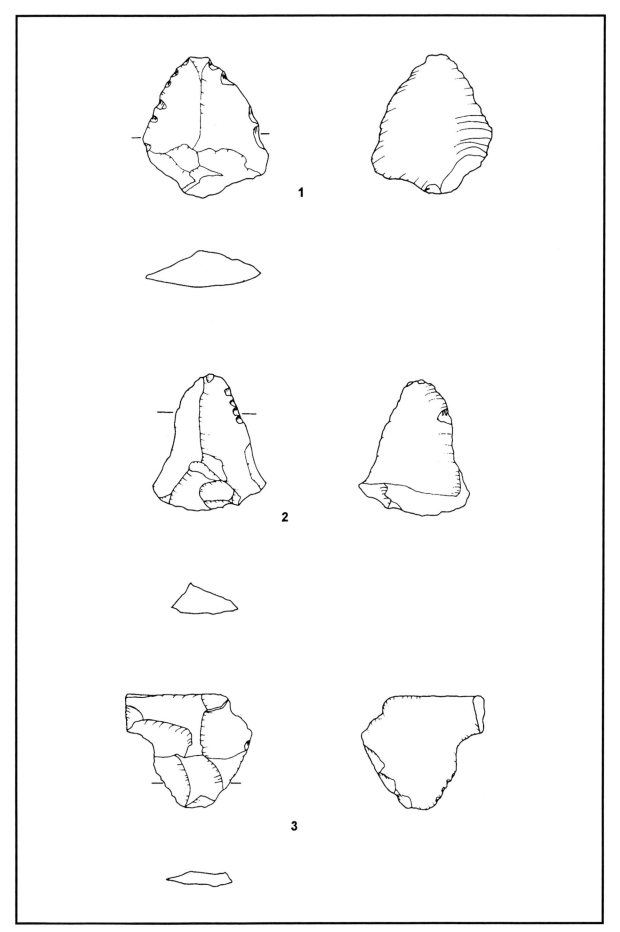

Ilvesheim-Atzelberg. 1-3 Abschläge mit Gebrauchsretusche („Spitze"). M: 1:1.

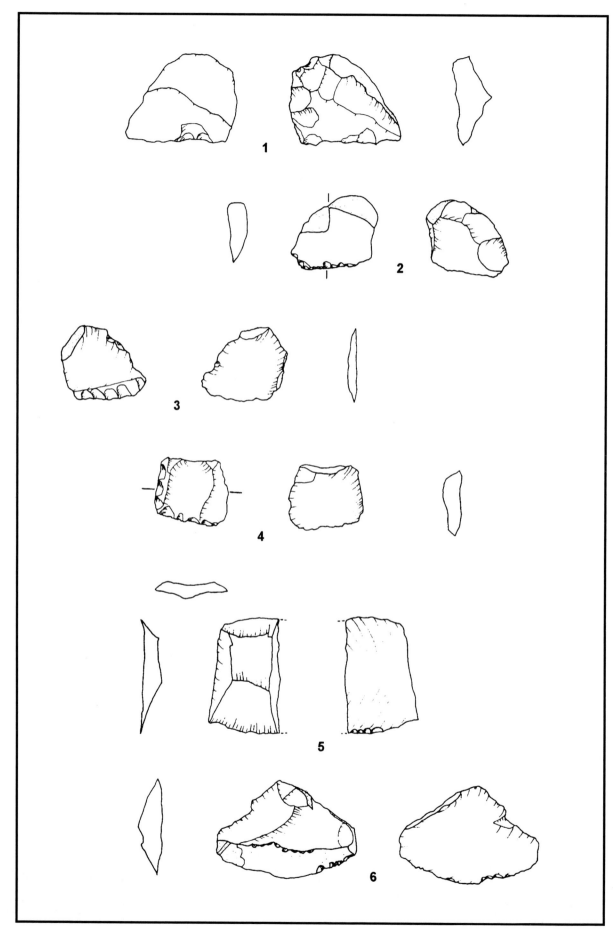

Ilvesheim-Atzelberg. 1-4 Abschläge mit Gebrauchsretusche („Einsätze"); 5-6 Unbestimmte Abschläge mit Gebrauchsretusche. M: 1:1.

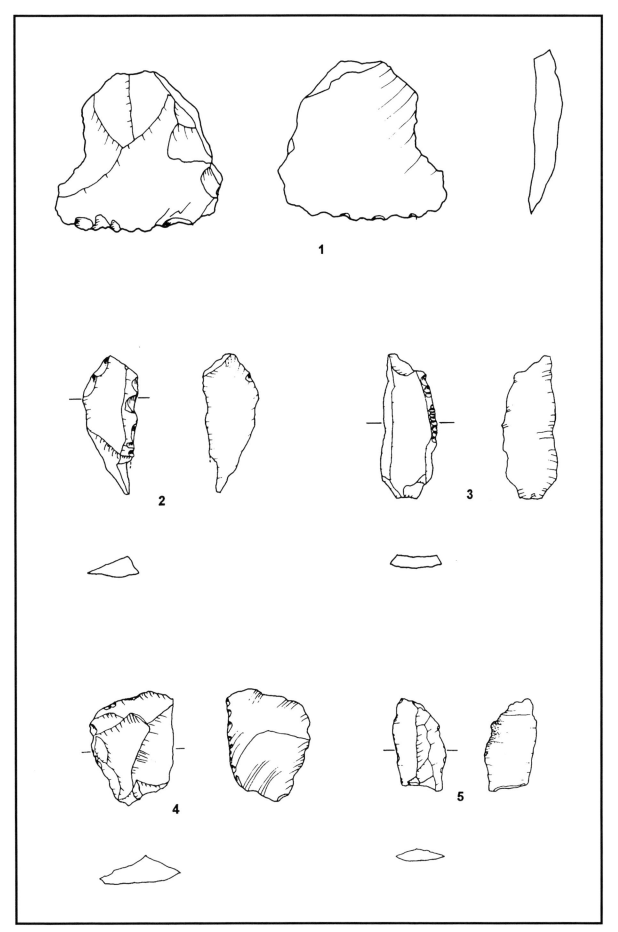

Ilvesheim-Atzelberg. 1 Abschlag mit Gebrauchsretusche („Säge"); 2-5 Unbestimmte Abschläge mit Gebrauchsretusche. 1 M: 1:3; 2-5 M: 1:1.

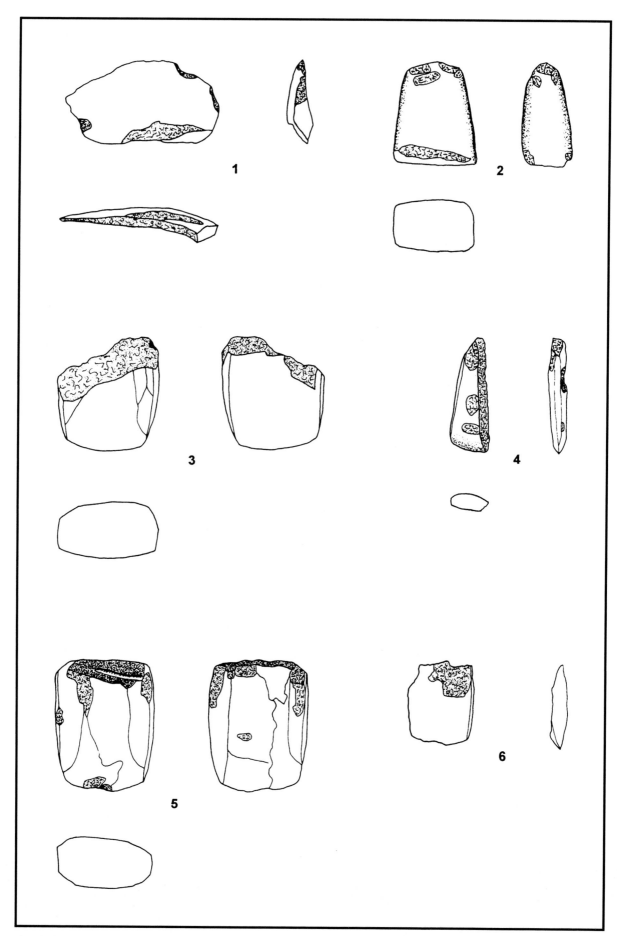

Ilvesheim-Atzelberg. 1 Axt?; 2 Steinhammer; 3-6 Steinbeile. M: 1:2.

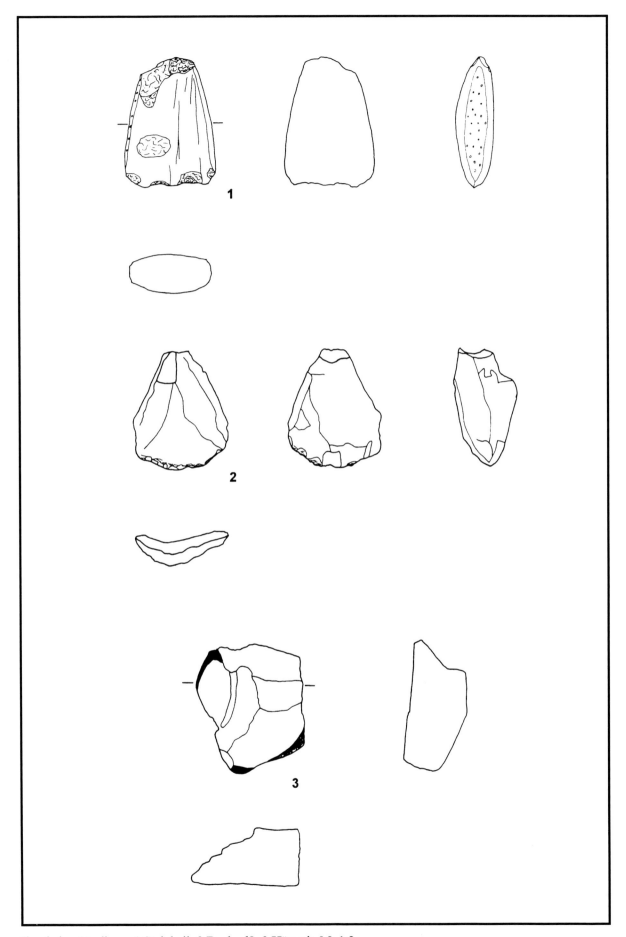

Ilvesheim-Atzelberg. 1 Steinbeil; 2 Dechsel?; 3 Hämatit. M: 1:2.

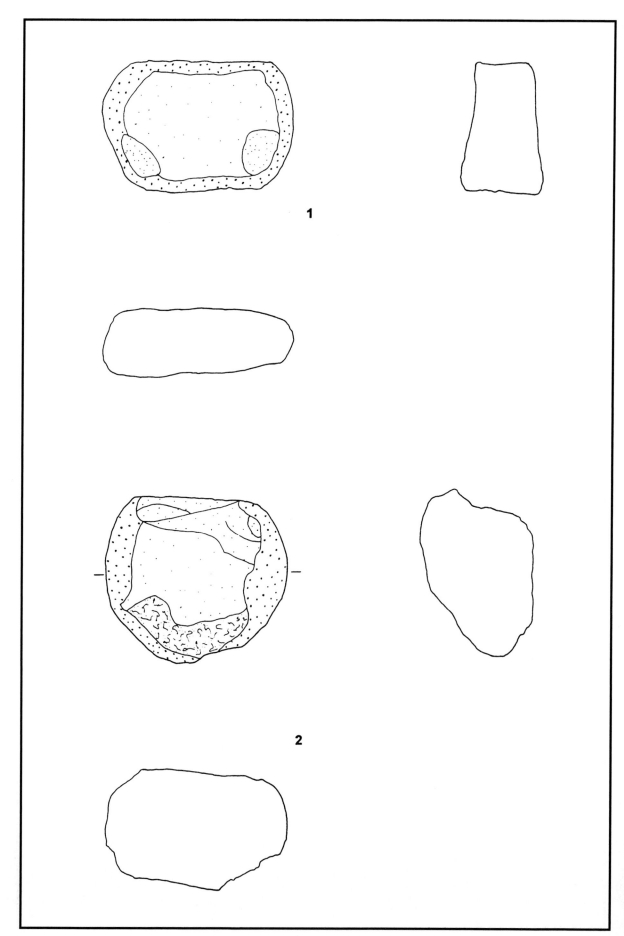

Ilvesheim-Atzelberg. 1-2 Klopfsteine. M: 1:2.

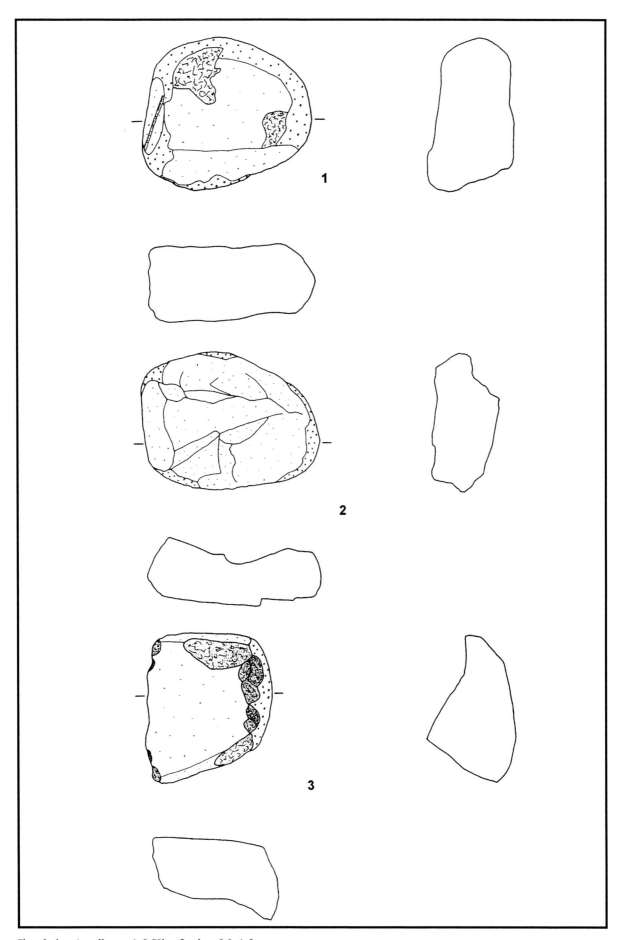

Ilvesheim-Atzelberg. 1-3 Klopfsteine. M: 1:2.

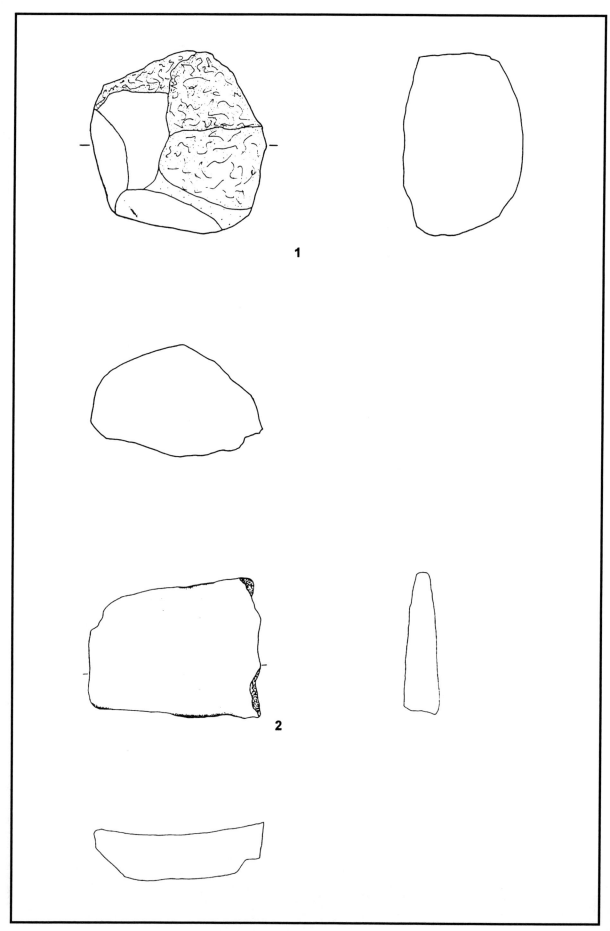

Ilvesheim-Atzelberg. 1 Unbestimmtes Steingerät; 2 Mahlstein. 1 M: 1:2; 2 M: 1-4.

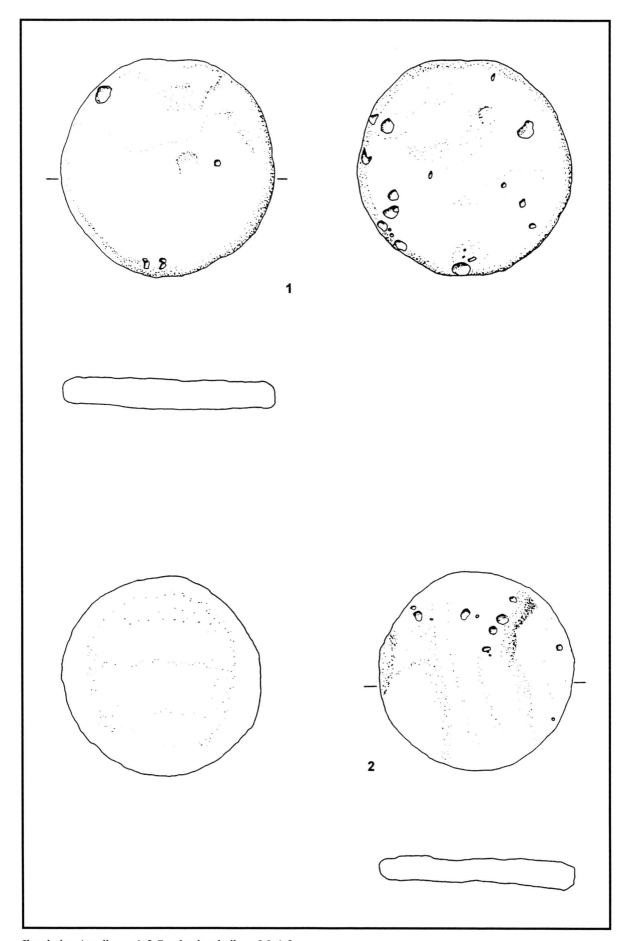

1

2

Ilvesheim-Atzelberg. 1-2 Sandsteinscheiben. M: 1:2.

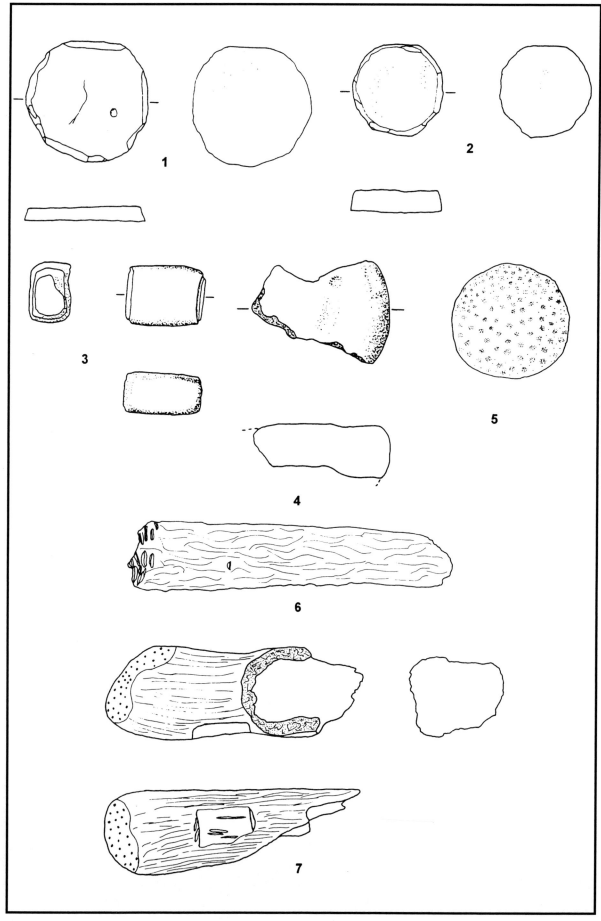

Ilvesheim-Atzelberg. 1-2 Sandsteinscheiben; 3 „Kalksteinquader"; 4 Tonscheibe; 5 Steinkugel; 6-7 Geweihgeräte. M: 1:2.

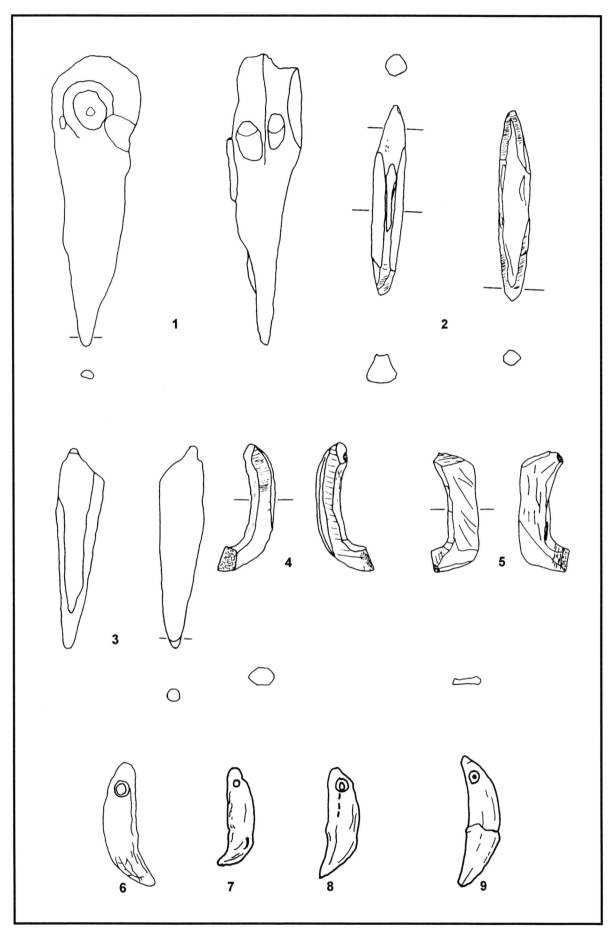

Ilvesheim-Atzelberg. 1 Spitze mit Gelenkende; 2 Doppelspitze; 3 Einfache Spitze; 4-5 Angelhaken; 6-9 Durchbohrte Tierzähne. M: 1:1.

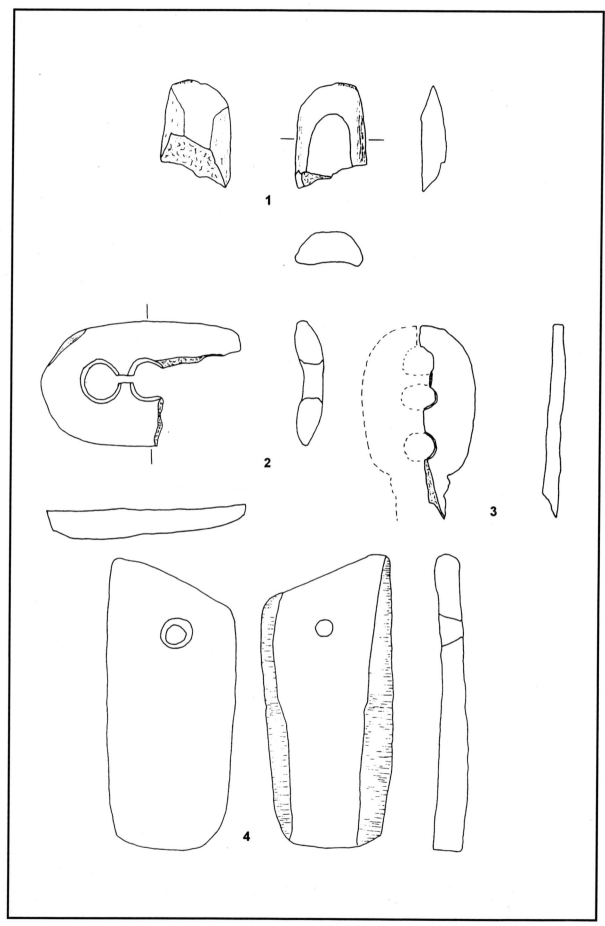

Ilvesheim-Atzelberg. 1 „Schaber"; 2 „Gerät zur Riefenherstellung"; 3 „Nadel"; 4 „Glättgerät". M: 1:1.